CANTO EM MARCHA

Música Folk e direitos civis nos Estados Unidos
(1945 - 1960)

CONSELHO EDITORIAL
Ana Paula Torres Megiani
Eunice Ostrensky
Haroldo Ceravolo Sereza
Joana Monteleone
Maria Luiza Ferreira de Oliveira
Ruy Braga

MARIANA OLIVEIRA ARANTES

CANTO EM MARCHA

Música Folk e direitos civis nos Estados Unidos
(1945 - 1960)

alameda

Copyright © 2016 Mariana Oliveira Arantes

Grafia atualizada segundo o Acordo Ortográfico da Língua Portuguesa de 1990, que entrou em vigor no Brasil em 2009.

Edição: Haroldo Ceravolo Sereza
Assistente acadêmica: Bruna Marques
Editora assistente: Cristina Tamada
Projeto gráfico, diagramação e capa: Dafne Ramos
Assistente de produção: Cristina Tamada e Jean Freitas
Revisão: Isabella Schempp

Imagens da capa: *Ilustração da capa do sexto exemplar de People's Songss, v.01, n.6, 1946.*

Este livro foi publicado com o apoio da Fapesp.

CIP-BRASIL. CATALOGAÇÃO-NA-FONTE
SINDICATO NACIONAL DOS EDITORES DE LIVROS, RJ

A684c

Arantes, Mariana Oliveira
CANTO EM MARCHA: MÚSICA FOLK E DIREITOS CIVIS NOS ESTADOS UNIDOS (1945-1960)
Mariana Oliveira Arantes. - 1. ed.
São Paulo: Alameda, 2016
240 p. ; 23 cm.

Inclui bibliografia
ISBN 978-85-7939-386-0

1. Música Popular - Estados Unidos - Influência - Séc. XX. 2. Estados Unidos - Direitos civis. 3. Estados Unidos - Política e governo - Séc. XX. 4. Estados Unidos - Condições sociais - Séc. XX. I. Título. II. Série.

16-31528   CDD: 306
           CDU: 316.7

ALAMEDA CASA EDITORIAL
Rua 13 de Maio, 353 – Bela Vista
CEP 01327-000 – São Paulo, SP
Tel. (11) 3012-2403
www.alamedaeditorial.com.br

*À Tânia da Costa Garcia,
com gratidão e amizade.*

"*The music doesn't change governments. Some bureaucrat or some politician isn't going to be changed by some music he hears. But we can change people – individual people. The people can change governments*".

(A música não muda governos. Um burocrata ou um político não será modificado por alguma música que ele ouça. Mas nós podemos mudar pessoas – pessoas individuais. As pessoas podem mudar governos).

Cordell Reagon

SUMÁRIO

APRESENTAÇÃO DA COLEÇÃO 13

APRESENTAÇÃO DO LIVRO 17

PREFÁCIO 21

INTRODUÇÃO 25

CAPÍTULO 1 - Música Folk nos Estados Unidos: (des)caminhos rumo às grandes cidades 37

As primeiras pesquisas sobre música folclórica nos Estados Unidos 43

A música folk no mercado musical 50

Engajamento e nacionalismo nos anos da Depressão 62

O período pós-guerra: consolidação de um repertório citadino 70

CAPÍTULO 2 - Folkways Records: pluralismo na "enciclopédia do som" de Moses Asch 77

Preâmbulos do mercado fonográfico estadunidense 80

Os anos 1940 e a consolidação do mercado fonográfico 82

Folkways Records 85

O catálogo da Folkways Records 94

CAPÍTULO 3 - A música como arma de luta política em *People's Songs* e *Sing Out!* 115

People's Songs 119

Sing Out! 132

O que seria a música do povo? 149

Pontes entre sindicatos, Partido Comunista dos Estados Unidos e *People's Songs* 159

Engajamento nas revistas em prol dos direitos civis 170

CAPÍTULO 4 - Redes de sociabilidade na música folk estadunidense **179**

Circulação de pessoas e ideias entre *People's Songs, Sing Out!* e Folkways Records 182

A canção como plataforma de ação política, ajudando a consolidar os direitos civis 200

CONSIDERAÇÕES FINAIS **211**

DOCUMENTAÇÃO **217**

BIBLIOGRAFIA **221**

LISTA DE IMAGENS

109 **FIGURA 1**- Capa do disco The Nashville Sit-in Story
120 **FIGURA 2**- Exemplo de anúncio publicitário da revista *People's Songs*
122 **FIGURA 3**- Primeira página do primeiro exemplar de *People's Songs*
124 **FIGURA 4**- Capa do sexto exemplar de *People's Songs*
125 **FIGURA 5**- Exemplo de partitura do primeiro exemplar de *People's Songs*
128 **FIGURA 6**- Página três do primeiro número do quarto volume de *People's Songs*
131 **FIGURA 7**- Expediente de *People's Songs*
133 **FIGURA 8**- Exemplo de propaganda em *Sing Out!*
134 **FIGURA 9**- Exemplos de propaganda em *Sing Out!*
134 **FIGURA 10**- Taxas de publicidade de *Sing Out!*
135 **FIGURA 11**- Capa do primeiro exemplar de *Sing Out!*
137 **FIGURA 12**- Capa do terceiro número do segundo volume de *Sing Out!*
138 **FIGURA 13**- Capa do primeiro número do nono volume de *Sing Out!*
139 **FIGURA 14**- Exemplo de partitura de *Sing Out!*
143 **FIGURA 15**- Partitura da canção "Go tell it on the mountains".
148 **FIGURA 16**- Expediente de *Sing Out!*
155 **FIGURA 17**- Partitura da canção "The hammer song".
164 **FIGURA 18**- Página nove do oitavo número do segundo volume de *People's Songs*.
191 **FIGURA 19**- Partitura da canção "Which side are you on?".
205 **FIGURA 20**-Capa do álbum Gazette, vol. 1

APRESENTAÇÃO DA COLEÇÃO "HISTÓRIA E MÚSICA NAS AMÉRICAS"

No Brasil, nas últimas três décadas, a música tornou-se objeto de pesquisa de diferentes campos das ciências humanas e sociais, extrapolando a musicologia no seu sentido mais tradicional.

Especificamente na área de História, as contribuições da História Cultural suscitaram a incorporação desse novo objeto à pesquisa. Sem dissociar cultura e sociedade, a música passou a ser estudada relacionando à configuração e à reconfiguração de identidades, às políticas culturais democráticas, autoritárias e totalitárias, ao papel dos meios de comunicação, aos movimentos de esquerda, às questões de gênero e outras tantas abordagens. O diálogo interdisciplinar tem sido fundamental para a apreensão desse objeto polissêmico que é a música.

Nessas três décadas, entretanto, a história da música vem sendo, em regra, a história da canção popular brasileira, limitada a uma linha evolutiva que tem início com o samba e termina com a coroação da denominada MPB. Raros são os estudos que rompem com esse tipo de abordagem, suplantando os cânones legados por uma escrita jornalística e memorialista.

A coleção *História e Música nas Américas*, ao centrar seu foco nos estudos transnacionais – a música é tratada nas obras como o elemento de conexão, comparação e relação entre distintas culturas –, tem por objetivo extrapolar as fronteiras pátrias. O conhecimento dos sons de distintos povos e regiões, ao revelar aproximações e diferenças estéticas e/ou ideológicas entre eles, constitui uma das poucas possibilidades de rompimento com os silêncios e pontos obscuros impostos pelo círculo vicioso das histórias nacionais. A música é, pela sua linguagem universal, pelo seu tipo de apelo sensorial uma das artes mais universais. Graças às tecnologias disponíveis, e ao seu caráter mercadológico, está imbricada à história da *mundialização* da cultura, misturando influências e confundindo padrões, extrapolando fronteiras geográficas e culturais.

As obras reunidas em *História e Música nas Américas* apresentam ao público leitor, de modo criativo e competente, abordagens inéditas que instigam o espírito investigativo do pesquisador. Os livros poderão ser desfrutados individualmente ou no seu conjunto com a apreciação dos diálogos temáticos e epistemológicos entre as obras.

Professora Doutora Tânia da Costa Garcia
Departamento de História
Universidade Estadual Paulista "Júlio de Mesquita Filho"- Unesp

APRESENTAÇÃO
"CANTO EM MARCHA"

O livro que o leitor tem em mãos versa sobre tema original e certamente vem ao encontro dos brasileiros interessados em conhecer tópicos da História dos Estados Unidos. Mariana Oliveira Arantes é a responsável pelo estudo de fôlego que une música e política, engajamento artístico e mobilização social. Ela se debruçou sobre o papel da música *folk*, exatamente aquela que deixara o campo para tomar definitivamente as ruas das cidades dos Estados Unidos nas primeiras décadas do século XX. Note-se que o significado de folclore naquela época não é o mesmo que concebemos hoje; era, sim, uma espécie de movimento musical que englobava o que é atualmente o country, o golpel, o blues e o jazz.

Pois bem, muitos dos entusiastas do *folk* abraçaram primeiramente as causas da esquerda, como a dos trabalhadores, e depois o embate pelos Direitos Civis entre 1945 e 1960. Nessa época, a luta pelo lugar do negro na sociedade norte-americana deixava as barras dos tribunais para tomar as ruas, as praças, o espaço público em geral. De norte a sul o país vivia a cruel segregação racial que separava os brancos dos negros, fazendo com que os últimos vivessem situações desconcertantes, humilhantes, chegando ao limite nos casos de linchamento, especialmente no sul do país. A pesquisadora mostra como redes de sociabilidade que estabelecia conexões entre músicos, donos de gravadoras e responsáveis por revistas especializadas foram hábeis em unir forças em prol da luta política. A música, portanto, teve papel central na mobilização para a causa e funcionou como trilha sonora para um dos movimentos sociais mais vigorosos do século XX nos Estados Unidos.

Mais que isso, a música era concebida como a responsável por trazer emoção à "racionalidade política". Como publicou uma revista da época, devidamente analisada pela pesquisadora: "a música pode mover montanhas".

Em resumo, o trabalho que o leitor tem em mãos é resultado de consistente pesquisa em fontes, de substanciais aportes teórico-metodológicos e, acima de tudo, do profundo envolvimento da historiadora com o seu objeto de estudos.

Profa. Dra. Mary Anne Junqueira
Departamento de História
USP – Universidade de São Paulo.

PREFÁCIO

A constituição de um cancioneiro folclórico em diferentes países do continente americano esteve historicamente relacionada às representações da identidade nacional. Sob a nomenclatura folclore foram reunidas as mais variadas manifestações culturais – poesia, melodias, danças, festas, costumes e crenças – com o propósito de definir a identidade da nação e distingui-la frente a outros povos.

A invenção dessa unidade imaginária, a nação, implicou na constituição de uma cultura hegemônica, portanto, na seleção dos elementos que representariam os diferentes grupos sociais e étnicos formadores da nacionalidade. Tais prefigurações fundadoras do nacional, fundamentadas no social e no político, foram e são constantemente reinterpretadas tanto pelos grupos estabelecidos no poder, quanto por aqueles que insatisfeitos com o *status quo* demandaram mudanças.

No transcorrer do século XX, o cancioneiro popular constituinte do repertório nacional foi, em momentos decisivos da história de cada país, revisto, incorporando novas manifestações e assumindo novos formatos. Esta operação partiu tanto de grupos estabelecidos no poder com o propósito de reacomodar a situação, quanto daqueles que, insatisfeitos com a ordem dominante, apresentaram um discurso contra-hegemônico.

Nos Estados Unidos, parte da *folk music* – nome genérico que engloba os mais variados gêneros populares, desde o jazz, blues, e o spiritual; definição, aliás, pautada em aspectos estéticos e ideológicos – esteve fortemente ligada aos movimentos pelos direitos civis, que lutaram pela igualdade social e racial.

A história dessa luta política pelo aperfeiçoamento da democracia nos Estados Unidos em que a canção atuou como um poderoso instrumento de mobilização e conscientização social é o ponto de partida do livro de Mariana Arantes, *Canto em marcha: música folk e direitos civis nos Estados Unidos*, resultado de sua tese de doutorado defendida no Departamento de História da Unesp.

Num enorme esforço de pesquisa, a autora se debruça sobre um assunto praticamente inexplorado no Brasil: as relações entre música e política nos Estados Unidos, entre 1945 e 1960. Após vencer a Segunda Grande Guerra, lutando contra os regimes fascistas, a nova potência hegemônica do Ocidente assume, internacionalmente, o lugar de paladino da democracia. Em seu estudo, Mariana Arantes evidencia o quanto essa imagem propagada no plano externo encontra seus limites numa sociedade segregada e desigual, na qual os negros são fortemente discriminados, vivendo uma situação de apartheid social em muitos lugares do país. Frente a esse paradoxo, a luta desse grupo por direitos civis, antes balizadas em ações legais – como os processos nas cortes judiciais –, migra para os espaços públicos e, com o apoio de distintos segmentos da sociedade, ganha ruas e praças por todo o país.

A partir da análise de uma variada documentação composta por revistas impressas e material sonoro, além de uma ampla bibliografia, a autora analisa como músicos ligados ao cancioneiro folclórico, poetas, sindicalistas e produtores musicais, com posturas mais ou menos alinhadas ao discurso de esquerda, envolveram-se com as bandeiras de luta do movimento. Figuras como Pete Seeger e Woody Guthrie, comprometidos com o repertório folclórico, colocaram suas canções e outros suportes, como as revistas que editavam – *People's Songs* e *Sing Out!* –, a serviço da causa. O fantástico catálogo da gravadora Folkways de propriedade de Moses Asch é outra peça chave dessa rede de sociabilidade mapeada por Mariana. Os repertórios registrados por Asch e seus colaboradores, autores dos textos que instruíam a audição dos discos, também contribuíram enormemente para as lutas das diferentes etnias presentes no solo americano, a fim de conseguirem alcançar equidade social e plena incorporação a nação.

Num texto claro e ao mesmo tempo sofisticado, cruzando discursos escritos e musicais, Mariana Arantes nos conta o quanto a história da canção folclórica nos Estados Unidos esteve absolutamente entrelaçada à história do país, particularmente ao processo de consolidação da democracia, sensibilizando e mobilizando multidões.

O leitor poderá desfrutar não só de mais esta contribuição brasileira para a História dos Estados Unidos, como acompanhar algumas das transformações estéticas e ideológicas sofridas pela *folk music* em sua jornada ao longo do século XX.

Professora Doutora Tânia da Costa Garcia
Departamento de História
Universidade Estadual Paulista "Júlio de Mesquita Filho"- Unesp

INTRODUÇÃO

O presente livro analisa as relações entre a Música e a História nos Estados Unidos, no período que compreende 1945 e 1960, especificamente, as relações de um grupo de músicos dedicados ao repertório folk e as lutas pelos direitos civis no país.

Ao longo do século XX, compositores e intérpretes de música folclórica dos Estados Unidos desenvolveram um repertório de temática variada, que integrava desde histórias bem humoradas, questões do mundo do trabalho, assassinatos e heróis legendários, nas canções baseadas na tradição europeia trazida pelos imigrantes, até músicas de trabalho e adaptações de hinos protestantes, realizadas por afro-americanos. Por meio de apresentações ao vivo, gravações e publicações, tais artistas inseriram no repertório questões sociais como o trabalho, bem como expressaram um posicionamento político marcado por aproximações às lutas por igualdade e direitos civis de determinados grupos sociais, envolvendo os artistas nas discussões raciais e trabalhistas que marcaram a sociedade estadunidense.

Após 1945 ocorreu a emergência dos Estados Unidos como a nação hegemônica entre os países do Ocidente, seguida da veiculação de um discurso democrático, que encontrava seu limite em uma sociedade segregada e desigual. Deste modo, as lutas pelos direitos civis, antes balizadas em ações legais como os processos nas cortes judiciais, foram direcionadas a espaços públicos e amplos, como as ruas e praças ao redor do país, e tiveram o apoio de distintos grupos sociais, inclusive de músicos ligados ao repertório folk. Particularmente o período pós-guerra é central a esse livro.

Atentemos a dois momentos distintos na história da música folk estadunidense ao longo do século XX. Nos anos 1920 e 1930, por mais que os compositores e intérpretes do repertório folclórico já estivessem atuando nos meios de comunicação, ainda prevalecia, principalmente no meio acadêmico, a ideia de "restaurar" a tradição musical do século XIX. Ou seja, para os folcloristas conservadores era importante coletar "autênticas" e "puras" canções folclóricas, tentando, ao máximo, não sofrer interferência da música popular contemporânea.

Após a segunda metade da década de 1940, várias formas e estilos da música folclórica conviviam no mercado musical: canções tradicionais e contemporâneas, blues e country, gospel e R&B. Percebemos que este já era um mercado cada vez mais miscigenado. Junto a isso, podemos afirmar que a luta pelos direitos civis tornou-se cada vez mais explícita, com a atuação de grandes parcelas da sociedade, inclusive de muitos intérpretes e compositores ligados à música folk. Assim sendo, o livro centra-se nesse segundo momento da história da música folk estadunidense, após 1945, com o término da Segunda Grande Guerra.

A década de 1960 foi marcada por grandes modificações na música folk, bem como pela consolidação do movimento pelos direitos civis. O período logo após o término da Segunda Grande Guerra, bem como a década de 1950, na maioria da bibliografia sobre a temática, não são foco das pesquisas, fato que justifica nosso interesse em analisar as relações entre compositores e intérpretes do repertório folk com as lutas pelos direitos civis no período.

Deste modo, partindo de uma problemática ampla e chegando a pontos mais específicos, elencamos as seguintes questões que conduziram nossa pesquisa: qual a relação entre música e política nos Estados Unidos do pós-guerra? Como foi a atuação política dos intérpretes e compositores folk estadunidenses entre 1945 e 1960? Qual a relação entre tais artistas e as lutas pelos direitos civis no período? Como os intérpretes e compositores se organizaram para discutir e difundir seus posicionamentos políticos?

Cabe ressaltar que a documentação impressa eleita para a pesquisa – os exemplares das revistas *People's Songs* e *Sing Out!* –, bem como a documentação sonora – o catálogo de discos da gravadora Folkways – também elucidou a importância do período coberto por nosso recorte temporal, uma vez que foi o período de gestação das revistas e da gravadora, e início de suas atividades. Como esclarece Roxana Patiño, estudiosa das revistas culturais latino americanas, é importante estudar o momento de surgimento das revistas:

> Projetos derivados menos de uma programática não contaminada e unidirecional, do que do resultado de uma negociação entre linhas que convivem num permanente estado de tensão e recolocação. Esta perspectiva, que situa as revistas como construtoras informais de genealogias e projetos culturais, permite estudá-las no momento de seu surgimento, quando ainda compartilham o espaço dentro de um mesmo imaginário cultural com outros lugares dos quais, depois de já consolidados como projetos específicos, se diferenciarão com uma identidade própria.[1]

---

1 PATIÑO, Roxana. "América Latina: Literatura e crítica em revista(s)". In: SOUZA, Eneida M.; MARQUES, Reinaldo. *Modernidades alternativas na América Latina*. Belo Horizonte: Editora UFMG, 2009, p. 458.

Tínhamos por hipótese de trabalho que, por meio das revistas e da produção musical difundida pelos discos e apresentações ao vivo, os intérpretes e compositores ligados ao folk contribuíram para a consolidação dos direitos civis nos Estados Unidos. Acreditamos que, mesmo antes da evidência do movimento pelos direitos civis nos espaços públicos e grandes meios de comunicação, que ocorreu no pós-guerra, o repertório folk já veiculava um apoio dos compositores e intérpretes às reivindicações por igualdade e justiça social. Após a criação das revistas *People's Songs* e *Sing Out!*, os artistas envolvidos com tais publicações começaram a tecer uma rede de sociabilidade e a se organizar, no sentido de tornar cada vez mais intensa a luta pelos direitos civis, atuando fortemente para sua consolidação.

A bibliografia sobre música folk nos Estados Unidos apresenta uma grande quantidade de estudos, tanto na área da Musicologia e do Jornalismo, quanto na da História.

Um aspecto explorado da música folk foi a relação entre os intérpretes e compositores e o Partido Comunista dos Estados Unidos, durante as décadas de 1930, 1940 e 1950. Dois autores que estudaram o tema foram a historiadora Robbie Lieberman, no livro *"My Song Is My Weapon": People's Songs, American Communism, and the Politics of Culture, 1930-1950*, publicado em 1989, no qual analisa a relação entre o Partido Comunista dos Estados Unidos e os artistas ligados ao meio da música folk; e Wayne Hampton, no livro publicado em 1987, *Guerrilla Minstrels: John Lennon, Joe Hill, Woody Guthrie, and Bob Dylan*, no qual é analisada a relação entre Woody Guthrie e o Partido Comunista.

Outro viés de estudo são as biografias de grandes nomes, como Woody Guthrie. Este intérprete teve sua vida narrada de diversas formas e por distintos autores, em obras como: *American Folk Songs of Protest*, livro publicado em 1953, no qual o antropólogo John Greenway analisa letras de canções de Woody Guthrie e outros compositores, objetivando estudar os aspectos políticos e de crítica social das canções; *Prophet Singer: The Voice and Vision of Woody Guthrie*, publicada em 2007, na qual o autor, professor de Inglês e Folclore, Mark Allan Jackson, analisa as letras das canções de protesto de Woody Guthrie, visando entender como as músicas do cantor documentam as dificuldades dos fazendeiros brancos e vários outros trabalhadores e minorias de seu tempo.

Contudo, apesar de em tais obras os autores afirmarem que a vida do intérprete foi testemunho do cenário sócio-econômico e político do período em que viveu, não há uma abordagem historiográfica. Há, ainda, diversos estudos de compilação de material folclórico, como cancioneiros, bem como de compilação de biografias de intérpretes e compositores, como na obra do especialista em História da Música, Tony Russell, *Country Music Originals: The Legends and the Lost*, de 2007.

Outro autor que publicou uma obra composta de biografias dos artistas foi o crítico musical Gene Santoro, no livro *Highway 61 Revisited: The Tangled Roots of American Jazz, Blues, Rock, & Country Music*, publicado em 2004. Na obra, o autor afirma não se tratar de uma enciclopédia, e sim de uma tentativa de mostrar como os artistas contaram, ao longo de suas vidas, de variadas maneiras, muitas histórias que relacionam arte e questões raciais, arte e comércio, arte e política. Apesar do esforço, o livro acabou sendo mais um compêndio de biografias de grandes nomes da música popular dos Estados Unidos.

Há, também, publicações contendo exclusivamente fotografias dos intérpretes mais populares, como o livro editado pelo historiador Ronald D. Cohen e por Bob Riesman, *Chicago Folk: Images of the Sixties Music Scene*, publicado em 2009.

Outro viés de estudo explorado foi a relação entre música folk e identidade nacional, como na obra da historiadora Gillian Mitchell, *The North American Folk Music Revival: Nation and Identity in the United States and Canada, 1945-1980*, de 2007. A autora discorre sobre o conceito de identidade nacional no chamado *Folk Music Revival Movement*, nos Estados Unidos e no Canadá, com ênfase nos anos de 1960.

Uma obra importante publicada no ano de 2005 foi o livro da historiadora Vivian Perlis e da diretora associada do *Oral History American Music* (OHAM), Libby Van Cleve, intitulado *Composer's Voices from Ives to Ellington*, que mostra uma série de entrevistas realizadas com artistas ligados à música folk, arquivadas no *Oral History American Music* (OHAM), na Universidade de Yale. Apesar da importante iniciativa das autoras, no sentido de não deixar esse material ser esquecido, o livro também acabou tomando o formato de biografia dos artistas.

O historiador Ronald Cohen, em seu livro *Folk music: the basics*, publicado em 2006, discorre sobre a música folk, comparando o desenvolvimento da tendência nos Estados Unidos e na Inglaterra, do final do século XIX até o final do século XX. Nesta obra o autor enfatiza o chamado *revival* que ocorreu com a tendência a partir dos anos 1960, encabeçado por intérpretes como Bob Dylan e Joan Baez, que definitivamente tornaram a música folk um repertório comercial, ou seja, plenamente inserido nos meios de comunicação. Cohen elenca as publicações realizadas sobre música folk ao longo do século XX, deste modo, o livro constitui uma obra de referência para o estudo do tema.

Como podemos observar, a ênfase dos estudos sobre a música folk estadunidense está nas biografias dos principais intérpretes ou em sua relação com movimentos políticos de esquerda. As chamadas "canções de protesto" foram estudadas por diversos autores e sob distintas perspectivas, no entanto, os estudos focam a década de 1930 ou a de 1960.

O período logo após o término da Segunda Grande Guerra, bem como a década de 1950, na maioria dos casos é desenvolvido em apenas segmentos de capítulos das obras, fato que justifica nosso interesse em pesquisar as conexões do repertório ligado ao folk com as lutas pelos direitos civis que estiveram em pauta neste período.

Devido a pouca bibliografia sobre a música folk estadunidense no Brasil, nosso primeiro capítulo aborda as relações entre música folk e o contexto histórico dos Estados Unidos ao longo do século XX, mostrando como este repertório tornou-se um objeto controverso de estudo da cultura nacional. Apresentamos a música folk estadunidense ao leitor brasileiro, inserindo algumas tentativas de definição do termo *folk music*, discorrendo sobre os gêneros reconhecidos como música folk e seu processo de difusão das áreas rurais para as cidades, bem como sua inserção no mercado musical.

No segundo capítulo, nos detemos na produção da principal referência na atividade de gravação de material folclórico no país, a gravadora Folkways, elencando os sujeitos inseridos no processo de produção dos discos, bem como os discursos propagados por meio de tais produções. Neste sentido, acreditamos ser imprescindível compreender seu período histórico de atuação e papel no mercado musical nacional. A documentação analisada neste capítulo consiste do catálogo de discos da Folkways.

O catálogo de discos da Folkways Records entre 1948 – ano de sua criação – e 1987 – ano da morte de Moses Asch e compra do selo pelo Smithsonian Institute – é composto de 1.929 títulos. Analisamos o período que abarca nosso recorte temporal, 1948-1960, no qual foram lançados 655 discos.

A fim de trabalharmos com o extenso catálogo da gravadora, dividimos os títulos publicados em treze tabelas, que permitiram uma análise dos discos de acordo com os tipos de gravação, gêneros e temas. A análise e seleção de nossa documentação sonora demandou um trabalho de catalogação e divisão dos 655 discos editados entre 1948 e 1960.

Nosso foco na questão dos direitos civis favoreceu uma análise minuciosa de alguns discos que se apresentaram como fontes abundantes de informação sobre esse tema de estudo. Não tivemos por objetivo analisar os 655 discos detalhadamente, com exames apurados de cada faixa e dos encartes, mas sim considerar o catálogo como um todo, atentando para os gêneros, temas e tipos de gravação (canções, músicas instrumentais, entrevistas, material de instrução, poemas, etc...), dando especial atenção a discos que se relacionassem diretamente à nossa questão central: as lutas pelos direitos civis nos Estados Unidos.

Em nossa análise dos fonogramas registrados nos discos lançados pela Folkways nos deparamos com uma das questões teórico-metodológicas mais caras aos historiadores que se dedicam às relações entre a História e a Música: o problema da linguagem constituinte do documento musical. Como afirma o historiador Marcos Napolitano, em seu livro *História e Música*, ter a canção como documento para a pesquisa histórica implica em procedimentos metodológicos específicos. Mesmo não sendo musicólogo, o historiador deve atentar para uma articulação da estética musical com seus parâmetros poéticos, como a letra da canção e a performance, pois, é desta forma que a canção apresenta-se no contexto ao qual se encontra inserida. Nas palavras do autor:

O grande desafio de todo pesquisador em música popular é mapear as camadas de sentido embutidas numa obra musical, bem como suas formas de inserção na sociedade e na história, evitando, ao mesmo tempo, as simplificações e mecanicismos analíticos que podem deturpar a natureza polissêmica (que possui vários sentidos) e complexa de qualquer documento de natureza estética.[2]

Concordamos sobremaneira com as afirmações de Napolitano, mas gostaríamos de esclarecer que a ênfase em uma análise musical formal (estética), ou em discursos veiculados por meio da escrita, varia de acordo com os objetivos de cada pesquisa.

No caso deste livro, acreditamos que a união de documentos impressos e documentos sonoros foi imprescindível e possibilitou cotejar diferentes questões envolvendo a História e a Música, privilegiando uma ou outra dimensão analítica, em momentos específicos do trabalho. Todavia, devido aos limites impostos por nossa formação como historiadora, e não como musicóloga, bem como pela proeminência dos discursos impressos nas revistas na forma de artigos, de maneira geral, privilegiamos a documentação impressa, mas sem nos isentarmos de uma escuta atenta da documentação sonora.

Elencamos como documentação impressa os exemplares de duas revistas musicais dedicadas à música folclórica: *People's Songs* e *Sing Out!*, publicados entre os anos de 1945 e 1960. Atualmente há uma variedade de autores que apontam a importância e especificidade da utilização de revistas para a pesquisa histórica.[3] Como afirma a argentina Beatriz Sarlo, em seu artigo *Intelectuales y revistas: razones de una practica*, "[...] as revistas parecem objetos mais adequados à leitura sócio-histórica: são um lugar e uma organização de discursos diferentes, um mapa das relações intelectuais, com suas clivagens de idade e ideologias, uma rede de comunicação entre a dimensão cultural e a política."[4] Neste sentido, a autora também atenta-nos para o fato de que fundar uma revista é fazer política cultural, assim, elas seriam "instrumentos da batalha cultural".

---

2   NAPOLITANO, Marcos. *História e música: história cultural da música popular*. 2. ed. Belo Horizonte: Autêntica, 2005, p. 77-78.

3   Cf. CRESPO, Regina. "Las revistas y suplementos culturales como objetos de investigación". In: COLOQUIO INTERNACIONAL DE HISTORIA Y CIENCIAS SOCIALES, 2010. Colima. Anais... Colima: Coloquio Internacional De Historia Y Ciencias Sociales, 2010. CD-ROM; GRILLO, María del Carmen. "El estudio de revistas como objeto historiográfico para la historia de las redes intelectuales". In: COLOQUIO INTERNACIONAL DE HISTORIA Y CIENCIAS SOCIALES, 2010. Colima. Anais... Colima: Universidad de Colima, 2010. CD-ROM; SARLO, Beatriz. "Intelectuales y revistas: razones de una práctica". *America: Cahiers du CRICCAL*, Paris, n. 9-10, 1992, p. 9-16.

4   SARLO, *op.cit.*, p. 15.

A adoção de revistas culturais como documentação exige uma análise dos grupos sociais envolvidos em sua criação e desenvolvimento, de suas características físicas, formas de circulação, conteúdo, ou seja, uma análise de suas dimensões textuais e paratextuais. Assim, nos valemos dos procedimentos metodológicos propostos pela historiadora Tania Regina de Luca, em seu artigo *História dos, nos e por meio dos periódicos*: "Historicizar a fonte requer ter em conta, portanto, as condições técnicas de produção vigentes e a averiguação, dentre tudo que se dispunha, do que foi escolhido e por quê,"[5] ou seja, devemos analisar o lugar da revista na imprensa estadunidense do período estudado.

No artigo *El estúdio de revistas como objeto historiográfico para la historia de las redes intelectuales*, a autora María del Carmen Grillo elenca quarenta procedimentos metodológicos que procuramos seguir, para dar conta da complexidade das revistas: 1- lugar de conservação das coleções e estado em que se encontram; 2- quantidade de números; 3- datas; 4- local de edição; 5- periodicidade; 6- etapas de conformação do editorial; 7- título e subtítulo; 8- preço; 9- tiragem; 10- zona principal de difusão; 11- condições de distribuição; 12- locais de comercialização; 13- administração; 14- estrutura jurídica e financeira; 15- redação; 16- direção; 17- impressor; 18- formato; 19- quantidade de páginas; 20- logotipo; 21- desenho de capa; 22- desenho de página; 23- tipo de impressão; 24- papel; 25- moldes tipográficos; 26- condições de legibilidade; 27- encadernação; 28- índice ou sumário; 29- manifestos ou programas; 30- seções; 31- distribuição em páginas; 32- ornamentação; 33- redatores, colaboradores, ilustradores e fotógrafos; 34- correspondentes e colaboradores especiais; 35- traduções; 36- publicidade; 37- subscrições; 38- correio de leitores; 39- relação com outras revistas e 40- impacto da publicação.[6]

People's Songs foi uma organização fundada na cidade de Nova Iorque em 31 de dezembro de 1945 pelo intérprete e compositor Pete Seeger. Esta organização publicou uma revista homônima no período de 1946 a 1949. Após deixar de ser publicada, serviu como modelo para novas publicações dedicadas à música folk, como *Sing Out!* e *Broadside*.

Primeiramente, *Sing Out!* foi publicada na forma de um jornal, em maio de 1950, para, posteriormente, ser publicada como uma revista, no período de 1950 até os dias atuais. Começou como um panfleto amador, de dezesseis páginas, mas esse primeiro exemplar foi uma exceção. No oitavo ano de publicação a revista foi transformada em uma grande e aberta associação com Moses Asch, fundador da gravadora Folkways, tornando-se uma das principais publicações dedicadas à música folk nos Estados Unidos.

---

5   LUCA, In: PINSKY, Carla Bassanezi. *Fontes Históricas*. São Paulo: Contexto, 2006, p. 132.
6   GRILLO, *op. cit.*, p. 9-18.

Percebemos que entre as redes de sociabilidade do grupo envolvido na criação e difusão do repertório folk a revista *Sing Out!* e a gravadora Folkways apresentam estreitas relações.

No terceiro capítulo, privilegiamos a análise de nossa documentação impressa, a fim de ponderar sobre os discursos veiculados na imprensa musical do período. Deste modo, investigamos os grupos sociais envolvidos na criação e desenvolvimento das revistas *People's Songs* e *Sing Out!*, suas características físicas, formas de circulação, conteúdo, ou seja, analisamos suas dimensões textuais e paratextuais.

O texto inicia com a análise do momento de criação das duas revistas, bem como com o estudo das pessoas envolvidas e dos projetos estéticos e ideológicos adotados, seguida de um exame sobre as escolhas de seus nomes, que remetem a uma discussão importante sobre o lugar da música popular e folclórica no período. Em um segundo momento, entramos na discussão do conteúdo textual, refletindo a respeito dos usos políticos da música e do engajamento nas lutas pelos direitos civis nos Estados Unidos.

Esclarecemos que neste capítulo, devido ao enfoque em documentos impressos, a análise estética das canções resumiu-se a algumas considerações sobre as principais características de canções significativas publicadas nas revistas. Priorizamos um estudo da apropriação da música folk por um grupo de músicos ligados à esquerda,[7] que ajudou a eleger um repertório como representante da identidade musical da nação.

---

[7] É importante esclarecer que temos em mente que nos Estados Unidos o termo "esquerda" não compreende um bloco coeso de pessoas e propostas ideológicas. Trabalhamos com o termo de forma abrangente e genérica quando utilizado sozinho e, a fim de explicitar melhor os grupos aos quais estamos tratando, incluímos em alguns momentos do trabalho as qualificações "Velha" e "Nova" esquerda. Nomeamos "Nova Esquerda" grupos surgidos com a dissidência do Partido Comunista da Grã Bretanha ocorrida após a liberação do relatório de Nikita Kruschev em 1956, que denunciava alguns atos criminosos de Stalin. Termo este que ganhou uso nos Estados Unidos a partir de 1960, com a ajuda do sociólogo Wright Mills, após a publicação de sua *Letter to the New Left*. Em sua dissertação intitulada *De Port Huron aos Weathermen: Students for a Democratic Society e a Nova Esquerda Americana, 1960-1969*, o historiador Rodrigo Farias de Sousa afirma que vários movimentos mundiais passaram a adotar o termo "Nova Esquerda" e, segundo George Katsiaficas, algumas características comuns seriam: 1) oposição à dominação racial, política e patriarcal, bem como à exploração econômica – a crítica não era mais apenas à desigualdade econômica e de classes, mas ao autoritarismo de maneira geral, inclusive cultural; 2) conceito de liberdade não apenas como liberdade da privação material, mas também a liberdade para criar novos seres humanos; 3) extensão do processo democrático e expansão dos direitos do indivíduo; 4) uma base revolucionária ampla, não apenas os trabalhadores, mas os jovens e estudantes, por exemplo; 5) a ênfase na ação direta (SOUSA, 2007) E ao usarmos o termo "Velha Esquerda" nos referimos a uma tradição do *Radical Liberalism*, ligada ao Partido Comunista e ao Partido Socialista.

Em nosso quarto capítulo, apresentamos uma comparação das trajetórias dos artistas que gravaram e/ou escreveram para a Folkways e para as revistas *People's Songs* e *Sing Out!*, a fim de percebermos como, ao longo dos anos de 1950, foi desenvolvida uma rede de sociabilidade em torno da música folk do país que ajudou na consolidação do movimento pelos direitos civis. Nessa década, percebemos uma mudança de ênfase do repertório, uma vez que foi privilegiado um gênero para a veiculação do discurso pró-direitos civis: o *spiritual*. Assim, foram criadas e difundidas canções que se tornaram verdadeiros patrimônios culturais dos Estados Unidos.

CAPÍTULO 1

Música Folk nos Estados Unidos: (Des)caminhos rumo às grandes cidades

É importante esclarecer que no Brasil há pouca bibliografia sobre a música folk estadunidense, tampouco há muitas traduções de obras estrangeiras. Podemos afirmar que a situação não é muito diferente quando se trata de estudos sobre o movimento pelos direitos civis, neste caso o que existem são pequenas partes de livros sobre a história dos Estados Unidos que tratam do assunto e, mais recentemente, algumas dissertações e teses dedicadas ao tema.

Assim sendo, acreditamos ser necessário nos determos na questão do que vem a ser música folk nos Estados Unidos, realizando uma digressão à história deste repertório, a fim de perceber os objetivos e formas de atuação dos primeiros folcloristas do país. Também se faz imprescindível discorrer sobre os gêneros eleitos como representantes das tradições do folk nacional e sua disseminação em suportes musicais, como impressos e fonogramas, bem como sua apropriação por determinados grupos sociais e seu processo de difusão das áreas rurais para as cidades, com todas as implicações que ele acarretou.

Uma definição de música folclórica costuma ser a de música particular de um grupo histórico e étnico, com instrumentação acústica, transmitida de forma oral de geração para geração. Os estudos sobre a temática nos Estados Unidos não esclarecem o significado de *folk music* e uma das dificuldades para isso é a variedade de gêneros musicais que ele congrega, como as baladas, o country, o blues e o spiritual.

A definição de gênero musical é uma questão complexa que apresenta diversas abordagens. Partilhamos das concepções do musicólogo italiano Franco Fabbri, expostas em diversos artigos publicados desde 1982 até os dias atuais.

No texto *A theory of musical genres: two applications*, de 1982, o autor define gênero como resultado de um conjunto de convenções culturais (sobrepondo-se ao estritamente musicológico), envolvendo artistas e público. Franco Fabbri inicia seu artigo afirmando que "um gênero musical é um conjunto de eventos musicais cujo curso é regido por um conjunto definido de regras socialmente aceitas", e continua, afirmando que "a noção de conjunto significa que nós podemos falar de subconjuntos como "subgêneros" e de todas as operações previstas pela teoria dos conjuntos". Assim, um evento musical pode ser situado na "intersecção de dois ou mais gêneros e, portanto, pertence a cada um deles ao mesmo tempo".[1] [2]

Em relação à definição de evento musical, Fabbri utiliza a definição de música do semiologista italiano Stefani, que entende como evento musical qualquer tipo de atividade representada em torno de uma ocorrência envolvendo som. Tal definição apresenta controvérsias, como explica o próprio Fabbri:

> Esta definição é controversa, mas o que a faz assim é exatamente o que precisamos neste caso, que é sua amplitude. Àqueles que discordam referem-se a um conjunto de regras mais restritas para definir conjunto, mas eles não podem negar que um grupo, pequeno e ainda desacreditado, considere um evento musical como a música em um todo. Essa excessiva amplitude é um defeito também da minha própria definição de gênero: ela me permite chamar de gênero todos os conjuntos de gênero e, portanto, alguns que geralmente aparecem sob outras nomeações: sistemas musicais, música étnica e até música terrestre (uma união de todos os tipos de produções musicais e consumo deste planeta). A única solução que encontrei para este problema é decidir, em cada momento, se um certo conjunto de eventos musicais vêm sendo considerado em relação à outros conjuntos opostos e em qual caso o chamarei de gênero – ou em relação aos seus sub-conjuntos – e em qual caso o chamarei de sistema. De todo modo, este defeito é preferível do que não reconhecer como gênero algo que é considerado como tal por milhões de pessoas.[3]

O autor afirma ser necessário ampliar as regras geralmente apresentadas por musicólogos para se definir gênero, ou seja, analisar os vários tipos de normas que se combinam para criar uma definição.

Se pensarmos que o artigo de Fabbri foi publicado em 1982, podemos salientar o quanto ele é inovador, uma vez que nesta época a discussão sobre a definição de gêneros e estilos musicais não integrava estudos musicológicos; as definições de gênero eram pautadas em conceituações da tradição musicológica que levavam em consideração apenas características técnico-formais (estilísticas) das peças de concerto europeias.

Em um artigo mais recente, de 2006, intitulado *Tipos, categorías, géneros musicales: hace falta una teoría?*, Franco Fabbri avança em sua concepção de gênero afirmando serem unidades culturais reguladas por códigos e, portanto, objetos da

---

1   Todas as traduções de obras em inglês e espanhol foram realizadas livremente pela autora.
2   FABBRI, Franco. "A theory of musical genres: two applications". *Popular Music Perspectives*. International Association for the Study of Popular Music, 182, p. 1.
3   *Ibidem.*, p. 1.

semiótica definidos dentro de comunidades em constante negociação, apresentando-se, assim, como objetos de estudos sócio musicológicos e históricos. Em suas palavras:

> É difícil para mim pensar em um campo de estudos musicais que possa obter um benefício maior de uma teoria dos gêneros que o da História: a emergência dos gêneros como reconhecimento e codificação de práticas existentes (com numerosos exemplos que vão do ragtime ao blues, ao rebético,[4] ao rock 'n' roll), ou como oposição a gêneros existentes (vejamos o caso exemplar do punk), sua transformação, a articulação em subgêneros: todos são fenômenos que podem permitir ao historiador reconstruir a vida musical de uma época baseando-se no sentido comum do momento, e não só a partir da comparação de textos ou de dados socioeconômicos.[5]

Nos Estados Unidos, os gêneros considerados música folk, como o blues e o country, também foram considerados música popular ao longo do século XX, tornando-se componentes importantes da cultura de determinados segmentos sociais. É preciso esclarecer que concordamos com a definição de música popular proposta pelo musicólogo chileno Juan Pablo González em seu artigo *Musicologia popular en América Latina: síntesis de sus logros, problemas y desafios*, no qual o autor afirma que ela seja uma música mediatizada, massiva e moderna:

> Mediatizada nas relações músico/público, através da indústria e da tecnologia; e música/músico, o qual recebe sua arte principalmente através de gravações. É massiva, pois chega a milhões de pessoas de forma simultânea, globalizando sensibilidades locais e criando alianças suprasociais e supranacionais. É moderna por sua relação simbiótica com a indústria cultural, a tecnologia e as comunicações de onde desenvolve sua capacidade de expressar o presente, tempo histórico fundamental para a audiência juvenil que a sustenta.[6]

O historiador Ronald D. Cohen, especialista em música folk norte americana, em sua obra *Folk music: the basics,* publicada em 2006, afirma a dificuldade em definir o termo *folk music* e a necessidade de entendê-lo de maneira abrangente. O autor afirma ser necessário ultrapassar a noção de música folk como aquela tradicional e anônima, e incluir canções de trabalho do século XIX, blues, melodias gospel e canções de caubói. De acordo com o autor:

---

4 Tipo de música popular urbana da Grécia.
5 FABBRI, Franco. "Tipos, categorías, géneros musicales: hace falta una teoría?". In: VII CONGRESO IASPM-AL, MÚSICA POPULAR: CUERPO Y ESCENA EN LA AMÉRICA LATINA, 2006. La Habana. *Anais...* La Habana: IASPM-AL, 2006, p. 12-13.
6 GONZÁLEZ, Juan Pablo. "Musicologia popular en América Latina: síntesis de sus logros, problemas y desafíos". *Revista Musical Chilena,* Santiago, n. 195, jan./jun. 2001, p. 38.

No século XX, música folclórica teve um significado muito amplo e as definições tradicionais tiveram de ser revistas. Baladas tradicionais ou descritivas e blues continuaram, mas foram incluídas canções populares do século XIX, assim, um incrível número de cantores/compositores, canções gospel e muito mais, tornaram-se parte do expansivo e flexível entendimento de música folclórica. O acompanhamento instrumental também foi expandido de violão acústico, banjo, rabeca, harmônica e bandolim, para, eventualmente, guitarras elétricas, instrumentos de sopro e de percussão e qualquer outro. [...] O entendimento da música folclórica teve de incluir uma flexível e expandida definição que levou ao estreitamento entre folclore, música popular e o que é agora chamado de *world music*.[7]

A historiadora Gillian Mitchell, em seu livro *The North American folk music revival*, estudiosa da canção folk posterior a Segunda Grande Guerra, a qual nomeia *folk music revival*, concorda com Ronald Cohen quanto à ampla definição de *folk music* e atenta-nos para a importância ideológica deste repertório ao longo do século XX:

> Não é uma tarefa fácil documentar ou entender com precisão o ressurgimento no interesse em música folclórica na América do Norte que se tornou conhecido como "*the folk revival*". Este movimento foi, ainda, prodigiosamente complexo e faccionário, e membros das diversas facções estiveram envolvidos em grandes embates ideológicos. Até mesmo os desdobramentos do movimento foram constantemente tentando definir e redefinir a si próprio, para chegar a uma compreensão de seu amplo ecletismo. O *folk revival* foi profundamente político, sua ideologia e o interminável diálogo e discurso sobre sua existência e seu significado tem essencialmente a mesma importância para historiadores como para a música. Atualmente, pesquisadores do *revival*, muitos dos quais foram eles mesmos músicos ou participantes, têm sido incapazes de chegar a um entendimento unificado do movimento. Eles continuam a debater a adequação do termo "*revival*" para descrever o fenômeno e, entre outras questões, se o *revival* era realmente muitos *revivals* ou um movimento; quando, exatamente, ele começou e terminou; o que precisamente constituía "*folk music*", o que a tornou popular e, mais que tudo, o que *folk music* significa, na época e agora. O *folk revival*, nutrido em uma controversa atmosfera politizada, permanece objeto de muita controvérsia e continua a trazer desconcertantes questões para pesquisadores. Qualquer tentativa de estudo sobre *folk revival* é, por estas razões, uma assustadora tarefa. Nenhum estudo pode ser considerado exaustivo, nem pode fornecer respostas satisfatórias para todas as questões acadêmicas.[8]

---

7   COHEN, Ronald D. *Folk music: the basics*. Nova Iorque: Routledge, 2006, p. 1-3.
8   MITCHELL, Gillian. *The North American folk music revival: nation and identity in the United States and Canada*, 1945-1980. Burlington: Ashgate, 2007, p. 2-3.

É importante ressaltar que diversos autores nomeiam o repertório folk estadunidense do pós-guerra de *folk music revival*, uma vez que apresenta diferenças em relação ao repertório folclórico considerado mais tradicional, todavia, tal denominação é majoritariamente utilizada para tratar da *folk music* dos anos de 1960 em diante.

O historiador Neil V. Rosenberg, no livro *Transforming tradition*, publicado em 1993, afirma que a palavra *revival* já era usada desde o século XVIII nos Estados Unidos em textos relacionados às tradições nacionais, entretanto, teria ganho grande uso só nos anos de 1960. O autor ainda afirma que o termo *revival* foi muito empregado na mesma época em que se valorizava no país a palavra "tradição", e o motivo para isso seria a relação destes termos com contextos sociais no qual se refletia sobre a autenticidade do folclore.[9]

A dificuldade em se definir o que é música folclórica extrapola o problema do que seja um gênero e alcança aspectos ideológicos, apontando para disputas culturais em determinados contextos históricos. A música folk manteve, ao longo do século XX, estreitas relações com as questões políticas e sociais dos Estados Unidos e, para que possamos compreender o porquê disso, acreditamos ser necessário conhecer alguns aspectos do desenvolvimento das pesquisas folclóricas no país.

As primeiras pesquisas sobre música folclórica nos Estados Unidos

Em relação às pesquisas sobre folclore, o antropólogo Luis Rodolfo Vilhena, em seu livro *Projeto e missão*, publicado em 1997, afirma que um possível marco inicial seria a criação, pelo inglês William John Thoms, do neologismo anglo-saxão *folk-lore*, que foi adotado pela maioria das línguas europeias. Este novo termo vinha em substituição a outros que já identificavam a prática de recolher as tradições da cultura camponesa.

No ano de 1878, Thoms fundou a Folklore Society, que iniciou os primeiros esforços sistemáticos para se definir um campo de estudos sobre o folclore.[10] É importante ressaltar que a palavra folclore indicava tanto o objeto de estudo, quanto nomeava uma nova disciplina no campo das Ciências. Sobre o assunto, Renato Ortiz, em sua obra *Românticos e folcloristas*, publicada em 1993, afirma que os estudos folclóricos em alguns países da Europa no século XIX relacionavam-se à necessidade de constituição de uma identidade para a nação. Os folcloristas elegeram o povo (camponeses analfabetos) e sua cultura oral como o único representante legítimo da nacionalidade e fixaram um tempo e um lugar de origem como repositório desta identidade.[11]

---

9   ROSENBERG, Neil. *Transforming tradition: folk music revivals examined*. Urbana: University of Illinois, 1993, p. 18.

10 VILHENA, Luis Rodolfo. *Projeto e missão: o movimento folclórico brasileiro: 1947-1964*. Rio de Janeiro: Funarte, 1997.

11 ORTIZ, Renato. *Românticos e folcloristas: cultura popular*. São Paulo: Olho d'Água, 1993.

Luis Rodolfo Vilhena partilha desta afirmação e acrescenta que os folcloristas se interessavam pelas tradições camponesas devido a seu "pretenso 'isolamento'" que se opunha ao cosmopolitismo das elites e ao internacionalismo dos movimentos operários.[12] Ou seja, os habitantes de áreas rurais seriam os detentores de uma cultura tradicional que deveria ser preservada. E, como afirma Tânia da Costa Garcia, em seu artigo *Vozes da nação: a folclorização da música popular no Brasil e no Chile nos anos 40 e 50*, por mais que tenham ocorrido debates entre os folcloristas, foi basicamente esta concepção de folclore que alcançou o século XX, norteando as discussões em torno dos critérios para se definir a cultura nacional.[13]

A respeito da preservação da cultura nacional nos Estados Unidos, recorremos às palavras da historiadora Jane S. Becker em sua obra *Selling tradition*, publicada em 1998:

> "Tradição" refere-se ao passado, é claro, mas também ao modo como esse passado é transmitido; refere-se à transmissão de conhecimento de geração para geração e implica valor e veneração. Representa uma prolongação do passado no presente, um padrão com o qual àqueles que se foram antes deixaram para trás um pouco do que eles tinham de mais importante para as gerações posteriores. Neste sentido, a experiência da tradição é pessoal – um presente de habilidades valiosas, costumes ou histórias, por exemplo, para membros mais jovens da comunidade. Tradição é uma parte de nossas vidas privadas, na forma de rituais e costumes que nossas famílias e comunidades escolhem, mantêm e realizam. Mas tradições são também parte da nossa identidade coletiva; nós as utilizamos para definir quem somos como americanos. [...] Assim, acessamos a tradição por meio daquilo que acreditamos que a estabelece em nossas vidas diárias – o folclore. Tal atração para o tradicional e o folclore, todavia, vai mais fundo do que uma preferência estética particular e padrões de consumo. As noções de tradição e folclore que estes objetos e rituais incorporam nos ajudam a definir o que nós entendemos como a cultura americana, e o que significa ser americano. A definição de uma identidade nacional é feita fortemente de ideias sobre o passado da nação, de tradições profundamente enraizadas na cultura dos primeiros anos da América, que ainda são mantidas e expressadas em novas formas hoje em dia.[14]

---

12 VILHENA, *op. cit.*, p. 25.

13 GARCIA, Tânia da Costa. "Vozes da nação: a *folclorização* da música popular no Brasil e no Chile nos anos 1940 e 1950". In: BEIRED, José Luis Bendicho; CAPELATO, Maria Helena; PRADO, Maria Lígia Coelho. (org.). *Intercâmbios políticos e mediações culturais nas Américas*. Assis: Editora Unesp, 2010.

14 BECKER, Jane S. *Appalachia and the construction of an American folk, 1930-1940*. Chapel Hill: University of North Carolina, 1998, p. 1-2.

Nos Estados Unidos, ao longo do século XIX, o folclore começou a se tornar um objeto de estudo da cultura nacional. Os primeiros folcloristas que realizaram trabalhos sobre o folclore estadunidense, como Francis James Child e George Lyman Kittredge, foram fortemente influenciados por folcloristas ingleses como Cecil Sharp.

Sobre o aumento das pesquisas folclóricas no país no final do século XIX, Gillian Mitchell afirma terem relação com os "sentimentos de mal-estar geral causados pelas rápidas mudanças sociais e econômicas e desenvolvimento industrial sem precedente". Também se relaciona a esse contexto social e econômico a arte e literatura anti-modernista surgida no país no período, que redescobria o folclore. Escritores e intelectuais de classe média teriam valorizado "um conceito idealizado de uma cultura folclórica pura que permanecia nos valores rurais e sobrevivia ao ataque violento da industrialização".[15]

No início do século XX, com a crescente modernização do país marcada pela intensa urbanização e uma gradativa migração campo-cidade, "restaurar" os valores que estavam sendo "corrompidos" pelo incremento da modernização e pela irreligiosidade, passou a ser uma forma de reação manifestada por diferentes segmentos sociais. Muitos folcloristas passaram a recompilar canções das áreas rurais do país colaborando, gradualmente, na sua difusão.

No ano de 1898, o folclorista Francis James Child publicou um livro intitulado *The English and Scottish popular ballads* com compilações de baladas que listava 305 baladas consideradas "puras e autênticos exemplos do gênero".[16] De acordo com Gillian Mitchell, Child e seus pupilos foram inspirados pelos métodos e teorias dos germânicos irmãos Grimm, que acreditavam que as tradições folclóricas estavam sendo extintas com o incremento da modernização.[17]

O folclorista James Child foi o primeiro professor de Literatura Inglesa da Universidade de Harvard, influenciando sua geração, bem como as seguintes; todavia, ele mesmo não realizou pesquisas de campo, analisava apenas as letras das baladas já coletadas por outros, sem levar em conta a estética musical. Ainda segundo Mitchell, Child também recusava integrar em seu repertório folclórico as canções que haviam sido impressas em cancioneiros, porque estas não seriam mais "puras".[18]

Outro importante folclorista atuante no início do século XX nos Estados Unidos foi o inglês Cecil Sharp, nascido em Londres em 1859. Sharp era advogado, mas acabou estudando música em uma escola de Londres. No início do século XX o folclorista atuava como assistente de músicos que coletavam canções e danças folclóricas na Inglaterra e, no ano de 1911, esteve envolvido na criação da English Folk Dance Society.

---

15 MITCHELL, *op.cit.*, p. 27-28.
16 *Ibidem*, p. 28.
17 *Ibidem*.
18 *Ibidem*.

Durante a Primeira Grande Guerra, Sharp viajou duas vezes aos Estados Unidos a fim de coletar canções folclóricas de alguns estados do Sul. Segundo Ronald Cohen, Sharp procurava por referências inglesas e por um repertório de canções tradicionais que, segundo o folclorista, representavam o mundo rural decadente.[19]

Ronald Cohen afirma que, quando chegou aos Estados Unidos, Cecil Sharp acreditava que o país não possuía uma verdadeira música folclórica, mas foi convencido do contrário por Olive Dame Campbell, esposa de John C. Campbell, um acadêmico e professor que se dedicou ao estudo das condições sociais nas montanhas do Sul do país. Olive coletou baladas das montanhas dos Apalaches e mostrou à Sharp as tradições nacionais. Folcloristas como eles acreditavam que as canções das montanhas eram intocadas pela sociedade moderna e assim resguardavam a pureza que caracterizaria o mundo rural.[20]

A historiadora Jane Becker publicou sua tese de doutorado intitulada *Selling tradition*, na qual analisa o desenvolvimento dos trabalhos manuais nas montanhas dos Apalaches e detêm-se na história da região, apontando como ela tornou-se foco do interesse de folcloristas, acadêmicos e literatos. De acordo com a autora:

> Começando no final do século dezenove, muitos americanos olharam para os Apalaches, no Sul, como o lócus da herança folclórica da nação. As atividades e publicidade geradas ao longo de muitas décadas por escritores, coletores de baladas e assistentes sociais nas montanhas, promoveram o mito de que uma cultura americana tradicional existia nos Apalaches sulistas, caracterizado por uma economia pré-industrial, relações pessoais e a persistência de tradições folclóricas anglo-saxãs. Uma corrente de literatura de cor local retratou as montanhas sulistas como pitorescas, singulares remanescentes de uma cultura colonial oitocentista e cultivou o interesse americano no material musical e expressão oral destes exóticos moradores das montanhas.[21]

Becker afirma que muito contribuiu para este empenho na região a organização de sociedades folclóricas que estimulavam o interesse de coletores do folclore local.[22]

Segundo Ronald Cohen, Cecil Sharp tinha a intenção de "promover o nacionalismo através da conexão da música vernácula com o legado camponês inglês", assim, ele acreditava ser possível elevar o gosto musical da nação. Em seu trabalho de campo ele foi um dos primeiros a registrar as letras e as melodias das canções.[23]

---

19 COHEN, *op. cit.*, p. 23.
20 *Ibidem*.
21 BECKER, *op. cit.*, p. 5-6.
22 *Ibidem*, p. 60.
23 COHEN, *op. cit.*, p. 21.

Francis James Child e Cecil Sharp contribuíram para a propagação do mito de que a cultura americana era basicamente inglesa em suas raízes, pois eles não se preocuparam em coletar ou analisar as adaptações nas canções inglesas ou as canções de outros imigrantes e grupos étnicos. Suas áreas de atuação restringiram-se aos Apalaches, no Sul; região esta que, ao longo do século XX, continuou a ser a preferida das pesquisas de campo de muitos folcloristas por ser considerada a portadora das "autênticas" canções folclóricas existentes nos Estados Unidos, ou seja, as canções inglesas, irlandesas e escocesas trazidas pelos imigrantes.

De acordo com o especialista em música sulista dos Estados Unidos, Bill C. Malone, em seu livro *Singing cowboys and musical mountaineers*, publicado em 1993, os folcloristas que foram coletar canções nas montanhas do Sul no início do século XX, "não foram com a mente aberta procurar por qualquer componente folclórico; eles foram interessados em encontrar exemplos vivos do cânon de Child".[24]

Outros autores que no início do século publicaram trabalhos sobre música folclórica estadunidense foram Lucy Broadwood, Frank Kidson e Cecil Baring-Gould, Katherine Pettit e Mary Stone. As duas últimas, em 1907, com a ajuda de George Lyman, professor de Harvard, publicaram *Ballads and rhymes from Kentucky*, com baladas coletadas na escola infantil de Hindman Settlement.

A maioria destes pesquisadores esteve envolvida com a Folk-Song Society que, durante a década de 1920, não possuía muitos colaboradores e passava por um período de dificuldades em manter-se atuante, "com apenas 123 membros, em 1933, a Folk-Song Society fundiu-se com a muito maior (cerca de 2000 membros) English Folk Dance Society, criando a English Folk Dance and Song Society (EFDSS)".[25]

Diferente de James Child e Cecil Sharp, John Avery Lomax, nascido no Mississipi em 1875, mas habitante do Texas ao longo da vida, foi um folclorista que se dedicou desde a adolescência à coleta de canções folclóricas de caubói. John Lomax estudou Folclore na Universidade de Harvard e em 1933 fez uma viagem ao Sul para coletar canções de caubói, acompanhado de seu filho, Alan Lomax (também atuante nas pesquisas folclóricas do país).

No ano de 1934, John Lomax tornou-se consultor honorário em canções folclóricas americanas e curador do Arquivo de Canções Folclóricas da Biblioteca do Congresso Nacional, fato que lhe deu "acesso ao equipamento de gravação da Biblioteca e uma identidade oficial para continuar com seu trabalho de coleta e publicação de canções do Sul do país". Ele foi um dos pioneiros coletores do folclore e "deixou um impressionante legado em gravações na Biblioteca do Congresso".[26]

---

24 MALONE, Bill. *Singing cowboys and musical mountaineers: southern culture and the roots of country music*. Athens: University of Georgia Press, 1993, p. 45.

25 COHEN, *op. cit.*, p. 25.

26 COHEN, *op. cit.*, p. 28.

Ainda diferenciando-se de Francis Child, Lomax acreditava que a cultura do país permanecia vibrante, ou seja, não era algo de um mundo rural decadente. O folclorista também ampliou a constituição do repertório folclórico ao interessar-se por canções relativas às ocupações como canções de mineiros, ferroviários, lenhadores, soldados, marinheiros e caubóis. Era muito comum canções britânicas, escocesas ou irlandesas circularem nos Estados Unidos ao longo do século XIX e, desde então, muitas baladas tematizavam as ocupações.

Outra diferença significativa entre James Child e John Lomax foi o fato de que Lomax defendia a inclusão da tradição afro-americana no repertório folclórico nacional, apesar de não defender a igualdade de direitos entre as raças. De acordo com Ronald Cohen, suas gravações em trabalho de campo demonstram a riqueza deste grupo cultural, bem como a composição do repertório folk estadunidense, que integrava tanto tradições afro-americanas, quanto tradições europeias dos imigrantes.[27]

A historiadora Gillian Mitchell afirma que durante as décadas de 1920 e 1930 John Lomax realizou viagens às comunidades negras e penitenciárias no Sul dos Estados Unidos procurando por músicos e informantes. Mitchell continua, afirmando:

> Foi na Penitenciária do Estado da Geórgia que Lomax encontrou sua mais valiosa fonte de canções folclóricas afro-americanas: o condenado Huddie Ledbetter, também conhecido como Leadbelly, que estava cumprindo uma sentença por assassinato. Após sua liberação da prisão, Leadbelly foi para Nova Iorque com John Lomax no início dos anos 1940, onde lhe concederam um contrato com uma gravadora e a grande lisonja de um novo público. Este público incluía àqueles que poderiam popularizar o movimento do *folk revival* – eles eram na grande maioria brancos, urbanos, intelectuais da classe media simpáticos à esquerda e, para eles, Leadbelly era um herói, um cancionista andarilho e a personificação de sua percepção romantizada do opressivo, mas nobre, homem negro do Sul.[28]

Sobre as atividades como folclorista de Lomax, Gillian Mitchell ainda afirma que as pessoas e grupos pelos quais ele se interessava eram ordinárias e pobres, deste modo, suas canções nunca haviam sido de interesse para os folcloristas mais conservadores. "Não apenas porque este repertório não era de baladas dos Montes Apalaches, mas também porque os cantores eram migrantes e viajantes, pessoas sem raízes", ou seja, na visão dos folcloristas conservadores, estas pessoas não poderiam representar uma "autêntica" cultura nacional.[29]

Uma questão importante sobre o trabalho destes folcloristas e pesquisadores do início do século XX é o fato de que a grande maioria do material coletado por eles

---

27 *Ibidem.*
28 MITCHELL, *op. cit.*, p. 35.
29 MITCHELL, *op. cit.*, p. 37.

em suas pesquisas de campo era divulgado de forma impressa, com a publicação das letras das canções, com pouca preocupação em publicar partituras; tenhamos em mente que a gravação das canções em fonogramas e sua escuta ainda não eram algo acessível a um grande público consumidor. Foi apenas durante os anos 1920 que os coletores de canções folclóricas começaram a se preocupar em dar crédito a seus informantes e, como afirma Ronald Cohen, anotar os locais de origem das canções, escolher bem quem entrevistar e em quais canções se focar. Os folcloristas preferiram ignorar as canções com palavras e temas indecentes, afinal, as editoras não tinham interesse em publicar nada que pudesse ser considerado ofensivo.[30]

Sobre tais publicações e seu público leitor, são esclarecedoras as palavras do historiador Neil Rosenberg:

> Qualquer que fossem suas metas, os coletores de música folclórica formataram suas publicações a fim de torná-las acessíveis; preservação e promoção andam de mãos dadas. Por um século e meio, norte americanos foram capazes não apenas de ler sobre música folclórica, mas também aprender canções e melodias folclóricas por meio das coleções publicadas. A música folclórica era considerada acessível, fácil de aprender; e o aprendizado e performance foram encorajados através de suportes ideológicos: isto é, uma autêntica e democrática (ou regional ou étnica ou individual) expressão no formato de uma natural e despretensiosa arte. Ela foi utilizada como um antidoto contra a alienada música popular moderna do período. Enquanto a maioria das coleções veio da classe trabalhadora rural, com relativamente pouca educação e recursos limitados, a maioria dos que as leram – e desde os anos 1940, as ouviram em gravações – foram pessoas da classe média urbana ou suburbana com relativamente melhor educação e renda. Para alguns dos últimos, a música folclórica era algo comovente e significativo, e esse é geralmente o caso quando as pessoas se envolvem em novas formas musicais, elas não apenas aprendem a executar, mas tornam-se entusiásticas partidárias. [...] No final da segunda década deste século, um número considerável de coleções de canções folclóricas foram feitas e publicadas. Elas atestam a crença comum de que aquelas canções folclóricas podiam ser encontradas entre pioneiros, caubóis e outras simbólicas minorias. Pessoas da classe média com pretensões intelectuais compravam livros e iam às apresentações ou palestras sobre este tema fascinante.[31]

De maneira geral, os folcloristas, por meio de suas publicações, contribuíram para a difusão do repertório folclórico durante a primeira metade do século XX.

É importante destacar a afirmação de Renato Ortiz sobre a atividade destes primeiros folcloristas, de que ao ler qualquer livro de um deles fica claro que "dizem pouco sobre a realidade das classes subalternas, muito sobre a ideologia dos que os

---

30 COHEN, *op. cit.*, p. 41-42.
31 ROSENBERG, *op. cit.*, p. 5.

coletaram,"³² sobretudo se atentarmos para o fato de que tais personagens selecionaram e ajudaram a propagar um repertório que seria o representante "legítimo" da "autêntica" música folk nacional.

A MÚSICA FOLK NO MERCADO MUSICAL

Nossa principal referência sobre as primeiras gravações musicais realizadas nos Estados Unidos é a obra do historiador e professor de História na Universidade do Alabama, Andre Millard, intitulada *America on record: a history of recorded sound*, publicada em 1995, na qual o autor afirma que os fonógrafos foram muito importantes na preservação da música folclórica da América, uma vez que etnomusicólogos viajaram ao longo do continente registrando tais materiais sonoros. Contudo, cabe destacar que as gravadoras pouco registraram a música dos nativos da região, ou seja, dos inúmeros grupos indígenas existentes.

Millard esclarece que, em meados de 1900, um terço da população dos Estados Unidos era composta de imigrantes e de seus filhos, e as gravadoras apreenderam a importância da música para estes grupos, que a utilizavam como uma forma de manter viva a memória sobre o país de origem. Assim, foram criadas seções dedicadas à música étnica nos catálogos de fonogramas disponíveis.

Sobre a presença deste repertório étnico no mercado musical dos anos 1920, recorremos às afirmações de Ronald Cohen:

> Ainda havia um interesse local e um mercado comercial para estas canções, conectando passado e presente, mas geralmente em meios complexos. Ambos, *mainstream* e pequenos selos, publicaram numerosas gravações étnicas, fazendo marketing para um público ansioso em se conectar com o Velho Mundo. [...] Os grandes selos – Victor, Edison, Columbia – lançaram gravações para o mercado étnico de poloneses, finlandeses, irlandeses, alemães, ucranianos e outros. A Columbia tem uma série étnica especial de 1928, e a Victor logo a seguiu, agora incluindo imigrantes da Albânia, Índia, China e judeus do Leste Europeu que prefeririam *Klezmer music*.³³ ³⁴

Nos anos da Primeira Grande Guerra, as gravadoras ofereciam um amplo catálogo de canções populares étnicas, abrangendo repertórios das distintas nacionalidades que compunham a população do país, como irlandeses, ingleses, alemães, escoceses, espanhóis, franceses, gregos, russos etc. Andre Millard afirma que tais canções eram "cheias de imagens sentimentais de um mundo que havia se perdido,

---

32 ORTIZ, *op. cit.*, p. 7.
33 Klezmer é um gênero de música judaica.
34 COHEN, *op. cit.*, p. 43-44.

incluindo a América rural das fazendas e plantações deixadas para trás no grande movimento em direção às cidades".[35]

Todavia, não era o sul escravista o retratado nas gravações, mas o das antigas tradições e valores familiares da população branca; de fato, este repertório saudosista e nostálgico não era composto por canções folclóricas coletadas no Sul do país, era um repertório gravado nas cidades, predominantemente do Norte, onde se concentrava a indústria musical no período. Em suas palavras:

> A música das fazendas e vilas raramente era encontrada nas primeiras gravações, embora houvesse uma grande quantidade de gravações musicais que posavam como o autêntico som do Sul. A música folclórica dos Apalaches ou do Oeste americano não era gravada, tampouco era o blues feito ao longo do delta do Mississipi, nas profundezas do Sul. Os spirituals das reuniões das igrejas também eram ignorados pelas gravadoras.[36]

O autor Bill Malone afirma que antes da profissionalização, os músicos que interpretavam música folclórica tinham performances com especificidades locais, bem como uma distinção entre a performance doméstica e a interpretação para outro tipo de público.

Em relação às performances domésticas, que eram a grande maioria, havia uma tradição feminina de cantar durante os afazeres domésticos ou para o entretenimento da família e de poucos convidados, ou seja, a mulher era a intérprete por excelência do repertório folclórico branco do Sul do país. E Malone sugere que talvez isso explique a prática de alguns cantores de cantar em um registro alto e com a voz constrita.[37]

Como a grande maioria das famílias não possuía instrumentos, esse canto doméstico era sem acompanhamento, o que permitia à intérprete seguir uma altura, compasso e ritmo próprio, com muitas alterações das melodias e do tempo de execução do repertório folclórico.

Em performances fora da esfera dos lares, a vocalização e instrumentação era muito diversificada, com alguns intérpretes se auto acompanhando com violinos, violão ou banjo de cinco cordas. Mallone esclarece que apesar da predominância desses instrumentos de corda, também é possível encontrar em gravações antigas de baladas instrumentos como kazoo (instrumento tocado com a boca, tipo uma flauta de mirlitão), outros instrumentos de sopro, harpas, órgãos, pianos, bandolins, ukulele, acordeão, zither, violão havaiano, cellos, trompetes e clarinetes.[38]

---

35 MILLARD, Andre. *America on record: a history of recorded sound*. Cambridge: Cambridge University, 1995, p. 89.
36 *Ibidem*, p. 91.
37 MALONE, *op. cit.*, p. 20.
38 MALONE, *op. cit.*, p. 43.

O repertório de canções afro-americanas não foi alvo das grandes gravadoras até os anos 1920, quando se começou a gravar um estilo popular de blues interpretado por mulheres como Bessie Smith e Ma Rainey. Paul Friedlander, autor do livro *Rock and roll*, afirma que "o estilo popular de blues, com vocalistas como Ma Rainey e Bessie Smith, era tocado em teatros, pavilhões e casas de shows,"[39] alcançando um público afro-americano e branco. O autor ainda afirma que as letras falavam de adversidades, conflitos e, às vezes, celebração, sendo Leadbelly um dos compositores mais expressivos do gênero no período. Todavia, é importante esclarecer que estas gravações de blues dos anos 1920 formataram o gênero no modo em que o conhecemos a partir de então.

Os autores estadunidenses que se dedicaram a escrever sobre música folclórica durante o final do século XIX e a primeira metade do século XX não se preocuparam em discutir o que seria um dos gêneros de maior proeminência na história musical do país: o blues. Mesmo Alan Lomax, que tanto se dedicou à gravação de canções e entrevistas com músicos afro-americanos, não se importou em aprofundar uma explicação para a origem do termo ou das características do gênero, utilizando blues como uma palavra autoexplicativa e de conhecimento comum no país.

Os estudiosos do gênero, como Francis Davis, atribuem à origem do blues as canções de trabalho e os *field hollers* dos grupos afro-americanos do Sul dos Estados Unidos. São chamadas canções de trabalho as cantadas em grupo durante o trabalho nas plantações, seguindo o padrão de canto e resposta e com o ritmo e o compasso determinados pelo ritmo do trabalho. Por sua vez, os *field hollers* são lamentos em forma de gritos melancólicos ritmados pelos instrumentos de trabalho, como as enxadas e machados, mas interpretados individualmente. Ambos os cantos não costumavam ser acompanhados com instrumentos, uma vez que eram interpretados durante as horas de trabalho.

Cabe destacar que não há gravações e existem pouquíssimas transcrições dessas melodias; as gravações realizadas após 1900 sugerem características estéticas africanas como o uso de escalas pentatônicas e melismas entre as notas, mas isso não pode ser totalmente comprovado.

Até mesmo as gravações realizadas por Alan Lomax nos anos 1930 não devem ser consideradas exemplos de canções de trabalho e *hollers* do século XIX, como muitos estudiosos as consideram, uma vez que não sabemos até que ponto elas foram influenciadas pelas gravações comerciais de blues difundidas a partir dos anos 1920.

Outra referência encontrada no blues são as canções religiosas denominadas spirituals, principalmente se atentarmos para os clamores e gemidos realizados nas performances. Burton Peretti, em seu livro *Lift every voice: the history of African*

---

39 FRIEDLANDER, Paul. *Rock and roll*: uma história social. Rio de Janeiro: Record, 2008, p. 32.

American music, esclarece que as relações entre os primeiros blues e as igrejas afro-americanas eram complexas, como descrito no excerto abaixo:

> Após 1910, com o blues tornando-se um gênero estável e popular, os ministros do Sul, e depois do Norte, o criticaram severamente como sendo a "música do demônio". Por todo seu espírito afirmativo e beleza, o blues tornou-se um alvo perfeito para devotos afro-americanos, que o associavam ao crime e à promiscuidade sexual ao redor das *jook joints*[40] e tabernas, assim como à vestígios de adoração à um espírito pagão que algumas letras de blues faziam referência.[41]

Essa tensa relação permaneceu por várias décadas, até uma gradual modificação ocorrida ao longo do século, que culminou no intenso uso do repertório afro-americano no movimento pelos direitos civis, que mesclou canções sacras e seculares (tema este do nosso quarto capítulo).

Tecnicamente, o blues costuma ser identificado a um esquema harmônico-melódico de 12 compassos, no qual melodias são improvisadas. Nessa forma de 12 compassos estão presentes os acordes básicos de uma tonalidade: tônica, subdominante e dominante (padrão de acordes I- IV-V), bem como uma divisão em 3 frases de 4 compassos cada uma, onde nos primeiros 4 compassos (ou primeiro verso) é realizada uma proposição, nos 4 compassos seguintes essa proposição é reivindicada com outra harmonia (o verso da letra geralmente se repete) e nos 4 compassos finais a canção apresenta uma solução chamada de *turn around*.

Uma característica distintiva do blues é a ocorrência frequente das blue notes, definidas por Joachim Berendt, em sua obra *O jazz: do rag ao rock*, da seguinte maneira:

> Ela resultou da confrontação de dois sistemas acústicos, o pentatônico (escala de cinco notas apenas) que os negros trouxeram da África e o tonal (temperado) de origem europeia (de sete notas). Muito rapidamente, porém, os negros assimilaram o sistema tonal, sendo que apenas duas notas da escala que conhecemos permaneciam, para eles, ainda com uma entoação dúbia: a terceira e a sétima nota da escala tonal. Essas notas (mi e si), não existiam no sistema pentatônico (dó, ré, fá, sol e lá) e eles não sabiam se cantavam mi ou mi bemol e si ou si bemol (terça maior ou menor, sétima maior ou menor). No nosso sistema acústico, porém, essas duas notas da escala decidem a tonalidade de uma música, isto é, se ela está composta em tom maior ou menor. Por fim, os negros passaram a usar, em tonalidades

---

40 *Juke joints* eram pequenos bares com música e dança, frequentados majoritariamente por afro-americanos.

41 PERETTI, Burton W. *Lift every voice: the history of African American music*. Lanhm: Rowman e Littlefield Publishers, 2009, p. 72.

maiores, conduções melódicas menores, o que fazia resultar um colorido harmônico todo especial.[42]

Em relação ao ritmo, podemos dizer que geralmente os primeiros blues eram interpretados em um andamento lento, com sutis distorções no tempo e batidas deslocadas.

O autor Burton Peretti afirma que o improviso dos intérpretes de blues é uma de suas marcas distintivas, uma vez que em um blues, nunca haverá duas estrofes tocadas ou cantadas da mesma maneira, sempre haverá uma variação na altura, ritmo ou inflexão da voz, com o uso de melismas, gemidos, rugidos e clamores que marcam a individualidade de cada intérprete. "Assim como a harmonia pentatônica, estes efeitos sugerem a aproximação do blues às tradições vocais oriundas da África".[43]

Cabe destacar que tais especificidades deste gênero, nascido da tradição oral, não se adequavam facilmente às regras do solfejo e da harmonia tradicionais, desafiando os usos da escrita musical formal, o que muito contribui para a escassez de documentação para um estudo satisfatório das primeiras composições do gênero.

Os primeiros intérpretes de blues utilizavam instrumentos que permitisse se deslocar facilmente, como o banjo e o violino (rabeca), sendo que ao longo do século XX foram incorporados os timbres do violão, da guitarra e outros instrumentos. Devido ao intenso uso do banjo no repertório folk branco dos Estados Unidos, é comum identificá-lo como um antecedente do violão, todavia, sua origem é africana, relacionado ao violão apenas na medida em que ambos são de origem árabe. Francis Davis afirma que o banjo de cinco cordas é um descendente direto do halam ou konting, um instrumento tocado pela tribo Wolof do Oeste da África, introduzido na América pelos escravos.[44]

Joachim Berendt também esclarece que a forma fechada de 12 compassos não existia nos velhos folk-blues, ela foi se cristalizando até atingir a forma A A B no início do século XX, sendo assim formatada nas primeiras gravações fonográficas comerciais.[45]

Muitos autores destacam que os primeiros intérpretes de blues eram homens com algum problema físico que os impossibilitasse de trabalhar nas plantações, ou homens que viam na música uma possibilidade de fugir desse trabalho pesado.

A temática das canções perpassa o lamento por amores perdidos e a vida difícil, sem apresentar um protesto explícito. Como esclarece Joachim Berendt, "o

---

42 BERENDT, Joachim E. *O jazz: do rag ao rock*. São Paulo: Perspectiva, 1987, p. 125.

43 PERETTI, *op. cit.*, p. 68.

44 DAVIS, Francis. *The history of the blues: the roots*, the music, the people. Cambridge: Da Capo Press, 1995.

45 BERENDT, *op. cit.*, p. 125.

canto do blues está sempre lamentando a perda de algo: do amor, da felicidade, da liberdade, da dignidade etc. A existência simultânea de tristeza e humor é uma característica do blues".[46] O autor também chama a atenção para o fato de que, gramaticalmente, os textos do blues apresentam muitas irregularidades e contrariedades, com mudanças abruptas e injustificadas do sujeito da narrativa. Uma possível explicação para tal irregularidade seria a autoria compartilhada e a prática de utilizar trechos de canções já existentes para compor uma nova canção.

É importante esclarecer que no seu desenvolvimento o blues não apresenta apenas referências africanas, mas também das tradicionais baladas europeias e marchas militares. Como afirma Burton Peretti, o blues é parte de uma cultura musical birracial do Sul dos Estados Unidos. Em suas palavras:

> Cantores de blues apropriaram-se de canções populares de compositores brancos. Os brancos dos Apalaches e do Sul interpretavam baladas e danças celtas e inglesas que se tornaram as precursoras do "hillbilly" ou da música country, mas elas adquiriram características que nós associamos ao blues, como os melismas vocais e as graves "blue notes". Apesar do Jim Crow,[47] sulistas brancos e negros se apropriaram musicalmente um do outro. O blues, resumindo, não foi um produto imutável e "primitivo" de um povo isolado, mas uma complexa inovação, que mistura tradições musicais e letras afro-americanas e de americanos brancos, de uma nova forma profundamente satisfatória.[48]

Deste modo, por mais que possamos falar sobre a presença de distintos gêneros compondo a música folclórica estadunidense no início do século XX, como

---

46 *Ibidem*, p. 67.

47 No dicionário sobre o movimento pelos direitos civis nos Estados Unidos publicado pela editora Salem em 2000, afirma-se que o termo Jim Crow refere-se às tentativas no Sul do país de manter os afro-americanos em um status social de subordinação em todos os níveis de suas vidas e às limitações de possibilidade de qualquer forma de contato entre pessoas de distintas raças. As autoras Martha Abreu e Larissa Viana, em seu texto *Lutas políticas, relações raciais e afirmações culturais no pós-abolição: os Estados Unidos em foco*, afirmam que a expressão teria "designado um personagem negro criado no mundo artístico e teatral por Thomas Darmouth "Daddy" Rice, um ator branco. O personagem estreou nos palcos de Nova Iorque nas primeiras décadas do século XIX e, logo em seguida, recebeu aplausos das plateias de todo o país. O sucesso cômico do personagem era marcado por músicas e danças identificadas como típicas dos negros. As músicas eram conhecidas como *Ethiopian melodies* e os espetáculos como *Coon shows* (negro, crioulo). Jim Crow tornou-se até um reconhecido gênero artístico e comercial. [...] Após o período da Reconstrução Radical, em meio ao retrocesso dos direitos políticos e civis dos negros, a ridicularização artística, personificada em Jim Crow, serviu para denominar as diversas situações e o próprio período do segregacionismo racial". In: AZEVEDO, C.; RAMINELLI, R., 2011, p. 179-180.

48 PERETTI, *op. cit.*, p. 69-70.

o spiritual, o blues e as canções do repertório rural branco, primeiro denominado hillbilly e depois country, não podemos perder de vista as relações e intercâmbios existentes, ainda mais se pensarmos que os mesmos cantores e instrumentistas interpretavam as várias tradições conhecidas no período.

Gostaríamos de ressaltar o papel desenvolvido pelo mercado musical no sentido de formatar esteticamente e classificar as tradições folclóricas até então intercambiáveis pelos intérpretes e público ouvinte dessa música.

Ronald Cohen, em sua obra intitulada *Rainbow quest*, publicada em 2002, afirma que a partir dos anos 1920 as gravadoras comercializaram as canções extraídas de regiões rurais, principalmente para os próprios habitantes destas regiões. Ao mesmo tempo em que os folcloristas procuravam por "autênticas" canções tradicionais, os agentes do mercado discográfico gravaram diversas performances de intérpretes brancos e afro-americanos, profissionais da indústria do entretenimento, pautados em experiências urbanas, com objetivos comerciais.[49]

Uma característica importante do mercado de discos após 1920 foi o aparecimento das séries dedicadas à gravação exclusiva de repertório afro-americano. O mesmo agente responsável pela carreira de intérpretes importantes do repertório considerado "branco", como a Carter Family e Jimmie Rodgers, em 1921, criou a 8000 Race Records Series na gravadora Okeh. E, no final da década de 1920, todas as grandes gravadoras dos Estados Unidos, como a Paramount, Columbia, Vocalion e Victor, também tinham uma série dedicada a este repertório. Ronald Cohen esclarece que nestas séries eram gravados blues, bandas de jazz e cantores solos e que os consumidores pobres das áreas rurais se esforçavam muito para ter condições de escutar sua própria música gravada.[50]

Um importante estudo sobre a presença afro-americana no início do mercado fonográfico nos Estados Unidos foi realizado por Tim Brooks, um executivo da indústria televisiva que também se dedica à escrita de obras sobre as primeiras gravações fonográficas. Em seu livro, *Lost sounds*, publicado em 2004, ele afirma que os afro-americanos contribuíram muito com a indústria fonográfica nos seus primeiros anos, entre 1890 e 1919, e suas gravações revelam muito sobre a evolução da cultura afro-americana no período: "Ainda que pouco desta história aural esteja disponível, e menos tenha sido escrito sobre isso".[51] O acesso às poucas gravações realizadas no final do século XIX é difícil, já que muito do que ainda existe encontra-se espalhado em coleções particulares ao longo do país.

---

49   COHEN, Ronald D. *Rainbow quest: the folk music revival and American society, 1940-1970*. Amherst: University of Massachusetts, 2002.

50   *Ibidem*, p. 16.

51   BROOKS, Tim. *Lost sounds: blacks and the birth of the recording industry*, 1890-1919. Urbana: University of Illinois, 2004, p. 1.

No início do século XX, o jazz e o blues despertaram o interesse das gravadoras por conseguirem cooptar um público consumidor, todavia, David Morton afirma que o jazz gravado neste período passava por um processo de "limpeza" para ser disponibilizado ao público branco. As performances ao vivo de jazz eram improvisadas e suas letras e temas apresentavam insinuações sexuais, deste modo, era necessário adaptá-las a um público que poderia não querer comprar este produto. "As gravações mais populares, durante os anos 1920, foram gravadas por Paul Whiteman, que era de fato um homem branco e sua música mal era reconhecida como uma variação do jazz gravado por negros".[52]

No início dos anos de 1920, com a prosperidade econômica do país e o aumento da renda da classe trabalhadora, muitos tiveram acesso aos aparelhos reprodutores de som, aumentando o público consumidor dos fonogramas. Como as grandes gravadoras se direcionavam às produções de maior apelo popular, as pequenas gravadoras se especializaram em pequenos grupos. Como afirma David Morton, muitas delas focaram nas minorias, como afro-americanos ou judeus. Outra tentativa foi a de vender gravações direcionadas à população rural, que era a metade da população do país no período. Estas gravadoras lançaram catálogos separados que ficaram conhecidos como *race records*, como nos esclarece o autor:

> Gravações raciais e étnicas começaram a aparecer em grande número após 1900, mas elas eram quase sempre interpretadas por músicos brancos. Em alguns casos elas eram apresentadas ao público como autênticos exemplos da cultura étnica, mas muitas vezes elas eram apenas caricaturas de músicas "caipira" ou "preta" objetivando divertir um público branco e convencional. Enquanto algumas destas gravações foram comercializadas para o público étnico, como os imigrantes, para lembra-los do lar, outras foram sátiras de um grupo étnico para o divertimento de outro.[53]

O jornalista e estudioso de Comunicação, Matthew A. Killmeier, afirma que o termo *race* não era pejorativo na época e era simbólico do orgulho negro, preferido aos termos "de cor" ou "negro" por afro-americanos citadinos.[54]

De acordo com Tim Brooks, as novas tecnologias proporcionaram oportunidades para uma minoria excluída, uma vez que elas tendiam a derrubar barreiras sociais. Os brancos e jovens empreendedores que estavam lutando para construir a nova indústria fonográfica não tinham a intenção de transformar a ordem social, simplesmente não reforçaram convenções sociais, como a inferioridade afro-ameri-

---

52 MORTON JÚNIOR, David L. *Sound recording: the life story of a technology*. Baltimore: The Johns Hopkins University Press, 2006, p. 62-63.

53 *Ibidem*, p. 62.

54 KILLMEIER, Matthew A. Race music. *St. James Encyclopedia of Pop Culture*. FindArticles. com. 07 jun. 2012. Disponível em: <http://findarticles.com/p/articles/mi_g1epc/is_tov/ai_2419101005/pg_2/?tag=content;col1>. Acesso em: 30 mai. 2012.

cana, e devido a interesses comerciais, recrutaram qualquer intérprete que pudesse induzir as pessoas a comprarem suas gravações e gastarem dinheiro nas suas máquinas de música automáticas.[55]

Concordamos com Tim Brooks quando afirma que a história das primeiras gravações de música afro-americana não é apenas sobre barreiras, mas sobre como algumas dessas barreiras sociais foram reduzidas. Em suas palavras:

> Progresso – devagar e vacilante, para ser correto – foi ganho não tanto pelas mudanças na lei ou por confrontos dramáticos entre "bons" e "maus", mas pelas ações das pessoas comuns que quando confrontadas com ocasiões de injustiça, calmamente e sem fanfarra "fizeram a coisa certa". Por meio de suas ações eles reconheceram que a separação por cor era fundamentalmente errada.[56]

Andre Millard defende que o repertório afro-americano foi o mais gravado entre outros tipos de música étnica, e que o blues foi a música folk mais gravada da América:

> Enquanto a maioria das gravações de música étnica permanece em coleções de imigrantes ou nas prateleiras da Biblioteca do Congresso, a música negra da América permanece viva nas gravações e espalha sua influência por toda parte.[57]

Millard continua, afirmando que o sucesso comercial do blues difundido nos anos 1920 encorajou as gravadoras a gravarem gospel e country. Em 1923 a gravadora Okeh enviou parte de sua equipe ao Tennessee, Kentucky, Virgínia e Carolinas para gravar amostras da música folk autêntica do Sul rural americano.[58]

Bill Mallone afirma que esta música rural que começou a aparecer nos programas de rádio e gravações fonográficas no início da década de 1920 era difícil de ser definida, uma vez que era desenvolvida por trabalhadores que representavam uma variedade de expressões sonoras locais do Sul e do Meio Oeste; apesar de já ser uma música com referências urbanas.

Com o início da inserção deste repertório no mercado cultural citadino, os agentes deste mercado buscaram por termos que pudessem sintetizar a diversidade de estilos e canções. O autor esclarece que a gravadora Columbia chegou perto quando descreveu seu catálogo de música rural como *"Old familiar tunes"*.[59]

---

55 BROOKS, *op. cit.*, p. 2.
56 *Ibidem*, p. 1.
57 MILLARD, *op. cit.*, p. 248.
58 *Ibidem*, p. 246.
59 MALONE, *op. cit.*, p. 70.

Na primeira metade do século XX, o termo mais usado para nomear nas cidades o repertório rural era hillbilly,[60] que caracterizava basicamente a música de dois grupos rurais dos Estados Unidos: os habitantes das montanhas e os caubóis, e ambos símbolos de uma vida e uma sociedade simples e antiga. Sobre o assunto recorremos às palavras de Bill Mallone:

> Montanheses e caubóis não eram apenas exuberantes e exóticos, eles eram vívidas recordações da fronteira americana e do suposto traço individualista que caracterizava a vida americana. Ao contrário de muitas outras características locais, montanheses e caubóis tinham a vantagem adicional de ser anglo-saxão, um importante atributo satisfatório para muitas pessoas que viam com pesar a inundação da nação por novos, e talvez inassimiláveis, imigrantes. Além disso, montanheses e caubóis valorizavam e personificavam liberdade e independência; ambos eram heroicos e corajosos; ambos preservavam àquelas características que haviam sobrevivido nas fronteiras e que eram distintivas e definidores ingredientes da vida americana. Caubóis e montanheses eram profundamente americanos.[61]

Estes dois personagens eram muito presentes na cultura popular do país.

Esta música rural do Sul e do Oeste apresentava diversas referências estéticas e o uso de instrumenos variados, mas com uma proeminência das baladas inglesas, escocesas e irlandesas, com uma forte presença de referências do blues. O mais comum era o acompanhamento instrumental com banjo, bandolim, violão, violino e harmônica, com a gradual inserção de guitarras e bateria ao longo das décadas.

Uma das características estéticas desenvolvidas nas primeiras canções country é a junção das baladas com o canto à tirolesa, ou yodel, no qual o intérprete realiza mudanças bruscas no registro vocal, passando rapidamente do grave para o agudo, gerando um som melódico com variações tonais. Este é um canto sem palavras, desenvolvido em algumas partes da canção, apenas com gesticulações sonoras e mudanças de registros repetidas vezes em poucos segundos, em um volume alto.

Bill Mallone esclarece que o canto desse repertório rural anterior ao século XX era caracterizado por performances em grupo, com poucos ornamentos harmônicos, as famosas harmonias dos cantores country sendo desenvolvidas gradualmente, após sua comercialização, a partir dos anos 1920.[62] Nas primerias letras desse repertório de baladas rurais há narrativas realistas e trágicas sobre a vida dos brancos pobres nas fazendas sulistas.

---

60 Em português o termo hillbilly é o equivalente à caipira, jeca, matuto.
61 MALONE, *op. cit.*, p. 73-74.
62 MALONE, *op. cit.*, p. 21.

Nos anos 1930, a mistura do country com o jazz em algumas bandas do Sul contribuiu para enfatizar o som dos violões e dar mais suingue às canções. Já nos anos 40, surgiu uma nova variação denominada *honky-tonk*, com a mescla de violino, violões com cordas de aço e graduais modificações nas letras, que agora tratavam de uma população que havia migrado do campo para as cidades, com uma nostalgia pelas tradições rurais.

Como podemos perceber, assim como ocorreu com o blues, foram criadas diversas denominações para tratar das graduais inovações estéticas, performáticas e instrumentais ao longo do século XX.

De acordo com Bill Malone, "a primeira aparição do poder da figura do caubói mistificada na música rural foi durante a carreira de Jimmie Rodgers,"[63] que se tornou a primeira estrela country e atrelou-se intensamente à figura do homem no cavalo e das vestimentas de caubói. Antes disso, os fotógrafos promocionais dos intérpretes de música folclórica os mostraram vestidos em suas roupas de domingo – "ternos, gravatas, sapatos engraxados – e não em macacões, botinas ou jeans".[64]

Jimmie Rodgers foi agenciado por Ralph Peer, um agente da gravadora Okeh, e iniciou sua carreira em 1927. Paul Friedlander afirma que Rodgers "escrevia baladas e blues sobre suas andanças como um desbravador de estradas;"[65] ele vendeu mais de 20 milhões de discos em seis anos de atuação e sintetizou em seu repertório muitas expressões musicais rurais, atingindo um público heterogêneo de brancos e afro-americanos. E Bill Mallone esclarece que:

> Na cabeça e canções de Rodgers o caubói foi assemelhado com o andarilho, uma figura tradicionalmente venerada no folclore devido à sua liberdade. Mas em um nível muito maior do que o andarilho, o caubói, não cerceado pelo confinamento do regimento da vida na cidade, mas comprometido com um código de conduta e lealdade aos amigos, simbolizava liberdade e independência.[66]

Rodgers foi um dos intérpretes que mais popularizou o canto à tirolesa nos Estados Unidos, identificando-o à música country dos anos 1930 e 1940.

Popular no mercado de músicas folclóricas também surgia no circuito musical a Carter Family. O grupo "misturou tradicionais baladas anglo-saxãs, hinos e outras melodias eclesiásticas com harmonia e acompanhamento de violão e harpa".[67] O grupo era composto por A. P. Carter, sua esposa Sara e sua cunhada Maybelle Addington Carter. Sara tinha uma voz clara de soprano, Maybelle fazia uma suave harmonia

---

63 *Ibidem*, p. 89.
64 *Ibidem*.
65 FRIEDLANDER, *op. cit.*, p. 35.
66 MALONE, *op. cit.*, p. 90.
67 FRIEDLANDER, *op. cit.*, p. 35.

contralto e A. P. fazia baixos e barítonos. Sara geralmente interpretava os solos das canções, variando ocasionalmente com A. P. Em relação ao instrumental, Maybelle tocava o violão principal e os solos em todas as gravações, e Sara acompanhava com um segundo violão ou uma harpa. Segundo Bill Mallone, Maybelle desenvolveu uma técnica e um estilo de tocar violão que se tornou um modelo para violonistas de música country no Sul dos Estados Unidos, conhecido como *Maybelle Carter guitar style*, que consistia em tocar a melodia com uma palheta de dedo nas cordas graves do violão e acompanhar com uma batida feita com os demais dedos nas cordas mais agudas.[68]

Ao longo da carreira o grupo manteve a mesma sonoridade inicial, com seu vocal e instrumental que os distinguia dos demais intérpretes do repertório de canções folclóricas. A. P. Carter também compunha, mas suas canções seguem o mesmo padrão das canções folclóricas tradicionais, dificultando a diferenciação entre elas.

Sobre o cenário no qual estes primeiros astros do country se apresentavam, são significativas as afirmações de Bill Malone de que os músicos country não se apresentavam em um "vácuo cultural"; em suas palavras:

> Eles apresentavam sua música para um público americano que já possuía algumas percepções – geralmente românticas e contraditórias – sobre o Sul, a vida rural, a cultura folclórica e a música folclórica. Muitos americanos viam a música folclórica do Sul como um amálgama de melodias negras espirituais ou como um corpo de baladas antigas que foram encontradas em um santuário nos remotos recantos dos Apalaches. Os americanos há muito tinham uma relação de amor e ódio com seu passado rural, alternadamente romantizando-o ou rejeitando-o e esta ambivalência foi apenas aumentada nos anos 1920, quando todo o valor rural pareceu ameaçado pelo florescente domínio tecnológico.[69]

É importante percebermos como o mercado musical, com seus agentes e mediadores (donos de gravadoras, responsáveis pelas programações das rádios, publicitários, diretores de revistas e canais televisivos) interferiu no desenvolvimento do repertório folk ao longo do século XX. Um exemplo disso foi o country, ao qual foram atrelados vários símbolos e o estereótipo do caubói, a fim de imprimir-lhe uma respeitabilidade e apelo nacional ao identificá-lo a uma figura representativa da cultura popular.

Como diz Mallone, os homens de negócios não foram imunes às visões românticas das montanhas isoladas e dos lares tradicionais projetadas pelo público de canções folk nas cidades.[70] Assim, os cantores country utilizaram intensamente

---

68 MALONE, *op. cit.*, p. 66.
69 MALONE, *op. cit.*, p. 71.
70 *Ibidem*, p. 72.

as versões do caubói presentes na cultura popular do país e reforçaram estes mitos através de sua música, vestuário, estilos de vida e padrões estético-musicais.

Apesar da presença do repertório folk em rádios e gravações, a música folk ainda não competia igualmente com o repertório de canções populares românticas, com o swing ou com o jazz[71] nos meios de comunicação.

Engajamento e nacionalismo nos anos da Depressão

A partir do colapso do mercado de ações em 1929, com a consequente crise econômica que os Estados Unidos passaram na década de 1930, grandes problemas econômico-sociais afetaram a maioria da população, como o alto índice de desemprego e miséria. Tal situação intensificou o engajamento político de alguns grupos sociais, levando, por exemplo, a um ativismo maior dos partidos políticos de esquerda e do movimento trabalhista.

O descrédito da população em relação às ações governamentais no sentido de tentar resolver a grave crise interna do país, levou a uma preocupação governamental em enfatizar a cultura nacional, a fim de estimular um apego à nação e dar credibilidade às suas ações.

Nos anos do *New Deal*[72] toda tradição cultural nacional foi promovida, com o interesse em enfatizar os valores democráticos tradicionais, assim sendo, vários projetos culturais governamentais incentivaram a "ênfase na variedade da cultura regional e étnica americana".[73] Exemplo dessa atividade foi o envio de fotógrafos, escritores, músicos e folcloristas para documentar a cultura popular, promovido pelo Federal Arts Project of the Works Progress Association (WPA),[74] bem como os projetos da Biblioteca do Congresso Nacional.

O historiador Ronald Cohen vai além, ao afirmar que o governo patrocinou explorações e um "rejuvenescimento cultural que olhava para um passado tradicio-

---

71 É necessário esclarecer que não excluímos o jazz como integrante do conceito amplo de música folclórica, tal separação tem apenas fins didáticos e refere-se à hierarquia necessária aos objetivos de nosso trabalho e às nomeações encontradas na bibliografia estadunidense. Concordamos com Richard Carlin quando ele afirma que nos anos 1940 a divisão entre *folk* e jazz não era muito nítida. Pontos noturnos progressivos como o Café Society, em Nova Iorque, apresentava cantores *folk* como Lead Belly e Brownie McGhee junto com intérpretes de jazz como Thelonius Monk e Billie Holiday. E o público era o mesmo: brancos e afro-americanos de esquerda. Voltaremos a isso em nosso segundo capítulo. CARLIN, Richard. *Worlds of sound: the story of Smithsonian Folkways*. Nova Iorque: Smithsonian Books, 2008, p. 19.

72 *New Deal* foi o nome dado aos diversos programas implementados durante o governo do Presidente Franklin Delano Roosevelt, com o objetivo de recuperar e reformar a economia, bem como assistir à população necessitada devido à crise econômica.

73 MITCHELL, *op. cit.*, p. 9.

74 Projeto governamental que objetivava documentar a cultura popular nacional.

nal e romantizado, mas apontava também para um futuro vibrante, multicultural, e até mesmo socialista".[75] Exageros à parte, o que podemos afirmar é que a WPA contribuiu para o reconhecimento da diversidade étnica e do pluralismo cultural dos Estados Unidos por meio de publicações e apoio financeiro às expressões artísticas de diferentes grupos étnicos nacionais.

O interesse pelas regiões Sul e Oeste que começou nos anos 1920 foi intensificado nos anos 1930. As artes, de maneira geral, apresentaram referências às paisagens e modos de vida destas regiões. Gillian Mitchell afirma que os nortistas procuravam no Sul e no Oeste uma cultura autêntica que se opusesse à sofisticação e glamour industrial que tinha levado à crise econômica. O Sul aparentava resguardar uma cultura tradicional, enquanto o Oeste continuava um território inexplorado, "onde formas de vida simples prevaleciam".[76] Mitchell afirma também, que outro aspecto que contribuiu para a mitologização destas regiões foi sua intensa crise econômica e consequente sofrimento de seus habitantes.[77]

Nos anos 1930, intensificou-se o interesse no repertório folk das regiões Sul e Oeste como tema de trabalhos acadêmicos e a atividade de coletar, gravar e difundir a tradição folclórica nacional foi reforçada. Como afirma o historiador Neil Rosenberg, neste período, estudantes e acadêmicos das universidades do país estavam aprendendo mais sobre sua própria cultura e seu passado, como expresso no excerto abaixo:

> Em 1939, quando Harvard estabeleceu seu programa de Estudos Americanos, intelectuais americanos estavam lendo e escrevendo mais sobre a cultura nacional do que nunca antes. Neste clima, livros sobre o folclore americano tiveram grande apelo e, como em Washington, faculdades de jovens estudantes cantaram as novas canções descobertas nos partidos.[78]

Entre os folcloristas continuou o dilema de tentar separar as "influências modernas das tradicionais letras e performances".[79] Eles continuavam insistindo em separar a música folk divulgada nos meios de comunicação da tradição vernácula, que deveria ser resguardada.

Tanto Neil Rosenberg quanto Jane Becker afirmam que o repertório folk foi difundido por três diferentes grupos: folcloristas e músicos, acadêmicos e intelectuais e àqueles ligados diretamente ao mercado musical. Becker acrescenta que estes grupos que "redescobriram" o folk ajudaram a constituir uma identidade nacional inspirada na vida rural e no cotidiano das pequenas cidades. Nos anos 1930, não

---

75　COHEN, *op. cit.*, 2006, p. 53.
76　MITCHELL, *op. cit.*, p. 40.
77　*Ibidem*, p. 42.
78　ROSENBERG, *op. cit.*, p. 7-8.
79　COHEN, *op. cit.*, 2006, p. 64.

apenas os heróis nacionais foram cultuados, mas também os cidadãos comuns, repositórios de valores e tradições americanas.[80]

O interesse em enfatizar os valores tradicionais também partiu dos partidos políticos de esquerda, uma vez que nos anos de 1930 o Capitalismo foi substituído pelo Fascismo como o inimigo do Partido Comunista, bem como ocorreu a precedência da luta pela democracia sobre a luta de classe, tenha-se em vista o estabelecimento da Frente Popular,[81] em 1935.

A historiadora Gillian Mitchell afirma que a "agitação social e cultural causada pela Depressão ajudou a criar um clima de considerável tolerância ao pensamento de esquerda".[82] A historiadora Robbie Lieberman vai além ao afirmar que "foi o sofrimento causado pela Depressão e a ideia de que os comunistas ofereciam a única cura viável o que levou as pessoas às organizações de esquerda".[83]

Em sua tese de doutorado intitulada *American folk music & left-wing politics*, defendida em 1971 e considerada um trabalho muito importante sobre o tema, o historiador Richard A. Reuss faz uma análise das relações entre os músicos dedicados ao repertório folk e o Partido Comunista dos Estados Unidos. Ao longo da obra, o autor argumenta no sentido de defender que as transformações do movimento comunista nos Estados Unidos e no mundo foram proeminentes no desenvolvimento da *folk music* nos anos 1930.

Reuss atenta-nos para o fato de que no período o "medo do fascismo ocupava as mentes dos líderes políticos – revolucionários ou não" - o que levou a alianças antes impensáveis, como a aproximação de comunistas às organizações liberais e progressistas, ou seja, ocorreu uma brecha nas formulações mais rígidas da chamada "Velha Esquerda". Internamente, comunistas americanos que antes rechaçavam os planos de Roosevelt, defendiam agora as ações do New Deal.[84]

Muito nos interessa aqui as implicações desta nova visão de mundo da Frente Popular no campo da expressão estética. De acordo com Reuss, antes da década de 1930 os compositores comunistas eram criticados quando utilizavam motivos e melodias tradicionais em suas composições, mas havia exceções, como explica o autor:

---

80 BECKER, *op. cit.*, p. 14-15.
81 Criada em 1935, foi formada por distintos grupos alinhados às concepções de esquerda (uns mais, outros menos). È importante destacar que a Frente Popular não era composta apenas de comunistas e socialistas, mas também de simpatizantes que não participavam de nenhum grupo ou partido específico.
82 MITCHELL, *op. cit.*, p. 54.
83 LIEBERMAN, Robbie. *"My song is my weapon": People's Songs, American communism, and the politics of culture*, 1930-1950. Urbana: University of Illinois Press, 1989, p. 28.
84 REUSS, Richard. *American folklore and left-wing politics, 1927-1957*. Indiana: Indiana University, 1971, p. 116.

Ao longo de todo o Terceiro Período, intelectuais comunistas americanos na *Workers Music League* e na *Composers Collective* davam pouca atenção às tradições folclóricas, um reflexo de seu firme compromisso com a ideologia proletária militante, embora durante este período organizadores locais estivessem encontrando vivas tradições folclóricas no campo. Idealistas do Norte urbano aventuraram-se a tentar inocular grupos da classe trabalhadora rural com sua própria paixão pela luta de classes. Em muitos casos, eles testemunharam simpatizantes locais adaptarem tradições folclóricas para a causa. Estes contatos entre a cultura proletária e organizadores políticos radicais foram esporádicos no começo e foram citados apenas incidentalmente na imprensa de esquerda. Mas no final, eles provaram ser um fator importante na proeminência do folclore para o movimento comunista americano. E a interação foi de mão dupla. A ideologia e slogans propagandísticos de radicais do Norte foram amenizados por uma visão de mundo local.[85]

Reuss também esclarece que com o estabelecimento da Frente Popular as antigas teorias proletárias sobre a arte foram sendo substituídas pela doutrina do Realismo Socialista, que entende a arte como "reflexo da realidade e, portanto, ela deve ser histórica e concreta". Os comunistas acreditavam que a arte tinha a missão de "elevar as massas, afirmar suas aspirações e guiar seus pensamentos" sempre na direção da consciência de classe. A fim de atingir tal objetivo, os artistas deveriam se comunicar com o povo "através de meios compreensíveis a ele", bem como exaltar suas lutas revolucionárias.[86]

Assim sendo, o repertório folk que antes era considerado não revolucionário e representativo da burguesia, começou não só a ser incentivado, mas tornou-se a referência necessária para as composições ligadas à causa comunista. Os compositores deveriam utilizar as letras e melodias conhecidas pelo povo. Como afirma Reuss:

> E isso levou a um oficial aumento de nível do folclore pelos comunistas como uma força criativa positiva na vida do povo. Com o tempo, esta atitude poderia levar à popularização e ao uso intelectual das canções folk e melodias tradicionais do povo em uma escala inimaginável na década precedente. Até este momento, as tradições folclóricas haviam sido vistas como um importante produto cultural das massas, mas muito corrompidas ou não militantes para serem usadas pelo proletariado. Agora, era enfatizado que canções, lendas e outras tradições ofereciam uma reflexão realista da história e experiências sociais do povo e que aquela arte folk retratava os genuínos sentimentos do povo. O folclore proporcionava conforto emocional para o povo e ajudava a diminuir a carga da labuta e miséria.[87]

---

85   *Ibidem*, p. 81-82.
86   *Ibidem*, p. 60.
87   *Ibidem*.

Após 1935, com o estabelecimento da Frente Popular, a ideia de que através da cultura era possível lutar contra as injustiças como a desigualdade social e o racismo foi intensamente explorada e valorizada pelos ativistas políticos da "Velha Esquerda". Gillian Mitchell esclarece que foram pessoas ligadas à Frente Popular que ajudaram a reinventar "as regiões "folclóricas" da América (especialmente o Sul e o Sudoeste) como empobrecidas e vitimizadas, mas, no final das contas, fortes e constantes lutadoras contra as forças da injustiça".[88] Deste modo, foi valorizado um repertório que era familiar e mais fácil de ser assimilado pela maioria da população do país, fato que levou a um uso intelectual da música pela esquerda.

Richard Reuss afirma que neste período organizações de esquerda, influenciadas pelo Partido Comunista, passaram a valorizar o folclore de maneira geral, bem como se conscientizaram de que o repertório folclórico era um método muito conveniente de divulgar e reforçar ideias revolucionárias; muito mais "eficaz do que slogans doutrinários e panfletos escritos por líderes partidários citadinos", apesar da suposta banalidade e sentimentalismo das letras e melodias.[89] "Tradições folclóricas foram vistas como a expressão cultural coletiva das massas – opondo-se às formulações de intelectuais, artistas e burocratas que falavam do e para o povo, mas sem um conhecimento real sobre suas vidas".[90]

Como nos esclarece Ronald Cohen, ao longo do século XIX, e no início do século XX, já existiam canções dedicadas a temas trabalhistas e sociais que foram utilizadas por sindicatos ou trabalhadores rurais; havia, inclusive, partituras publicadas por organizações trabalhistas. Nas palavras do autor:

> No início do século XX havia uma forte tendência de utilizar canções para propósitos trabalhistas, embora a conexão com o folclore fosse tênue. O *Industrial Workers of the World* (IWW ou Wobblies), um movimento trabalhista radical, utilizou melodias de canções populares, assim como melodias religiosas familiares, para divulgar suas mensagens musicais. O Partido Socialista também imprimia cancioneiros, como fizeram diversos sindicatos nos anos 30, cheio de variadas melodias orientadas à temas trabalhistas, antigas e novas. [...] Enquanto sindicatos não estavam particularmente interessados em utilizar melodias folclóricas em seus direcionamentos, um emergente número de membros e ativistas do Partido Comunista – EUA (CP-USA), dentro e fora dos emergentes sindicatos, utilizaram estilos musicais tradicionais.[91]

A notável exceção quanto ao uso político de canções folk antes dos anos 1930 foi o caso do Industrial Workers of the World- IWW, uma organização anarco sindi-

---

88 MITCHELL, *op. cit.*, p. 54.
89 REUSS, *op. cit.*, p. 82.
90 *Ibidem*, p. 61.
91 COHEN, *op. cit.*, 2006, p. 67-68.

calista fundada em 1905 e que em 1909 já havia publicado um cancioneiro de cunho revolucionário que teve inúmeras reedições, o *I.W.W. Songs*, conhecido como *The Little Red Songbook*.

Os Wobblies, como ficaram conhecidos seus membros, ao invés de utilizarem o repertório revolucionário internacional, compuseram suas próprias canções militantes, pautados em suas experiências nacionais e no repertório popular largamente conhecido nos Estados Unidos, incluindo muitas canções folk. Todavia, as teorizações e apologia das tradições folclóricas enquanto significativas contribuições à militância política, só se daria com os comunistas, a partir dos anos 1930.

Muitas foram as maneiras encontradas pelos comunistas para divulgar suas ideias. Em 1931 alguns membros do Partido fundaram a Workers Music League, a fim de organizar sua atividade musical.

Outra atividade muito comum no período foi a divulgação do repertório revolucionário em escolas de trabalhadores no Sul do país, a fim de tentar unificar os trabalhadores rurais e cooptá-los à causa comunista. É importante ressaltar que muitos dos quais o comunistas tentavam cooptar, como os afro-americanos das áreas rurais do Sul, eram analfabetos, o que tornava a música o meio mais adequado para introduzi-los às ideias políticas.

Esta investida de membros radicais nortistas do partido comunista na região Sul foi marcada por uma distinção em relação à militância comunista no Norte do país. Sobre o assunto, Richard Reuss esclarece que no Sul as canções do repertório folk local eram muito mais conhecidas do que as canções populares e hinos religiosos que foram adaptados à propósitos políticos no Norte, portanto, elas tiveram muito mais impacto e poder de convencimento no Sul. Muitos sindicalistas sulinos conseguiram levar a ideologia de esquerda aos trabalhadores do campo por meio deste repertório local, e muito contribuiu para isso a própria vivência de muitos deles que, por serem originários desta região, conheciam bem os costumes locais.[92]

Gostaríamos de esclarecer que a bibliografia consultada sobre a música folk dos Estados Unidos é marcada por análises de documentos escritos, como documentos da imprensa, letras de canções e biografias, sem uma preocupação por parte dos autores em discorrer sobre a estética deste repertório e sobre a importância da formatação de determinadas características em suportes musicais.

As análises de autores como John Greenway, Richard Reuss e Robbie Lieberman sobre a relação dos músicos folk com os partidos de esquerda, não apresentam uma discussão sobre qual foi a estética adotada como a "legítima" música folk nacional, tampouco sobre as implicações desse tipo de eleição. Mesmo autores como Ronald Cohen e Gillian Mitchell, que publicaram trabalhos importantes sobre essa música, ou Francis Davis e Bill Mallone, que discorrem sobre a história do blues e do country, não aprofundam esse tipo de questionamento.

---

92 REUSS, *op. cit.*, p. 104.

Não é nosso propósito apresentar uma análise musical formal, porém acreditamos na importância de, por meio de uma escuta atenta, apontar algumas questões que envolvem a estética e que contribuem para um melhor entendimento do desenvolvimento da música folk ao longo do século XX.

Algumas questões já foram brevemente levantadas quando afirmamos, por exemplo, que a inserção do repertório folclórico tradicional no mercado musical, com sua gravação em fonogramas ou sua publicação em partituras, formatou determinados gêneros que eram intercambiáveis, como o blues e o country, nas formas estéticas amplamente difundidas a partir dos anos 1920. No caso do blues destacamos o fato de que as composições existentes antes dos anos 1920 nem sempre tinham a forma fechada de 12 compassos A A B, que foi assim formatada nas primeiras gravações fonográficas comerciais e estabelecida como a forma básica do blues.

Em relação ao processo de apropriação da música folk pela "Velha Esquerda" nos anos 1930, é importante refletirmos sobre a eleição de determinados gêneros e instrumentos como representativos do "povo" estadunidense e, por isso, dignos de uma investida por parte de músicos e intelectuais.

Diferente do ocorrido em outros países da América,[93] os compositores, intérpretes e autores que escreveram sobre a música folk dos Estados Unidos não apresentaram em suas falas uma defesa de determinados estilos, gêneros e instrumentos como "autênticos" representantes da identidade musical nacional; como ocorreu, por exemplo, no Chile, com a defesa das cuecas, tonadas, bombos, charangos e quenas por parte dos músicos da Nova Canção Chilena. Há um discurso sobre a importância da salvaguarda do folclore por integrar as tradições nacionais, mas tal discurso não passa por questões estéticas musicais. Desse modo, cabe-nos questionar esse silêncio na história da música folk do país, lembrando que os silêncios (pausas) são partes importantes das obras musicais.

Intérpretes destacados do repertório folk que assumiram como missão preservar, difundir e contribuir para a valorização dessa música, como Pete Seeger, Woody Guthrie e Lee Hays, elegeram alguns gêneros, estilos interpretativos e instrumentos, mas ao discorrerem sobre a representatividade popular do folclore, em livros, artigos e encartes dos discos, não fizeram uma apologia a nenhuma estética específica.

É interessante notar que muito foi discutido sobre a importância de preservar uma música que fosse feita e consumida pelo povo, mas que ao eleger um repertório,

---

93 Sobre a música folclórica chilena Cf. SCHMIEDECKE, Natália Ayo. *Tomemos la historia en nuestras manos: utopia revolucionária e música popular no Chile (1966- 1973).* Dissertação (Mestrado em História) – Departamento de História, Faculdade de Ciências Humanas e Sociais, Universidade Estadual Paulista "Júlio de Mesquita Filho", Franca, 2013; ARANTES, Mariana Oliveira. *Representações sonoras da cultura jovem no Chile (1964-1970).*Dissertação (Mestrado em História) – Departamento de História, Faculdade de História, Direito e Serviço Social, Universidade Estadual Paulista "Júlio de Mesquita Filho", Franca, 2009; GARCIA, *op. cit.*

personagens como os músicos, produtores, radialistas, jornalistas e demais envolvidos no circuito musical, não tenham inserido a música dos nativos há mais tempo na região: os diversos grupos indígenas nacionais.

Apreendemos que em um primeiro momento, entre as décadas de 1890 e 1920, os agentes do mercado musical procuraram por gêneros que "coubessem" em suportes tecnológicos e que pudessem ser comercializados em uma escala satisfatória aos interesses comerciais, ou seja, que fossem viáveis na vivência citadina e moderna que se desenvolvia em grande parte do país. Em um segundo momento, a partir da década de 1930, músicos e intelectuais de esquerda, muitos dos quais diretamente ligados ao Partido Comunista dos Estados Unidos e às cidades do Norte do país, apropriaram-se de uma parte do repertório folk, majoritariamente de algumas tradições estético-musicais da população rural, e incentivaram sua performance, gravação e difusão, a ponto de contribuírem na construção de uma identidade musical pautada neste nicho da música folk nacional.

De fato, nos Estados Unidos, a partir dos anos 1930, o folclore não foi mantido estático no passado como a "essência" de um povo, como idealizaram os primeiros folcloristas, mas serviu como um suporte para as demandas políticas e sociais do presente. Neste sentido, a inovação do folk intensamente defendida pelos próprios compositores e intérpretes, não passou pela atribuição de uma estética sofisticada, mas sim pela primazia das letras das canções e de uma estética condizente com o objetivo de atuar politicamente nas causas da esquerda, com melodias e harmonias simples e conhecidas pela grande maioria da população, como as baladas, os blues e as melodias espirituais, que já haviam sido gravadas e difundidas desde o início do século (este tema será aprofundado em nossos capítulos 3 e 4).

É importante ressaltar que após 1929, apesar de muitas gravadoras terem ido à falência, este repertório folk eleito pelos compositores e intérpretes e demais mediadores culturais, continuou sendo divulgado nos filmes de caubói, em apresentações ao vivo e encontrado nos muitos cancioneiros publicados, nas rádios e gravações, feiras do país, exibições de museus, revistas populares e partituras de músicas interpretadas por artistas conhecidos como Carter Family, Jimmie Rodgers e Gene Autry.

Os festivais também foram uma eficiente forma de divulgação do repertório. Os organizadores dos festivais tinham em mente as proposições "românticas" dos folcloristas acerca da tradição musical do país, ou seja, que deveria ser divulgado o repertório "autêntico", das mais "puras" tradições nacionais, que permanecia preservado através do repasse pelas gerações, nas regiões mais remotas do país. E muitas vezes os organizadores excluíam canções consideradas vulgares ou com referências muito modernas.

No ano de 1934, Sarah Gertrude Knott, de Kentucky, organizou o Primeiro *National Folk Festival* em St. Louis, que iniciou a tendência de contemplar diferentes estilos musicais de diversos grupos de imigrantes, até diferentes grupos de trabalhadores do país.

Como afirma Ronald Cohen, apesar da significativa intensificação na atividade de difusão e valorização do repertório folk nos anos 1930, afro-americanos continuaram tendo menos oportunidades no mercado musical do que os brancos. "Os intérpretes de blues continuaram a realizar algumas gravações, ainda que muito limitadas", e a se apresentar em alguns locais.[94]

A Depressão afetou mais as vendas das gravações étnicas e afro-americanas, porque seu público consumidor foi devastado pela crise econômica. Matthew Killmeier afirma que no final dos anos 1930 a emergência das *jukebox* estimularam as vendas. "Três selos de *race record* dominavam a produção de gravações nos anos 1930 e refletiam o impacto da Depressão na indústria da música: Columbia, RCA-Victor, que tinha um selo chamado Bluebird, e Decca". Apesar da crise econômica, os anos 30 foram um período criativo para a música *race*.[95]

Nos anos 1940, a produção de catálogos nomeados *race records* diminuiu muito. Killmeier alega que após a guerra os catálogos *race* foram modificados; novas pequenas gravadoras direcionadas à música afro-americana foram criadas, mas não nomearam seu catálogo de *race records*; estas gravadoras se dedicavam tanto ao jazz, ao blues quanto à outros gêneros como o emergente R&B.[96]

O PERÍODO PÓS-GUERRA: CONSOLIDAÇÃO DE UM REPERTÓRIO CITADINO

No início dos anos 1940, havia muitos folcloristas fazendo pesquisa de campo nos Estados Unidos como Carl Sandburg, John e Alan Lomax e Pete Seeger; folcloristas que estavam ampliando sua área de atuação para outras partes do Sul e do Oeste do país, redefinindo o folclore americano e tornando a música folk cada vez mais conhecida nos centros urbanos.

Neste período, também haviam rádios dedicadas à música folk em grandes centros urbanos como Nova Iorque. Os artistas apareciam em revistas com grande vendagem como *Life* ou *New York Times* e alguns se tornaram atores de filmes de Hollywood, como Burl Ives.

Foi nestes anos que o termo country realmente ganhou uso geral e a popularidade do estilo aumentou, com intérpretes como Hank Williams, que é considerado o pai do country moderno. Os temas das canções de Hank incluíam o cotidiano das pessoas. De acordo com Paul Friedlander, "seus relatos diretos sobre amores perdi-

---

94 COHEN, *op. cit.*, 2006, p. 61. Este assunto será tratado mais detalhadamente em nosso capítulo 2.
95 KILLMEIER, *op. cit.*
96 *Ibidem.*

dos, infidelidade sexual e bebedeiras eram temas atípicos para o público branco" que ele conseguiu atrair.[97]

Marco da difusão do repertório folk foi a criação do grupo The Almanac Singers em 1941, formado por intérpretes de música folk que, posteriormente, tornar-se-iam muito conhecidos como Pete Seeger, Lee Hays, Millard Lampell, John Peter Hawes e Woody Guthrie. Neste ano o grupo gravou seu primeiro disco nomeado *Songs for John Doe*, no qual se posicionavam contra a guerra e denunciavam diversos pontos da política de Roosevelt, entretanto, depois do ataque alemão à União Soviética em junho de 1941, com a mudança da posição anti-guerra do Partido Comunista, o grupo também passou a apoiar a guerra.

Nos anos da Segunda Grande Guerra, os intérpretes e compositores folk apoiaram ativamente a causa democrática, denunciando o Fascismo e, como afirma Ronald Cohen, amparando diversos programas culturais. A guerra possibilitou uma plataforma nacional para canções de resistência.[98]

Outros grupos que gravaram canções folk de cunho social durante os anos da guerra foram Priority Ramblers e The Union Boys, formado por Burl Ives, Josh White, Pete Seeger, Tom Glazer, Brownie McGhee e Sonny Terry. Em 1944, The Union Boys gravou o disco *Songs for Victory*, um apelo à causa democrática.

Todavia, apesar de individualmente os artistas intensificarem seu posicionamento de luta às causas sociais, The Almanac Singers dispersou-se no ano de 1942, pois os artistas envolveram-se no cenário da guerra – Pete Seeger foi servir ao Exército e Woody Guthrie serviu à Marinha.

Após o término da guerra, em 1945, iniciou-se um período conturbado para a divulgação de canções folk devido às novas configurações nacionais. Vencida a luta contra o Fascismo, os comunistas voltaram a ser uma ameaça à democracia estadunidense, dificultando a possibilidade de crítica ao governo americano. Mesmo antes de 1945 o governo já havia realizado diversas ações no sentido de conter críticas contrárias, em nome da luta democrática, qualquer oposição à guerra deveria ser silenciada.

Apesar da censura às ações contrárias ao governo que a campanha pela guerra provocou, a geração de emprego, renda e bem-estar fez com que grupos sociais intensamente afetados pela Depressão dos anos 1930 tivessem algumas melhorias, o que gerou confiança e aspiração por igualdade social.

Após 1945, houve uma participação mais efetiva nas lutas pelos direitos civis dos afro-americanos. Sobre o assunto recorremos às palavras do especialista em Estudos Americanos, William T. Martin Riches, em seu livro *The Civil Rights Movement*, publicado em 2004:

---

97 FRIEDLANDER, *op. cit.*, p. 36.
98 COHEN, *op. cit.*, 2006, p. 75.

Ironicamente, temendo o poder dos democratas sulistas, FDR relutava em integrar as forças do exército, assim, os Estados Unidos lutaram para destruir um regime racista com um exército segregado. Quinhentos mil afro-americanos lutaram na Europa e no Pacífico nestas unidades segregadas comandadas por oficiais brancos. Furiosos com seu tratamento, os afro-americanos usaram seu patriotismo como uma forma de protestar pela campanha da "*Double Victory*", que pregava a vitória sobre os inimigos da democracia, tanto no ultramar, quanto nos Estados Unidos.[99]

Assim, com o retorno das tropas da guerra, a grande migração afro-americana do Sul para as cidades do Norte continuou e forçou os políticos a reverem suas proposições sobre essa parcela da população, que residia em crescentes guetos urbanos e pressionava cada vez mais por participação na cidadania e direitos iguais. Os partidos políticos e seus líderes foram forçados a agir.

Em 1946 o presidente Truman, em uma mensagem ao Congresso Nacional, assegurou que recomendaria leis anti-linchações, aboliria os impostos de votação, protegeria a população nos dias de eleição nos locais onde já existia o direito de voto, integraria as forças armadas, negaria verbas federais a segregacionistas, bem como acabaria com a segregação no transporte interestadual. Ou seja, em seu governo a luta pelos direitos civis conseguiu algumas vitórias, pelo menos em termos legais.

Entretanto, apesar de alguns avanços na questão dos direitos civis, os Estados Unidos viveram, internamente, a chamada "caça às bruxas" ou "macarthismo",[100] caracterizado por um anticomunismo, em nome dos valores democráticos. Havia juramentos de lealdade para professores, censura de livros e lista negra de artistas, com um grande retrocesso na luta democrática pelas "quatro liberdades".

Não apenas intelectuais foram perseguidos, mas também muitos sindicalistas. Sobre a atuação dos sindicalistas no período, ressaltamos que, no ano de 1946, foi eleita uma maioria republicana para o Congresso Nacional, o que levou a aprovações de leis anti-sindicalistas, como a Lei Taft-Hartley, que proibiu táticas específicas dos sindicatos, bem como permitiu ao presidente evitar greves. Ao mesmo tempo, ocorreu uma onda de descontentamento trabalhista devido à subida dos preços das mercadorias. Isso ocorreu por causa da escassez de mercadorias em tempo de mudança de foco da indústria, de produtos de guerra para carros e eletroeletrônicos.

---

99 RICHES, William T. Martin. *The Civil Rights Movement*: strugle and resistance. Nova Iorque: Palgrave Macmillan, 2004, p. 10.

100 O termo macarthismo refere-se ao Senador Joseph McCarthy, figura atuante no Comitê de Atividades Antiamericanas, que perseguia intelectuais, artistas, e outros, acusados de exercerem atividades "nocivas" à sociedade estadunidense. O Senador foi obrigado a encerrar sua carreira política em 1954, após uma repressão pública do Senado e a consequente perda do apoio popular.

Junto a isso, os trabalhadores almejavam continuar com os altos salários do tempo de guerra, o que não ocorreu.

A despeito da repressão imposta por leis conservadoras, grupos de trabalhadores reagiram ao desemprego e aos baixos salários com um surto de grandes greves em 1946, demonstrando seu descontentamento frente à situação econômica do país. Tal descontentamento foi sendo modificado ao longo dos anos devido às significativas transformações sociais e econômicas que o país sofreu, sendo uma das mais importantes a crescente prosperidade, acompanhada por sua hegemonia política no Ocidente, conquistada nos anos posteriores ao final da Segunda Grande Guerra.

Avançados os anos 1950, a sociedade estadunidense passou a gozar de um bem-estar e conforto material proporcionado pela economia em progresso. Uma das áreas de maior crescimento foi a de eletroeletrônicos, como o rádio e a televisão.

No campo específico da produção musical, a prosperidade econômica e novas tecnologias como novos suportes de gravação, facilitaram a circulação do material musical. Deste modo, a comercialização e popularização do repertório folk intensificaram-se ainda mais. O historiador Ronald D. Cohen afirma que, na metade da década de 50, existia uma variedade de estilos musicais populares disponíveis em apresentações, gravações e programas de rádio.[101]

Podemos afirmar que as transformações econômicas que redundaram em novas tecnologias acarretaram uma mudança cultural manifestada explicitamente no campo do entretenimento. O disco, por exemplo, passou a ser um produto de grande consumo que atingia variadas faixas etárias. A indústria fonográfica beneficiou-se dessa criação de uma demanda por discos.

Com a difusão do disco como meio de entretenimento, seu barateamento e o surgimento de uma demanda de consumo, as canções folclóricas tornaram-se acessíveis a um público mais amplo, com uma consequente inserção de intérpretes e compositores nos distintos circuitos comerciais da canção, fato que acabou levando a modificações nos gêneros rurais tradicionais como o blues e as baladas dos habitantes do Sul do país.

Paul Friedlander afirma que o blues tradicional do Sul foi perdendo popularidade e sendo substituído pelo blues urbano do Norte e Oeste, principalmente no Sul de Chicago – tenha-se em mente que em 1945 havia um grande número de comunidades afro-americanas nos centros urbanos do Norte devido às migrações durante a Depressão e nos anos da guerra.

Os temas das letras de blues foram expandidos a fim de incluir a paisagem urbana do Norte: "as novidades e a alienação da existência urbana, a ausência do lar rural e da família- e de seu apoio emocional e material- ajudaram a criar o ce-

---

101 COHEN, *op. cit.*, 2006, p. 87.

nário no qual o blues urbano floresceu".[102] As guitarras foram sendo cada vez mais incorporadas nas performances, bem como ocorreu uma aceleração no andamento de diversas canções. O compositor Muddy Waters é representativo desta tendência.

Neste período, as gravadoras cunharam um novo termo para nomear o repertório interpretado por intérpretes afro-americanos, o Rhythm & Blues que, segundo Friedlander, era um estilo musical conformado pela formação básica das bandas de blues com sua emoção e sustentação das notas, acrescido de um solista de sax tenor do jazz, mais o ritmo do gospel.[103] Ou seja, o novo gênero foi influenciado pelo jazz, pelo gospel e pelo ritmo e condução do jump blues, que era um blues com o andamento acelerado.

Eram utilizados acordes da estrutura básica do blues, mas sem grandes improvisos, seguindo padrões previsíveis de acordes e estrutura, com os arranjos sendo intensamente ensaiados, gerando performances relaxadas e controladas.

O novo estilo foi consolidado no circuito musical do país, sofrendo algumas mudanças ao longo das décadas. Entre as décadas de 1950 e 1970, as bandas de R&B geralmente consistiam de um piano, uma ou duas guitarras, baixo, bateria, saxofone e vocais de apoio. Os trajes utilizados eram ternos e, em alguns casos, uniformes.

Os temas das canções são mais otimistas do que os blues, mas mantém a temática da "liberdade e experiências da vida real". Também se trata nas canções de R&B do "amor e dos relacionamentos sexuais", como no disco de Ray Charles, "I Got a Woman", de 1954.[104]

Como afirma Ronald Cohen, o estilo obteve sucesso junto aos consumidores urbanos e incorporou as últimas tendências na língua e na dança, tendo sido gravado por intérpretes como Charles Brown, Joe Turner e Louis Jordan.[105]

O Rhythm and Blues foi gravado por diversos selos discográficos em Chicago, Memphis, Nova Iorque, Nova Jersey e Indiana. As gravadoras objetivavam um público afro-americano, mas acabaram encontrando um crescente público branco para o R&B. Os intérpretes de R&B, como Muddy Waters, conseguiram captar os anseios da época falando de automóveis, roupas, bebidas populares e dos heróis jovens.

Outro novo estilo que começou a dominar a cena musical citadina foi o bluegrass, popularizado pelo cantor Bill Monroe quando este desenvolveu uma forma dinâmica de cantar baseada no blues. O autor do livro *Worlds of sound*, Richard Carlin, afirma que demorou um pouco para o chamado *folk revival* reconhecer o bluegrass porque muitos sentiam que este era um estilo demasiadamente

---

102 FRIEDLANDER, *op. cit.*, p. 32.
103 *Ibidem*, p. 34-35.
104 FRIEDLANDER, *op. cit.*, p. 34-35.
105 COHEN, *op. cit.*, 2006.

moderno;[106] apesar disso, o estilo foi propagado das cidades do Sul para todo o território nacional.

De acordo com Bill Mallone, o bluegrass foi inovador no som, mas manteve-se atado à tradição ao aderir uma instrumentação acústica e basear-se em canções e uma forma de cantar antigas. Muitos identificaram o estilo com as antigas canções dos habitantes das montanhas do Sul. O bluegrass tornou-se um "refúgio para os fãs de country e músicos que olhavam com desprezo a homogeneização do *mainstream* da música country. Na cabeça de muitas pessoas, o bluegrass tornou-se a lógica extensão ou moderna personificação da música da montanha".[107]

As tradicionais bandas de bluegrass interpretavam as canções com o acompanhamento de instrumentos acústicos como o banjo, violão, baixo acústico, bandolim, dobro e violino.

Podem-se perceber referências do jazz no revezamento dos instrumentos em solos e improvisos, diferente do que ocorria no repertório anteriormente denominado de hillbilly ou canções da montanha, nas quais todos os instrumentos tocavam a melodia juntos ou os solos eram realizados em apenas um instrumento. Uma característica marcante do estilo são as harmonias vocais realizadas em duos, trios ou quartetos, geralmente com dissonâncias ou mudanças modais no registro mais agudo. São utilizados ritmos e estruturas melódicas simples, características dos folks tradicionais, com progressões tradicionais dos acordes, como o padrão de I- IV-V, que pode ser visto como uma das referências do blues. Outras referências incluem canções espirituais, como os hinos religiosos das igrejas afro-americanas e brancas do Sul do país.

As transformações econômicas e tecnológicas e a intensa urbanização do período pós-guerra tiveram grande impacto na expansão e modificação do repertório folk que se desdobrou em novos estilos, como o R&B e o bluegrass. Este novo repertório dividia o mercado com o rock and roll (principalmente depois da aparição de Elvis Presley) que estava captando a atenção do público jovem nos anos 50, e com um repertório mais antigo de blues e country.

Não podemos perder de vista que essas canções nomeadas pelo mercado musical como blues, country, gospel, R&B ou bluegrass, muitas vezes compunham o repertório de vários artistas, que não selecionavam seus repertórios pautados nestas classificações. Muitos intérpretes de R&B, por exemplo, afirmam que este termo foi criado pelas gravadoras em substutição ao termo *race* dos anos 1920, que no pós-guerra foi considerado pejorativo, para nomear todo o repertório interpretado por afro-americanos, incluindo blues, gospel e tendências mais populares e modernas.

Portanto, por mais que a censura do período de "caça às bruxas" dificultasse a atuação e divulgação dos intérpretes e canções de música folk, sua popularidade au-

---

106 CARLIN, *op. cit.*, p. 171.

107 MALONE, *op. cit.*, p. 103.

mentou devido à inserção em distintos circuitos comerciais da canção. Um exemplo dessa popularidade é a experiência vivida pelo conjunto The Weavers, formado no final dos anos 1940 por ex-integrantes do Almanac Singers.

Os The Weavers tornaram-se o grupo de maior sucesso comercial de música folclórica. Apesar da interrupção da carreira do grupo pelas forças anticomunistas em 1953, o The Weavers voltou às suas atividades em 1955, após o afastamento do senador McCarthy do governo. O repertório integrava canções afro-americanas que insinuavam um compromisso e cooperação com a luta pelos direitos civis, e sua atuação foi marcada por um engajamento político significativo no período. Este posicionamento dos The Weavers frente à luta pelos direitos civis foi uma característica de grande parte dos intérpretes e compositores de música folk no período pós-guerra.

No final dos anos 1950, os intérpretes de música folk conseguiram alargar consideravelmente seu público. Como afirma Ronald Cohen em sua obra *Rainbow Quest*, durante os anos da guerra muitos soldados brancos que estiveram ativos no Sul do país tomaram conhecimento deste repertório tradicional sulino e, quando retornaram aos seus lares no Norte, levaram consigo as canções; ao mesmo tempo muitos que migraram do Sul para o Norte também difundiram as canções.

E a atividade de coleta, preservação e distribuição do repertório folk continuou centralizada na Biblioteca do Congresso Nacional na cidade de Washington, na qual Duncan Emrich dirigia a Seção de Folclore, continuando o trabalho iniciado por John Lomax.[108]

E havia, ainda, diversas gravadoras dedicados ao folk como as antigas três companhias que dominavam o mercado: Columbia (criada em 1888), RCA (criada em 1901) e Decca (atuante desde 1929); a Stinson que se dedicava ao folclore desde os anos de 1930 e as mais recentes Capitol (criada em 1942), MGM (atuante desde 1946) e Mercury (criada em 1945). Ao longo da década de 1950 surgiram novos selos que ajudaram a suprir o público com uma diversidade de discos de música folk como o Folkways (1948), Riverside (1953), Elektra (1950), Vanguard (1950) e Tradition (1955).

Em nosso próximo capítulo, nos deteremos especificamente no desenvolvimento deste mercado musical entre os anos de 1945 e 1960, por meio de um estudo do catálogo de discos da gravadora Folkways, que é uma das principais referências na atividade de gravação, preservação e difusão do repertório folclórico nos Estados Unidos.

---

108 COHEN, *op. cit.*2002, p. 64.

CAPÍTULO 2

FOLKWAYS RECORDS: PLURALISMO NA "ENCICLOPEDIA DO SOM" DE MOSES ASCH

O historiador Marcos Napolitano afirma, em seu texto *A História depois do papel*, que o fonograma é o "*corpus* documental privilegiado do pesquisador em música popular do século XX";¹ levando em consideração que, assim como toda música popular, a música folk também foi veiculada em fonogramas gravados em distintos suportes musicais, o presente capítulo privilegia a análise da produção sonora de diversos intérpretes e compositores relacionados ao repertório folk, por meio do estudo do catálogo de discos da gravadora Folkways, lançados entre os anos de 1948 e 1960. Refletimos, ainda, sobre seu período histórico de atuação e seu papel no mercado musical estadunidense, acreditando que a gravadora estabeleceu-se como um espaço privilegiado de atuação político-cultural para intérpretes e compositores folk.

Ao tratarmos do mercado musical nos Estados Unidos ao longo do século XX, é importante percebermos como o desenvolvimento desse mercado está intrinsecamente ligado às transformações tecnológicas na área da gravação de sons e da acústica, bem como termos em mente o quanto as atividades dos donos de gravadoras, donos das fábricas de produção de aparelhos reprodutores de sons, responsáveis pelas programações das rádios e publicitários interferem diretamente no desenvolvimento da produção e circulação musical.

Diversos autores apontam para a importância do estudo das transformações tecnológicas na análise do mercado musical em distintos contextos históricos; podemos citar as obras de Marcia Tosta Dias, *Os donos da voz: indústria fonográfica brasileira e mundialização da cultura*,² no caso do Brasil, e Juan Pablo

---

1 NAPOLITANO, Marcos. "A História depois do papel". In: PINSKY, Carla Bassanezi (org.). *Fontes históricas*. São Paulo: Contexto, 2006, p. 256.

2 DIAS, Marcia Tosta. *Os donos da voz: indústria fonográfica brasileira e mundialização da cultura*. São Paulo: Boitempo Editorial, 2000. Outra referência brasileira é a obra de Marcos

González e Claudio Rolle, *Historia social de la musica popular en Chile*,³ no caso do Chile.

Em relação aos Estados Unidos, vários estudos apontam para este tema, mas dois historiadores especializados em história da gravação de sons, David L. Morton Jr. e Andre Millard, foram nossas principais referências em relação às informações sobre o mercado musical estadunidense, sobretudo no período anterior a 1945. Tanto a obra do pesquisador do Institute of Electrical and Electronics Engineers, David L. Morton Jr., intitulada *Sound recording: the life story of a technology*, publicada em 2004, quanto a obra do historiador e professor de História na Universidade do Alabama, em Birmingham, Andre Millard, intitulada *America on record: a history of recorded sound*, publicada em 1995, apresentam um histórico do desenvolvimento das tecnologias de gravação de som, desde seu surgimento, até os anos 2000.

Preâmbulos do mercado fonográfico estadunidense

Desde o surgimento do fonógrafo direcionado ao entretenimento, nos anos 1890, até os anos de 1920, os fonogramas e os fonógrafos eram produtos com uma boa demanda no mercado. Na segunda metade da década de 1920, houve uma queda na venda de fonogramas e David Morton proporciona duas explicações para tal acontecimento. O primeiro seria o desenvolvimento das rádios.

As rádios difusoras expandiram-se no início dos anos 20 e havia cerca de 250.000 receptores de rádio nos Estados Unidos. Nos primeiros anos as rádios utilizaram muito as gravações fonográficas nos programas musicais, mas, com o tempo, passaram a utilizar música ao vivo nos estúdios, uma vez que começaram a se unir para formar uma rede que possibilitava a contratação dos artistas para a realização dos programas.⁴

O segundo ponto defendido por Morton para a queda nas vendas de fonogramas foram ações do governo federal no sentido de controlar o conteúdo dos programas de rádio. As regulações impostas pelo governo obrigavam as emissoras a diminuir, se não até eliminar, o uso das gravações fonográficas em prol das performances ao vivo durante os programas. As regulações iam além, acabando com emissoras amadoras que tinham menos possibilidade de manter um nível alto da qualidade das performances ao vivo, favorecendo, assim, as emissoras mais ricas. As dificuldades impostas no uso dos fonogramas tiveram um impacto negativo na consolidação do consumo deste produto.⁵

Napolitano, *História e música: história cultural da música popular*. 2.ed. Belo Horizonte: Autêntica, 2005.

3   GONZÁLEZ, Juan Pablo; ROLLE, Claudio. *Historia social de la musica popular en Chile, 1890-1950*. Santiago: Universidad Católica de Chile/ Casa de las Américas, 2005.

4   MORTON JÚNIOR, David L. *Sound recording: the life story of a technology*. Baltimore: The Johns Hopkins University Press, 2006, p. 64.

5   *Ibidem*, p. 84.

Para que continuassem atuantes no mercado, as gravadoras e fábricas de aparelhos reprodutores tiveram que inovar, por exemplo, com o lançamento de novas tecnologias. A gravadora mais inovadora foi a Victor, que substituiu a técnica da gravação acústica e acabou redirecionando toda a indústria por novos caminhos. "Esta transformação foi o início do desenvolvimento de uma nova tecnologia chamada eletrônica".[6] Em 1924, as gravadoras Columbia e Victor fizeram experimentos com o equipamento de gravação elétrica desenvolvido pela empresa Western Electric.

Ao longo dos anos de 1930 a situação piorou para as companhias fonográficas e a principal indicação disso foi a extinção da Thomas A. Edison Inc., em 1929. As vendas caíram de 75 milhões de dólares em 1929, para apenas 6 milhões em 1932, ou seja, como toda a sociedade nos anos 1930, a indústria fonográfica sofreu os impactos da Grande Depressão. Mesmo as rádios sofreram com a queda nas vendas, com as vendas de aparelhos receptores caindo de 4.4 milhões em 1929, para 2.3 milhões em 1932. Muitas companhias fonográficas foram obrigadas a fundir-se: a Victor foi vendida para a RCA e a Columbia foi absorvida pela Columbia Broadcasting System.[7]

As gravadoras tiveram de adaptar-se aos novos tempos e muitas optaram por concentrar-se nos poucos segmentos do mercado com poder de compra no período: as camadas mais altas da sociedade que consumiam música de concerto europeia. Estes amantes de música de concerto tinham o costume de colecionar fonogramas e exigiam qualidade nas gravações, assim, as empresas desenvolveram novas tecnologias, tanto para a melhora da qualidade do som gravado, quanto na quantidade de gravações a serem oferecidas.

Sobre o assunto são esclarecedoras as palavras de David Morton:

> O único jeito de fornecer aos consumidores mais gravações inteiras de peças clássicas foi cortá-las em segmentos de 3 ou 4 minutos, gravá-las em vários discos e vender os discos como uma coleção. Estes jogos de discos podiam então ser vendidos em álbuns de papelão, e esta foi, incidentalmente, a origem do termo "álbum", como é aplicado às gravações. Mas, ainda com o fonógrafo convencional, o ouvinte tinha que ir ao aparelho a cada poucos minutos mudar a gravação. O trocador automático de gravação, por outro lado, permitiu ao ouvinte carregar uma pilha de várias gravações no eixo que as segurava acima do prato da vitrola. [...] Estas complexas máquinas vinham com altos preços; uma das primeiras custava 600 dólares.[8]

Outra maneira de atender aos consumidores de música de concerto foi melhorar ainda mais a qualidade das gravações. Destacamos que, pelo fato de as rádios serem mais significativas dos que as gravadoras no início dos anos 1920,

---

6 MORTON JÚNIOR, *op. cit.*, p. 64.

7 *Ibidem*, p. 91.

8 *Ibidem*, p. 92.

muito do necessário para criar novos estúdios de gravações elétricas foi utilizado primeiro nas rádios.

Os anos 1940 e a consolidação do mercado fonográfico

O restabelecimento da economia nos Estados Unidos após a irrupção da Segunda Grande Guerra foi acompanhado pelo restabelecimento da indústria fonográfica. Se por um lado havia uma escassez de matérias primas para a produção dos discos, principalmente da goma-laca, por outro havia uma grande demanda por entretenimento, o que estimulou a gravação de música popular.

Andre Millard nos esclarece que os anos da guerra foram marcados por uma invasão de gravações musicais na vida cotidiana, porque a música popular teve a importante função de manter a moral durante a guerra; em suas palavras:

> A Primeira Guerra Mundial mostrou que a guerra aumentava a demanda por música, e assim que os Estados Unidos entraram na Segunda Guerra Mundial, as gravadoras lançaram uma torrente de canções patrióticas e sentimentais: "Remember Pearl Harbor", "I'll Be Seeing You" e "God Bless America", que foram escritas em uma guerra anterior, mas que se tornaram uma instituição nacional depois que Kate Smith as gravou para a Columbia em 1939.[9]

Millard continua, afirmando que a música era utilizada não apenas para entretenimento, mas também para informar e educar a população no sentido de manter-se devota aos esforços de guerra. Neste sentido, os registros fonográficos foram incentivados pelo governo federal por dois motivos principais: o entretenimento e o jornalismo.

A Segunda Grande Guerra foi a primeira guerra a ter seus sons gravados, devido às novas tecnologias como o gravador portátil, que começou uma "revolução no jornalismo localizado".[10] A agência governamental responsável pela propaganda e informação durante a guerra, a Office of War Information – OWI, criada em 1942, inovou no uso das novas tecnologias.[11]

Entre as transformações do período da guerra que continuaram no pós-guerra está a introdução de inovações tecnológicas como o gravador portátil, a gravação em fita magnética, a gravação em vinil com microssulcos, a reprodução estereofônica de sons, o incentivo estatal para a utilização das gravações fonográficas como produto de consumo, tanto das pessoas em seus lares, como para utilização nos programas de rádio, e o uso de gravações no jornalismo.

---

9   MILLARD, Andre. *America on record: a history of recorded sound*. Cambridge: Cambridge University, 1995, p. 186.
10 MORTON JÚNIOR, *op. cit.*, p. 103.
11 *Ibidem*, p. 104.

O estabelecimento dos Estados Unidos como a grande potência mundial ajudou a consolidar sua liderança no mercado fonográfico, após 1945. As grandes empresas fonográficas iniciaram um período de prosperidade econômica e muito contribuiu para isso o aumento no consumo de produtos eletroeletrônicos relacionados ao lar. Tenhamos em mente que neste período grande parte da população vivia em áreas urbanas e tinha acesso a tais bens. No campo do entretenimento, sem dúvida, a televisão foi o produto com maior procura, mas ainda competia com o rádio e os fonógrafos.

Acreditamos que no campo musical a principal inovação do pós-guerra foi o lançamento do disco de longa duração – LP – pela Columbia, em 1948. Em um primeiro momento ele dividiu o mercado com outros suportes já existentes, como o disco de 78 rotações por minuto (rpm), mas, com o passar dos anos, o LP se tornou a principal mídia para circulação de música. Sobre as diferenças entre o LP e o 78rpm, recorremos às palavras de David Morton:

> O LP, como ficou conhecido, incorporou muitas melhorias nas gravações em disco que estavam disponíveis, porém inativas, desde os anos 1930. Ele possuía ranhuras mais finas e reduzidas do que o dos antigos discos de 78rpm, que demandavam uma captação sonora mais sensitiva e uma ponta de agulha microscópica, mas que tornaram as gravações mais práticas. Os discos tinham 12 polegadas de diâmetro para comportar uma longa gravação e eram feitos de vinil, ao invés do composto de goma-laca usado desde os dias de Berliner. O vinil, combinado com ambientes de gravação mais limpos e um equipamento de reprodução hi-fi, produzia gravações com muito menos ruídos de fundo. O novo LP da Columbia refletia não apenas preocupações técnicas, mas o interesse em ouvintes de música clássica, particularmente por parte do diretor do projeto, o engenheiro e gerente chamado Peter Goldmark. O disco de 12 polegadas de diâmetro, ranhuras mais finas e rotação mais lenta de 33 1/3 de velocidade, somavam para uma gravação que podia facilmente comportar cerca de 20 minutos de música de cada lado. O engenheiro da Columbia, Edward Wallerstein, calculou que com 20 minutos de tempo de gravação, os discos podiam comportar quase qualquer movimento existente nas gravações clássicas da Columbia em um único lado.[12]

O LP lançado pela Columbia em 1948 não foi uma criação própria, uma vez que a tecnologia utilizada para produzi-lo começou a ser desenvolvida pela Western Electric nos anos 1920, e na década seguinte já existia a ideia das 33 1/3 rotações por minuto e do disco de 12 polegadas. Contudo, como afirma Andre Millard, a Columbia teve sucesso onde a Edison e a RCA Victor falharam porque "realizou um plano de marketing que incluiu a provisão de gravações e toca discos,"[13] ou seja, além de

---

12 MORTON JÚNIOR, *op. cit.*, p. 135-136.
13 MILLARD, *op. cit.*, p. 204.

lançar o novo suporte, a Columbia se associou à Philco Company para lançar um novo aparelho reprodutor de músicas, bem como criou uma coleção de novas gravações para serem lançadas em LP. Millard defende que o principal desafio da Columbia não foi o lançamento da tecnologia do disco em si, mas o processo de persuadir as outras gravadoras a adotá-lo.[14]

Um concorrente para o LP da Columbia foi o disco de 45rpm da RCA-Victor, que também apresentava melhor qualidade das gravações e também foi lançado junto com um novo aparelho reprodutor, mais barato do que o da Columbia (U$ 29,95 o da Columbia e U$ 12,95 o da RCA).[15]

Deste modo, a partir da década de 1950, os consumidores de aparelhos reprodutores de música e consumidores de discos tinham quatro opções de suporte musical à venda no mercado: 78, 33 1/3, 45 e 16rpm. Apenas em meados dos anos 1960 o LP de vinil se estabeleceu como suporte para circulação de música, dividindo o mercado com as fitas cassetes, a partir da segunda metade dessa década.

Concordamos com Andre Millard ao afirmar que uma das transformações tecnológicas que mais impactou o mercado musical após 1945 foi o processo de gravação magnética, que barateou e tornou mais acessível o processo de gravação, uma vez que qualquer amador era capaz de manusear os novos gravadores. Tal transformação facilitou a atuação das gravadoras menores e independentes, que passaram a ter mais condições de competir com as grandes gravadoras, como nos esclarece Millard:

> Não há dúvidas que as companhias independentes foram o veículo de uma nova música popular para os americanos. Por serem pequenas, com preocupações locais, elas gravaram para um público local. Elas adotaram a política de gravar música "étnica", que era originalmente gravada pelas grandes companhias nos anos 1920, e foram abandonadas durante os 1930. Ainda que elas não fossem organizações de alta tecnologia que rapidamente adotavam as últimas tecnologias. Ao contrário, elas eram de baixa renda, baixa tecnologia, operando com equipamento antigo.[16]

O autor continua, afirmando que o grande problema dos negócios das gravadoras independentes não era no estúdio de gravação, mas na distribuição, pois as grandes empresas geralmente eram proprietárias da sua própria imprensa, de depósitos, e tinham contato com vendedores atacadistas e diversos revendedores locais.

As grandes gravadoras tinham conexões corporativas para promover suas canções nos distintos meios de circulação musical, enquanto os produtores das independentes tinham que colocar os discos no porta-malas do carro e ir oferecendo

---

14   *Ibidem*, p. 205.

15   *Ibidem*.

16   *Ibidem*, p. 224.

nas lojas e rádios.[17] A interdependência entre fonogramas e rádios, iniciada nos anos 1930, continuava em voga, uma vez que elas eram cruciais para a divulgação dos discos e shows.

As primeiras gravações de rock foram lançadas por gravadoras independentes, e seu sucesso comercial contribuiu para uma mudança do centro da indústria fonográfica para além de Nova Iorque, já que muitas gravadoras pequenas se localizavam no Sul do país.

No período pós-guerra, havia gravadoras independentes dedicadas a diversos gêneros como country, jazz, música de concerto, blues, gospel, Be Bop, R&B, rock'n'roll e música folk, esta última representada pela Vanguard e pela Folkways.

FOLKWAYS RECORDS

Há três livros dedicados à história da Folkways Records: o do antropólogo Peter D. Goldsmith, *Making people's music*, publicado em 1998, é o mais biográfico de todos, uma vez que o autor inicia a obra com a história de vida da família Asch, com ênfase na história do pai de Moses. O do antropólogo Tony Olmsted, *Folkways Records*, publicado em 2003, apresenta uma análise da estrutura financeira da gravadora, procurando entender como ela conseguiu se manter atuante no mercado musical ao longo do tempo. E o do produtor musical e atual editor executivo de música da Pearson Prentice Hall, Richard Carlin, publicado em 2008 e intitulado *Worlds of sound*, traça um histórico da gravadora desde sua fundação até sua compra pelo Smithsonian Institute, após a morte de Moses Asch, detendo-se em uma descrição de partes de seu catálogo, acompanhada de uma pequena biografia dos artistas.

As três obras foram nossa referência para as informações sobre Moses Asch e a gravadora, bem como as informações apresentadas no site do Smithsonian Folkways, atual detentora dos direitos e das gravações originais da extinta Folkways Records.

O Smithsonian Folkways Recording é um selo de gravação sem fins lucrativos, pertencente ao Smithsonian Institute, o museu nacional dos Estados Unidos. De acordo com o mesmo, o objetivo é dar suporte à diversidade cultural e difundir o conhecimento entre as pessoas por meio da documentação, preservação e disseminação do som, dando continuidade ao legado de Moses Asch.[18]

A Folkways Records foi criada em 1948, por iniciativa de Moses Asch, um judeu atuante no cenário musical estadunidense até sua morte, em 1987. Filho de Matilda e Sholem Asch, nasceu em 2 de dezembro de 1905, sendo o segundo mais velho de quatro filhos de uma família de judeus que imigraram para os Estados Unidos entre 1909 e 1915, seguindo a carreira de Sholem, conhecido escritor de livros e peças de teatro que tratavam das tradições judaicas e de suas experiências na Po-

---

17 *Ibidem*, p. 226.

18 Disponível em: <http://www.folkways.si.edu/?leadsource=BrandedSFW&gclid=CL6wh63pw6sCFUbs7QodAQbC5g>. Acesso em: 04 set. 2014.

lônia. Sholem Asch foi o primeiro escritor de livros em iídiche[19] a adquirir renome internacional.

A infância de Moses Asch foi marcada pelas migrações forçadas pelo contexto internacional da Primeira Grande Guerra, quando a família Asch viveu exilada em Berlin e Paris, antes de se mudar para Nova Iorque em 1915, em grande parte devido ao seu engajamento em causas humanitárias e nacionalistas.

Nos anos de 1920, Moses foi estudar engenharia eletrônica na respeitada Electronische Hochschule em Bingen am Rhein, na Alemanha. Quando voltou aos Estados Unidos em 1926, trabalhou para várias empresas na área de eletrônicos antes de abrir seu próprio negócio. De acordo com o produtor musical Richard Carlin, Asch trabalhou instalando sistemas de som em comícios e eventos, o que o levou a um emprego em uma grande estação de rádio em Nova Iorque, a Stromberg-Carlson Rádios, gravando programas em discos de acetato e sendo introduzido ao mundo do marketing e sistemas de distribuição das gravações.[20]

No ano de 1930, Asch abriu seu primeiro negócio, uma loja chamada Radio Laboratories, em sociedade com Harry Mearns, com o capital inicial emprestado pelo pai.[21] Inicialmente, os dois sócios fabricavam e instalavam sistemas de alto-falantes, sendo seus principais clientes os teatros judeus de Nova Iorque.

Em 1938 Asch construiu um estúdio em uma parte da loja e começou a gravar discos para uso nas estações de rádio, desde este trabalho inicial de gravação de discos, grande parte da sua clientela era judia, uma vez que ele era um dos poucos a gravar música judaica.

Em março de 1940 Asch e Harry Mearns terminaram a sociedade; houve uma divisão da Radio Lab e Asch ficou com o equipamento de gravação e com o estúdio.[22] A partir de então, Moses Asch começou a se dedicar integralmente ao trabalho de gravação de discos em sua gravadora nomeada Asch Records, que gravava majoritariamente música judaica, pelo menos até 1944. As grandes gravadoras como Victor, Decca e Columbia gravaram muito desse repertório nos anos 1920, mas, após os anos da Depressão, elas passaram a se dedicar a outros.[23] Neste período as gravadoras independentes tinham pouco espaço no mercado musical e Asch viu no repertório judaico um nicho ao qual nenhuma outra companhia estava se dedicando no momento.

---

19 Língua resultante da fusão do hebreu, alemão medieval e línguas eslavas, falada e escrita pelos judeus.

20 CARLIN, Richard. *Worlds of sound: the story of Smithsonian Folkways*. Nova Iorque: Smithsonian Books, 2008, p. 3.

21 GOLDSMITH, Peter D. *Making people's music: Moe Asch and Folkways Records*. Washington: Smithsonian Institution, 1998, p. 63.

22 *Ibidem*, p. 87-88.

23 *Ibidem*, p. 101.

Em 1941 Asch contratou Marian Distler como sua secretaria, judia e de esquerda, com mais simpatia ao Partido Comunista do que Asch. Marian tinha 22 anos, era recém-graduada do Hunter College e manteve-se parceira de Moses Asch até sua morte, em 1964.

Em 1946 Asch criou a Disc Company of America, apresentando um catálogo de títulos bem variados entre jazz contemporâneo, jazz tradicional, música folk, música de concerto e linguagem falada.

Na obra do antropólogo Tony Olmsted, intitulada *Folkways Records*, há a reprodução de um documento administrativo da Disc Company of America, no qual Moses Asch descreve qual seria o direcionamento dado à gravadora:

> Com o fim da guerra e uma abertura a novas fontes de material musical e documentário, sentimos que um novo selo era necessário para cobrir e ampliar o programa de gravações. O selo DISC apresenta uma lista expandida de música de todos os países, enquanto continua a lançar a música americana, com especial atenção aos costumes e tradições (folkways, no original em inglês). DISC representa um catálogo que faz sentido. Gravações provocativas e agradáveis para uma biblioteca de gravações satisfatória, com uma ampla variedade para todos os gostos.[24]

Os encartes dos discos da Disc Company vinham separados em livretos que continham muito mais informação do que os encartes de disco das demais gravadoras. Asch contratava especialistas sobre a temática dos álbuns para escrever os textos.

De acordo com Olmsted, durante o período de atuação da Disc, Moses Asch começou duas importantes parcerias que o acompanhariam em seus trabalhos futuros: uma com o produtor de jazz Norman Granz, em meados de 1945, que resultou nas suas primeiras gravações ao vivo de jazz, e a segunda parceria foi com o etnomusicólogo Harold Courlander, em julho de 1946, que começou a organizar as primeiras gravações "Étnicas" que Asch lançou. Courlander possibilitou que Moses fosse um dos primeiros a lançar discos com repertório de canções folclóricas coletadas em trabalho de campo de diversos etnomusicólogos e folcloristas, criando a série de 78 álbuns nomeada "Étnica". Ambos assumiram a "missão" de documentar os costumes e tradições ao redor do mundo e divulgá-las com um viés educativo.

Olmsted também esclarece que a série "Étnica" era financeiramente viável para uma gravadora pequena e sem recursos, uma vez que os acadêmicos envolvidos no trabalho de campo geralmente não estavam interessados em uma remuneração pelo trabalho, tampouco os intérpretes eram pagos pelas performances. Assim, Asch se arriscou no campo das gravações não profissionais, correndo o risco de

---

24   ASCH, Moses In: OLMSTED, Tony. *Folkways Records: Moses Asch and his encyclopedia of sound*. Nova Iorque: Routledge, 2003, p. 42.

lançar materiais sonoros para um mercado no qual não havia, até então, um público consumidor.[25]

A política de funcionamento dos negócios de Moses Asch era muito diferente das demais gravadoras; apesar de prover o sustento de sua família com seu trabalho, seu objetivo não era apenas o lucro, e sim a preservação de determinado material sonoro. Se algo o interessava ele gravava, sem cobrar nada dos intérpretes. Mas também quando alguém o procurava querendo gravar e ele não considerava o material de relevância cultural, a gravação era negada.

Asch não tinha um plano de ação para a promoção de seu catálogo, tampouco tinha suas finanças organizadas. Um dos maiores problemas financeiros na Disc Company era a incapacidade de Moses de distribuir seu catálogo, requerendo assim a contratação de terceiros, que era muito onerosa. Devido a vários processos por falta de pagamento, Moses Asch levou a Disc Company of America à falência.

Com a certeza de uma futura falência oficial da Disc, Asch começou a arquitetar um plano para continuar no mercado de discos. Primeiro Marian Distler desligou-se da Disc para trabalhar com seu amigo, Erlinger, e depois abriu seu próprio negócio, a Folkways Records and Service. Por ter aconselhado Distler sobre a abertura deste negócio Asch recebeu um montante e o direito de utilizar uma parte do estúdio de Distler, para continuar administrando a Disc.[26]

Na verdade Asch sempre foi o dono da Folkways, mas esse plano foi necessário uma vez que Moses foi impossibilitado de abrir um novo negócio devido à falência da Disc Company of America, que foi declarada oficialmente no dia 15 de janeiro de 1949, e o não pagamento a muitos de seus credores.

Deste modo, em 1948, foi criada a Folkways Records, que tinha como presidente Marian Distler e Moses Asch como seu consultor. Tony Olmsted defende que a história da Folkways ilustra o aprendizado adquirido nos negócios anteriores, no sentido de ter cautela quanto à contratação de terceiros para a distribuição do catálogo e às parcerias no processo de produção dos discos, bem como quanto aos esforços em manter os custos de produção baixos. "Folkways atesta o desenvolvimento de Moe como um homem de negócios e como um empreendedor criativo".[27]

O surgimento da Folkways demonstra o quanto seguir regulamentações governamentais nunca foi uma prioridade para Asch, como evidencia o fato de suas primeiras gravações terem sido reedições de gravações realizadas anteriormente pela Disc Company, muitas vezes sem se preocupar com os devidos direitos das canções. Sobre o assunto recorremos às palavras de Richard Carlin:

---

25 OLMSTED, *op. cit.*, p. 47.
26 GOLDSMITH, *op. cit.*, p. 213.
27 OLMSTED, *op. cit.*, p. 59.

A decisão de Asch de reeditar gravações antigas de jazz nos dez volumes da série de jazz organizada por Frederic Ramsey e depois editar a Antologia da Música Folclórica Americana, ambas consistindo de gravações feitas pelas grandes gravadoras, irritou muitos da indústria musical. Eles o chamavam de "pirata musical", algo que o irritou muito, porque Moe não achava que estava roubando nada. Ao contrário, tornando disponíveis gravações que de outro modo estariam definhando nos cofres corporativos, ele estava na verdade criando um novo público para esta música, o que, no final, beneficiaria as grandes gravadoras.[28]

Assim sendo, o mais importante para Moses Asch era o direito de acesso das pessoas à informação. Carlin ainda afirma que para se defender das acusações de pirataria Asch utilizava a lei de direitos autorais federal, que não regularizava as gravações feitas antes de 15 de fevereiro de 1972, deixando, tecnicamente, tais gravações em domínio público. Ele ainda baseava sua filosofia na Constituição dos Estados Unidos, afirmando:

> [...] a Constituição dos Estados Unidos era pra mim um documento muito básico. Quando a II Guerra Mundial começou havia uma escassez de metais, cobre e goma-laca, então as grandes companhias quebraram as matrizes... de Bessie Smith e todas as outras primeiras gravações. Elas todas desapareceram. Eu comecei a perceber aqui que a Constituição estava dizendo "disseminação" – o direito de saber é um direito do povo, e as companhias fonográficas não estavam se importando com o direito do povo. Eles estavam destruindo propriedade que alegavam ter direito. Eu sempre aleguei que o que eles estavam destruindo era cultura, então comecei a reeditar algumas das gravações que achava que deveriam ser preservadas.[29]

Apesar de Moses Asch já se dedicar à gravação do repertório folk e étnico de maneira independente ou em sociedade com outros profissionais do ramo antes de fundar a Folkways, esta foi a concretização de seus ideais de preservação e divulgação desse repertório.

Concordamos com o antropólogo Peter D. Goldsmith, em sua obra *Making people's music*, quando ele afirma que apesar do reconhecimento que a Folkways recebeu nos anos de 1960, o trabalho que mereceu destaque nesse período iniciou-se anteriormente, quando Moses Asch determinou como seria sua política editorial, suas vendas, distribuição e estratégias de mercado, desde a criação da Disc Company.[30]

Devido à sua ideologia de documentar materiais sonoros relevantes culturalmente, Moses Asch acreditava que todas as gravações deveriam ser disponibilizadas

---

28 CARLIN, *op. cit.*, p. 72.
29 *Ibidem*, p. 76.
30 GOLDSMITH, *op. cit.*, p. 226.

a todo o momento, independente da demanda. Sobre o assunto recorremos às palavras de Carlin:

> A filosofia básica de Asch suportava esta ideia, como mencionara um dia: "Só porque a letra J é menos popular do que a letra S, você não tira ela do dicionário". Apesar de ele dizer que todos os seus álbuns estavam "disponíveis", ele não tinha um depósito abarrotado de milhares de discos. Ao invés disso, Asch pensava que ele podia prensar os álbuns quando a demanda atingisse um nível suficiente (às vezes pouco como vinte e cinco pedidos) e que seus clientes esperariam felizes por um álbum com conteúdo. Ele pôde escapar do ciclo de altos e baixos que incomodava seus concorrentes.[31]

Ou seja, para Moses era preferível manter um catálogo com muitos títulos disponíveis, mesmo que eles vendessem pouco, do que ter poucos títulos com grande vendagem, pois ele acreditava que teria o lucro do material gravado por meio de sua longa vida de vendagem, garantindo uma capacitação de recursos mesmo em períodos de crise, até porque esta constância dos materiais disponíveis garantia um público fiel de consumidores do seu catálogo. Por exemplo, suas primeiras gravações de Pete Seeger e Woody Guthrie, que foram pouco vendidas nos anos 1950, garantiram lucro nos anos 1960, com o ressurgimento no interesse de canções folk por parte do grande público. O próprio Moses afirmava: "Esse é o truque – se eu durar o suficiente e o álbum estiver sempre disponível, na análise final, eu venderei tanto quanto as companhias comerciais".[32]

Outra importante característica do catálogo da Folkways era que, nos anos iniciais, os discos de 78rpm eram geralmente empacotados em "álbuns", que armazenavam de seis a dez unidades, junto com um pequeno livreto que trazia informações e letras de música. E isso continuou mesmo com a mudança para os LPs.

Cabe destacar que a Folkways iniciou seus trabalhos em 1948, mesmo ano em que a Columbia lançou seu LP, e, como afirma Tony Olmsted, o LP permitiu que Asch tivesse mais liberdade para explorar uma variada gama de expressões sonoras, uma vez que este suporte limitava menos o tempo das gravações e tinha um custo de produção bem mais baixo do que o dos discos de 78rpm.[33]

Assim como na Disc Company, os encartes da Folkways vinham separados em livretos que continham mais informação do que os encartes de disco das demais gravadoras. Asch contratava especialistas sobre a temática dos álbuns para escrever os textos e possibilitava a compra dos discos separados dos livretos. As propagandas, quando havia, eram impressas na parte traseira dos encartes, nos espaços que sobravam.

---

31 CARLIN, *op. cit.*, p. 10.
32 ASCH, Moses In: OLMSTED, *op. cit.*, p. 191.
33 OLMSTED, *op. cit.*, p. 63.

Sobre a propaganda da gravadora, Asch também se diferenciava dos demais selos. De tempos em tempos ele contratava uma empresa para fazer propaganda, apesar de raramente promover um álbum individualmente. Moses também se recusava a enviar cópias gratuitas aos DJs, como era de praxe na época.

Durante os anos 1950, as lojas de discos mantinham os discos da Folkways em suas prateleiras, mas isso não era suficiente para manter a gravadora, então, como afirma Carlin, em 1958 Asch criou a RBF (Record, Book e Film) como uma subsidiária da Folkways para vender os discos e enviá-los por correio e contratou um *promoter* experiente que trabalhava como editor da revista *Sing Out!*: Irwin Silber.[34] No entanto, até 1958, a promoção da gravadora se dava basicamente de boca em boca, nos poucos anúncios publicados em algumas revistas e pela circulação em lojas de discos.

Tony Olmsted analisou toda a documentação financeira existente sobre a Folkways e afirma que não há dados suficientes para uma análise adequada da maneira como Moses e Marian administravam o negócio, contudo, é possível apreender que Moses esteve envolvido em variadas associações na área da gravação e distribuição de materiais sonoros, e que seus acordos eram muito inconstantes e, muitas vezes, por curtos períodos de tempo. Ao longo da existência da Folkways, Asch adotou diferentes formas de distribuição de seu catálogo, em alguns momentos se associando às grandes gravadoras, em outros utilizando formas mais independentes de distribuição, aproveitando todas as possibilidades rentáveis.[35]

Um dos melhores mercados para as gravações da Folkways eram as escolas, bibliotecas e museus, que representavam cerca de 50% de suas vendas. Richard Carlin esclarece que as coleções de material sonoro eram uma parte importante de qualquer biblioteca e estas instituições procuravam pelas gravações de efeitos sonoros, material relacionado à ciência e natureza, linguagem falada e materiais de instrução, que foram do interesse de Asch.[36]

Segundo Peter Goldsmith, o principal objetivo de Moses Asch sempre foi disponibilizar as mais diferentes tradições musicais e nos anos 1950 ele percebeu que sua única chance de competir com as grandes gravadoras era direcionar-se aos mercados pequenos que as grandes gravadoras não contemplavam, como a música folk e étnica.[37] Richard Carlin afirma que nenhum disco da Folkways alcançou o top 10 das paradas de sucesso, nem mesmo o top 100, porém, sua influência foi muito mais duradoura do que a das canções mais populares.[38]

---

34 CARLIN, *op. cit.*, p. 224.
35 OLMSTED, *op. cit.*
36 *Ibidem*, p. 221.
37 GOLDSMITH, *op. cit.*, p. 206.
38 CARLIN, *op. cit.*, p. 02.

Entre o ano de lançamento da gravadora, 1948, e 1960, foram lançados 655 discos – quantidade significativa para o período. Além das gravações do repertório de folk nacional e internacional, foram gravados discos dedicados à educação de crianças em período escolar, como os discos sobre épocas específicas da história dos Estados Unidos, com canções dos períodos, entre eles: *Ballads of the Revolution*; *Ballads – War of 1812*; *Ballads of the Civil War* e *Frontier Ballads*. Houve, ainda, gravações encomendadas por museus para compor as exposições, como os sons de floresta encomendados pelo Museu de História Natural de Nova Iorque, ou os guias para estudo de instrumentos, ou, ainda, as edições de poemas e discursos políticos lançadas.

No ano de 1949, foi iniciada a série *Music of the World's People*, na qual os discos eram compostos por canções do repertório folclórico de diversos países, entre eles Madagascar, Irlanda, Grécia, Japão, Nigéria, Índia, França, Rússia, Bali, Arábia, Taiti, Tibet, Estados Unidos, Islândia e Espanha.

Há também a série Antologia do Jazz, idealizada logo no início das atividades da Folkways e que foi desenvolvida ao longo de toda a década de 1950. O objetivo era lançar LPs que traçassem a história do jazz. E há, ainda, as séries *Negro Folk Music of Alabama*, *Anthology of American Folk Music* e *Music from the South*.

Como podemos observar Moses Asch se dedicou a uma grande variedade de estilos e tipos de gravação, comprovando o que o próprio afirmava ter como missão: documentar toda possível expressão sonora e fazer uma enciclopédia do som. Ele era engenheiro de gravação por formação, mas se auto intitulava um documentarista.

Tony Olmsted afirma que a identidade da Folkways está intrinsecamente relacionada à própria identidade de Moses.[39] Neste sentido, reveste-se de significado sua origem judaica, uma vez que diversos estudiosos da música folk dos Estados Unidos reconhecem a importância deste grupo na consolidação desse repertório.

A importância dos judeus para a música folk, a partir dos anos 1930, é muito comentada, mas pouco estudada. Figuras importantes do cenário folk eram judias, não apenas intérpretes famosos como Bob Dylan, Jack Elliott e John Cohen, mas pessoas que atuavam nos "bastidores" como Moses Asch, Ruth Rubin, uma intérprete especialista em canções em iídiche, Irwin Silber, um jornalista, editor e ativista político do Partido Comunista, os produtores Israel Young e Manny Greenhill, entre outros.

O historiador Ronald Cohen acrescenta, em seu livro *Rainbow Quest*, que para os jovens judeus, muitos com pais imigrantes, as canções folk poderiam conectá-los à história e à cultura dos Estados Unidos, legitimando sua busca por pertencimento e ao mesmo tempo servindo como uma saída à sua alienação do *status quo* político.[40]

---

39 OLMSTED, *op. cit.*, p. 183.
40 COHEN, Ronald D. *Rainbow quest: the folk music revival and American society, 1940-1970.* Amherst: University of Massachusetts, 2002, p. 65.

O historiador Michael Brenner, autor da obra *Breve história dos judeus*, publicada em 2013, também destaca a importância de diversos personagens na história musical dos Estados Unidos como Leonard Bernstein, primeiro maestro da Filarmônica de Nova Iorque por muito tempo, Barbra Streisand e Neil Diamond. E o autor afirma: "Escritores, atores e músicos judeus ajudaram a moldar a cultura norte-americana nos últimos cinquenta anos em um grau que se compara somente ao da influência dos intelectuais de língua alemã no começo do século XX".[41]

Em uma entrevista concedida a Tony Schwartz em 1971, Moses Asch afirma que durante o tempo que passou estudando na Alemanha conviveu com pessoas de distintas nacionalidades, tendo a oportunidade de participar de muitas conversas sobre a cultura e tradições de tais lugares. Segundo Asch, os estudantes divulgavam as canções tradicionais de seus países e diziam que os Estados Unidos não tinham uma cultura própria. Nessa época, ele teve contato com o livro de John Lomax intitulado *Cowboy Ballads*, no qual Teddy Roosevelt afirmava na introdução que "um povo não tem cultura a menos que ele tenha canções folclóricas e esta é a primeira impressão da cultura americana", no caso a primeira impressão seria o livro de John Lomax. A partir de então, Asch teria a primeira evidência de que os americanos também eram um povo com cultura; em suas palavras: "nós não somos apenas um caldo cultural, um pote misto de pessoas".[42]

Pelas próprias palavras de Moses Asch, ao afirmar que o povo estadunidense não era composto por um "caldo cultural, um pote misto de pessoas", podemos apreender que em sua "missão" ele incluía a preservação e valorização da cultura específica de diversas etnias que compunham o país adotado por ele, expressando, assim, uma concepção próxima ao que se denomina multiculturalismo.[43]

---

41 BRENNER, Michael. *Breve história dos judeus*. São Paulo: WMF Martins Fontes, 2013, p. 336.

42 ASCH, Moses. *Moe interview with Tony Schwartz*. [mar. 1971]. Entrevistador: Tony Schwartz, Nova Iorque: Folkways Archives and Collections, Smithsonian Institute, 11 mar. 1971. 1 Fita cassete.

43 O multiculturalismo pode ser caracterizado como um movimento de ideias heterogêneo, com diversas posições teóricas que foram cada vez mais debatidas a partir das manifestações pelos direitos civis nos Estados Unidos, de 1960 em diante. Sobre uma possível delimitação de multiculturalismo, concordamos com o sociólogo Andrea Semprini: "os conflitos multiculturais não poderiam ser reduzidos a uma questão bipolar maioria-minoria ou a uma dialética integração/separação. São principalmente o gerenciamento da diferença e as modalidades de partilha de um espaço policêntrico que o multiculturalismo coloca como desafios à sociedade americana contemporânea", SEMPRINI, Andrea. *Multiculturalismo*. Bauru: Editora Edusc, 1999, p. 36. Recorremos também às palavras de João Maria André ao esclarecer a existência de duas correntes principais no seio desse movimento de ideias heterogêneo denominado multiculturalismo: "em primeiro lugar, é necessário distinguir o multiculturalismo como fenômeno do multiculturalismo como projeto ou até mesmo como ideologia, ou por outras palavras, o multiculturalismo na sua acepção descritiva e o multiculturalismo na sua acepção projetiva, prescritiva ou normativa. O multiculturalismo como fenômeno, ao qual, para evitar confusões, talvez fosse preferível chamar simplesmente multiculturalidade, coloca-nos pe-

Como esclarece a cientista política Lucia Lippi Oliveira em seu artigo *Reflexões sobre identidade e alteridade: Brasil e Estados Unidos*, o termo multiculturalismo "envolve a constituição de um discurso capaz de garantir a convivência de diferentes linhagens étnicas, substituindo o ideal de unidade, noção básica do conceito de nação, pelo ideal de diversidade". A autora ainda afirma que o multiculturalismo "busca a história, a memória dos diferentes grupos étnicos,"[44] objetivo primeiro de Moses Asch, explicitado no catálogo da sua gravadora.

O Catálogo da Folkways Records

O catálogo de discos da Folkways Records entre 1948 - ano de sua criação - e 1987 – ano da morte de Moses Asch e compra do selo pelo Smithsonian Institute - é composto de 1.929 títulos. Analisamos aqui apenas o período que abarca nosso recorte temporal: 1948-1960, período no qual foram lançados 655 discos.

Nossa metodologia de trabalho implicou em uma divisão do catálogo em doze categorias, com as quais pudemos agrupar os gêneros e estilos musicais abordados, bem como os temas e tipos de gravação. Para cada uma destas categorias criamos uma tabela, a fim de trabalhar com cada disco de forma mais clara.

É necessário esclarecer que no catálogo oficial da gravadora disponível no site do Smithsonian Institute,[45] não há nenhuma classificação específica dos discos da Folkways por tipos, estilos, gêneros ou temas. Os organizadores desse catálogo misturaram as publicações da Folkways com os discos lançados pelo próprio Smithsonian Institute, após a morte de Moses Asch, portanto, a análise e seleção de nossa documentação sonora demandou um trabalho de catalogação e divisão dos 655 discos editados entre 1948 e 1960.

Devemos elucidar, ainda, que não tivemos por objetivo analisar os 655 discos detalhadamente, com análises apuradas de cada faixa e dos encartes, mas sim anali-

---

rante a realidade da multiplicidade cultural que caracteriza as sociedades em que vivemos. O que significa que é um fato, relativamente ao qual não há que ser pró ou contra, mas aceitá-lo na sua inevitabilidade. O que acontece é que perante esse fato são ensaiadas múltiplas respostas, cobertas também pelo termo "multiculturalismo", as quais mobilizam projetos diferentes de relação com os outros, na sua alteridade e na sua singularidade", ANDRÉ, João Maria. "Identidade(s), multiculturalismo e globalização". In: XX ENCONTRO DE FILOSOFIA: A FILOSOFIA NA ERA DA GLOBALIZAÇÃO, 2006. Anais... Coimbra: Universidade de Coimbra, 2006, p. 7. Assim, independente de uma abordagem mais relativista ou universalista, o multiculturalismo é pluralista, uma vez que valoriza o diálogo entre diferentes culturas para uma convivência pacífica.

44 OLIVEIRA, Lucia Lippi. "Reflexões sobre identidade e alteridade: Brasil e Estados Unidos". In: SILVA, Gilvan Ventura; NADER, Maria Beatriz; FRANCO, Sebastião Pimentel. (orgs.). *As identidades no tempo: ensaios de gênero, etnia e religião*. Vitória: Edufes, 2006, p. 43.

45 Disponível em: <http://www.folkways.si.edu/?leadsource=BrandedSFW&gclid=CL6wh63pw6sCFUbs7QodAQbC5g>. Acesso em: 12 mai. 2012.

sar o catálogo como um todo, atentando para os gêneros, temas e tipos de gravação (canções, músicas instrumentais, entrevistas, material de instrução, poemas, etc...), dando especial atenção a discos que se relacionassem diretamente à nossa questão central: as lutas pelos direitos civis nos Estados Unidos.

As categorias elencadas para a criação das tabelas foram: *música folk estadunidense*; *música folclórica e étnica estrangeira*; *música de concerto*; *músicas infantis*; *instrução*; *História dos Estados Unidos*; *linguagem falada*; *filmes*; *jazz e ragtime*; *programas de rádio*; *sons diversos* e *baladas românticas populares*. Acreditamos que algumas destas nomeações são autoexplicativas, mas algumas demandam esclarecimentos.

A categoria *Música de Concerto* apresenta apenas um título; *Filmes* abarca apenas quatro títulos, entre eles as trilhas sonoras dos filmes Kinfolks, Picasso e A Walk in the Sun. Em seguida, de acordo com a quantidade de discos gravados, vem a categoria *Programas de Rádio*, com seis títulos, que contém o conteúdo de programas de rádio dos anos de 1955, 1956, 1957 e 1959.

Com quinze títulos há a categoria *História dos Estados Unidos*, que apresenta discos temáticos sobre episódios históricos como a Revolução de 1767, a Guerra de 1812, a Guerra Civil ou a Grande Depressão.

Com vinte títulos há a categoria *Jazz e Ragtime*, e com dezenove títulos a categoria *Instrução*, na qual há discos sobre ciência, um manual de hipnose, um guia sobre os prazeres do teatro, métodos sobre a arte de discursar e material de instrução musical. Há, ainda, dezenove títulos com *Músicas Infantis* e vinte e seis títulos na categoria *Sons Diversos*, que abarca sons de floresta, mar, estudos sobre a extensão da voz humana, sons de animais, locomotivas e efeitos sonoros elétricos.

Sobre as categorias *Jazz e Ragtime* e *Músicas Infantis* devemos esclarecer que não as excluímos totalmente da classificação música folk, tal separação tem apenas fins didáticos e refere-se à hierarquia necessária aos objetivos de nosso estudo.

Concordamos com Richard Carlin quando afirma que, nos anos 1940, a divisão entre folk e jazz não era muito nítida. Pontos noturnos progressivos como o Café Society, em Nova Iorque, apresentavam cantores folk como Leadbelly e Brownie McGhee, junto com intérpretes de jazz como Thelonius Monk e Billie Holiday. E o público era o mesmo: brancos e afro-americanos de esquerda. De acordo com Carlin:

> E, musicalmente falando, não havia muita diferença entre "Strange Fruit" de Billie Holiday (escrita pelo professor de esquerda Lewis Allen) e "One Meat Ball" de Josh White, uma vez que ambas as canções tratavam de questões sociais: "Strange Fruit" atacava a segregação racial e os linchamentos, enquanto "One Meat Ball", no mínimo implicitamente, tratava da pobreza.[46]

---

46   CARLIN, *op. cit.*, p. 19.

Peter Goldsmith também afirma que Moses Asch via o jazz como integrante do repertório folk estadunidense, e afirma que muitos musicólogos têm debatido se o jazz deve ser considerado um tipo de arte musical nativa, uma forma de música popular ou o desenvolvimento de elementos musicais afro-americanos que são "inegavelmente folk na origem".[47]

Na categoria *Linguagem Falada* encontram-se oitenta e oito discos com recitações de poesias, leituras de histórias e contos, discursos, entrevistas e cursos de línguas. Entre estes, há quatro discos com gravações de poemas e literatura judia, interpretadas em iídiche.

As duas categorias com a maior quantidade de títulos são *Música Folclórica e Étnica Estrangeira*, com trezentos, e *Música Folk Estadunidense*, com cento e cinquenta e cinco títulos. Ambos os conjuntos abarcam uma grande variedade de gêneros musicais e discos diversos como instrumentais ou com canções.

No grupo de *Música Folclórica e Étnica Estrangeira*, há canções sacras e seculares, vinte e sete discos com música judaica e um repertório folclórico que perpassa mais de sessenta e quatro países,[48] englobando todos os continentes e uma grande quantidade de culturas distintas, demonstrando explicitamente o internacionalismo e pluralismo almejado por Moses Asch.

Apesar de acreditarmos que todo o catálogo da Folkways merece um estudo detalhado pela sua relevância aos estudos culturais e à História, nosso foco de análise centra-se na categoria *Música Folk Estadunidense*. Como dissemos, este conjunto de discos abarca diversos gêneros musicais englobados no termo "música folk" como o blues, o country, as baladas, o gospel, as canções spiritual ou canções relacionadas às ocupações como lenhadores e marinheiros. Este é o grupo de discos mais heterogêneo entre os treze por nós elencados.

Na grande maioria dos casos, os títulos dos discos são bastante explícitos, como os discos sobre ocupações *Sea Shanties and Loggers' Songs* de 1951, *Cowboy Ballads* de 1952, *Songs of the Maritimes: Lumberman Songs and Songs of the Sea* de 1959 e *Songs of a New York Lumberjack* de 1958; os discos sobre determinado gênero, *Spirituals with Dock Reed and Vera Hall Ward* de 1953, *Traditional Blues - Vol. 1*, de 1951, *Favorite Gospel Songs* de 1957 ou *American Favorite Ballads*, Vol. 1 de 1957; os discos com canções de determinadas regiões

---

47 GOLDSMITH, *op. cit.*, p. 156.
48 Inglaterra, Espanha, Irlanda, Escócia, Alemanha, França, Hungria, Noruega, Romênia, Itália, Suíça, Holanda, Suécia, Portugal, Polônia, Dinamarca, Áustria, Grécia, Austrália, Nova Zelândia, Libéria, Tailândia, Ucrânia, Birmânia, Iugoslávia, Paquistão, Coreia, Arábia, Rússia, China, Irã, Tchecoslováquia, Armênia, Palestina, Indonésia, Turquia, Japão, Índia, Israel, Granada, Etiópia, Líbano, Egito, Gana, Congo, Nigéria, Camarões, Jamaica, Gâmbia, Canadá, Bahamas, Haiti, Caribe, Colômbia, Argentina, Finlândia, Chile, Filipinas, Venezuela, Cuba, México, Peru, Honduras e Brasil.

do país, *American Northwest Ballads* de 1955, *Music from the South*, Vol. 1 de 1955, *Sounds of the American Southwest* de 1954 e *Texas Folk Songs with Hermes Nye and Guitar* de 1955.

Há também muitos discos com o termo *folk music* no título, como *Lonesome Valley - A Collection of American Folk Music*, de 1951 e *American Folk Songs Sung by the Seegers*, de 1957. A escuta dos dois discos permite apreender que tanto o produtor, Moses Asch, quanto os compositores e intérpretes, consideram uma "coleção de música folk americana" sonoridades já estabelecidas como representantes da identidade musical nacional, como as referências estéticas de grupos de imigrantes europeus, como irlandeses e ingleses, e algumas referências dos primeiros blues. Ambos os discos são majoritariamente compostos de um repertório por vezes denominado *old time music*, ou seja, as tradicionais baladas, canções infantis, antigos blues e melodias para rabeca. Os timbres audíveis nas gravações são de instrumentos também já consagrados como adequados para a interpretação de canções folk, como banjo, violino, violão, bandolim e harpa.

No encarte do disco *American Folk Songs Sung by the Seegers*, há um texto introdutório às letras das canções assinado por Charles Seeger, no qual o autor discorre sobre as diferenças entre os intérpretes de música folk oriundos das áreas rurais e citadinos, afirmando que há uma tendência de os primeiros tentarem se afastar de características como o sotaque interiorano sulista, e os segundos procurarem se aproximar ao máximo desse tipo de performance, tentando, por exemplo, imitar o som nasal e a pronúncia dos dialetos de cantores rurais. Seeger afirma que no processo de inserção do repertório rural nas grandes cidades, os gêneros sofreram muitas modificações, culminando em um blues e hillbilly que são hibridações dos idiomas folk e popular, que podem ser designados *folk-popular*.

O catálogo da Folkways é tão abrangente que há inclusive discos com canções de grupos indígenas do país, e este repertório, bem como os próprios grupos indígenas, é muito ignorado nos estudos sobre música folk e música étnica nacional. Uma característica do catálogo que particularmente nos interessa são os álbuns relacionados à cultura afro-americana. Como afirma Richard Carlin, com seu forte interesse na cultura afro-americana, Asch esteve entre os primeiros a reconhecer o crescimento do movimento pelos direitos civis e sua importância em transformar a vida política e social da América, e muitos dos artistas que ele gravou foram os primeiros defensores dos direitos civis.[49] De fato, desde a criação da Disc Company of America, Moses se preocupou em gravar um repertório de canções afro-americanas, como demonstra suas primeiras gravações com o intérprete Leadbelly, em 1941.

---

49 CARLIN, *op. cit.*, p. 214.

Sobre o posicionamento político de Asch, são esclarecedoras as palavras de Peter Goldsmith:

> Asch pode até ter negado que havia uma plataforma ideológica para a inclusão ou exclusão de um título em particular, e que sua intenção não era outra do que a de simplesmente tornar disponível um material que o público poderia interpretar como quisesse. Mas àqueles que vinham a ele com projetos de gravação – e àqueles que constituíam a melhor parte de seu mercado – estavam interessados em documentos que eram, no mínimo neutros, se não simpáticos, com relação às causas liberais da época.[50]

O autor também afirma que quando o movimento pelos direitos civis veio a florir após o boicote de ônibus de Montgomery em 1955, Moses Asch finalmente encontrou uma causa na qual ele poderia se dedicar. Na verdade ele já havia se comprometido em divulgar as culturas afro-americana e judaica desde suas primeiras gravações de poetas e músicos afro-americanos e de um repertório de canções judaicas.[51]

É importante esclarecer que nossa perspectiva de análise da gravadora parte das teorizações sobre o estudo das revistas culturais realizadas por diversos autores, dos quais destacamos Beatriz Sarlo e Regina Crespo, autoras que defendem a importância de analisar as revistas principalmente a partir de sua influência na criação e condução de projetos político-culturais e de seu papel de mediação na construção de redes intelectuais e políticas.

Beatriz Sarlo, em seu artigo *Intelectuales y revistas: razones de una practica*, afirma que "[...] as revistas parecem objetos mais adequados à leitura sócio histórica: são um lugar e uma organização de discursos diferentes, um mapa das relações intelectuais, com suas clivagens de idade e ideologias, uma rede de comunicação entre a dimensão cultural e a política".[52]

E Regina Crespo complementa dizendo que as revistas são o "resultado de uma ação coletiva" e representam o "ponto de vista de um grupo, sua intervenção político-ideológica, seu lugar e ferramentas na arena cultural".[53]

Entendemos que do mesmo modo uma gravadora pode ser vista como um lugar com uma organização de discursos diferentes, um mapa das relações intelectuais, com suas clivagens de idade e ideologias, uma rede de comunicação entre a

---

50 GOLDSMITH, *op. cit.*, p. 287.
51 *Ibidem*, p. 345.
52 SARLO, Beatriz. "Intelectuales y revistas: razones de una práctica". *America: Cahiers du CRICCAL,* Paris, n. 9-10, 1992, p. 15.
53 CRESPO, Regina. "Las revistas y suplementos culturales como objetos de investigación". In: COLOQUIO INTERNACIONAL DE HISTORIA Y CIENCIAS SOCIALES, 2010, Colima. Anais... Colima: Coloquio Internacional De Historia Y Ciencias Sociales, 2010. CD-ROM. p. 3.

dimensão cultural e a política, representando o ponto de vista de um grupo, sua intervenção político-ideológica.

Devemos ter em mente que no período pós-Segunda Grande Guerra o mundo mudou e as formas de atuação política também. Nos Estados Unidos, o intenso uso do repertório folk por ativistas da "Velha Esquerda", iniciado com a Frente Popular em 1935 sofreu um revés, até pela perseguição aos comunistas do período macarthista. Como afirma Peter Goldsmith, "a prosperidade que muitos usufruíram nos anos do pós-guerra aparentava proporcionar poucos motivos para o protesto".[54] Todavia, por mais que a censura do período dificultasse a atuação e divulgação dos intérpretes e canções folk devido sua aproximação de temas sociais, muitas vezes considerados comunistas, sua popularidade aumentou, com a inserção das canções em distintos circuitos comerciais.

Richard Carlin afirma que muitos estudiosos da música folk dos Estados Unidos já questionaram o porquê de a Folkways não ter sofrido muitos ataques por parte do FBI durante o período macarthista, já que outras pequenas gravadoras dedicadas ao repertório folk e intérpretes de esquerda sofreram boicotes governamentais; o diferencial de Moses Asch é que ele sempre se auto intitulou um documentarista, sem associar-se intimamente com nenhum grupo político.[55]

Em entrevistas realizadas com Moses Asch nos anos 1970 e 1980,[56] Asch afirmava ser um homem de esquerda, sem ser da esquerda, identificando-se muito como um anarquista. Todavia, Goldsmith afirma que esse suposto anarquismo estava sempre em guerra com um *libertarianismo* intuitivo, uma vez que Asch não acreditava no poder redentor da vida em coletividade, mas sim no poder das pequenas ações individuais, em pequenas pessoas fazendo grandes coisas, como explicita Goldsmith:

> Nessa visão de mundo, coisas grandes são inevitavelmente o inimigo: "Coisas grandes são lutar, matar, exterminar; monopólios, gângsteres, cartéis, nações". Ele visualizava a necessidade de "muitas pessoas pequenas", ao invés das "massas", lutando individualmente contra a "máquina".[57]

Tal visão de mundo funde-se bem à experiência reconhecível como judaica vivida por Moses Asch durante a infância exilada, fugindo de grandes coisas, como o Nazismo e o extermínio de judeus. Como afirmou o historiador Eric Hobsbawm, em sua obra *Tempos Fraturados,* no século XX, havia uma "propensão judaica para

---

54 GOLDSMITH, op. cit., p. 226.
55 CARLIN, op. cit., p. 153.
56 Informações sobre tais entrevistas estão disponíveis em GOLDSMITH, op. cit., 1998.
57 *Ibidem*, p. 161-162.

apoiar movimentos em favor de transformações revolucionárias globais".[58] Hobsbawm ainda esclarece que, "onde os judeus têm direitos iguais, ao menos em tese, certo grau de desconforto nas relações entre eles e os não judeus tem sido historicamente útil", no sentido de apoiar outros grupos que sofriam discriminação racial, como nos Estados Unidos.[59] Todavia, de acordo com Goldsmith, Moses Asch não tinha esperança no idealismo do Partido Comunista, voltando-se para a expressão artística como lugar privilegiado de luta social.[60]

O antropólogo Tony Olmsted afirma que as publicações de materiais relacionados à cultura afro foram importantes para a criação de uma identidade afro-americana, para além da *race music* ou dos estereótipos do mundo do entretenimento.[61] Tal assertiva baseia-se em discos como os lançados na série *Negro Folk Music of Alabama*, gravados pela Folkways em seis volumes entre 1951 e 1960, assinalada como uma busca de uma história e memória étnica afro-americana. Vários intérpretes contribuíram com gravações e, nas palavras de seu editor, Harold Courlander, a série objetivava demonstrar "o que o folk americano negro realmente é". O editor também afirma que as gravações são um material de estudo, bem como música para bons ouvintes.

As peças inclusas nestes seis álbuns foram selecionadas entre centenas gravadas durante uma viagem de pesquisa de campo de Harold Courlander, financiada pela Wenner-Gren Foundation, em 1950. A preparação dos álbuns e dos textos que os acompanham foi feita pelo próprio, durante o curso da sua bolsa de estudos Guggenheim.[62]

Courlander era um escritor formado na Universidade de Michigan, em Literatura Inglesa, que também se dedicou ao Folclore e à Antropologia, tendo se especializado no estudo das culturas africana, afro-americana e caribenha, e publicado cerca de trinta e cinco livros, bem como diversos artigos. Por meio de bolsas de estudo ou custeio governamental, o autor viajou para diversos países como Haiti, República Dominicana, Etiópia, Cuba e Índia, objetivando conhecer diferentes culturas e se tornar um porta-voz desse povo, por meio de seus escritos.

A parceria entre Moses Asch e Harold Courlander começou nos anos de 1940, quando Moses ainda realizava gravações de maneira independente. Harold foi coletor das canções e editor de diversos discos gravados por Moses e, a partir de 1947, ajudou Asch a estabelecer a Folkways em Nova Iorque.

---

58 HOBSBAWM, Eric. *Tempos Fraturados: cultura e sociedade no século XX*. São Paulo: Companhia das Letras, 2013, p. 78.
59 *Ibidem*, p. 80.
60 GOLDSMITH, *op. cit.*, p. 228.
61 OLMSTED, *op. cit.*, p. 74.
62 A Fundação Solomon R. Guggenheim existe desde 1937, como uma preeminente instituição para a coleta, preservação e pesquisa sobre a arte moderna e contemporânea.

Os organizadores do catálogo da Folkways disponível no site do Smithsonian Institute afirmam que a série *Negro Folk Music of Alabama* foi uma tentativa de romper com a caricatura da música negra que era popular no país na década de 1950, e que Harold Courlander compilou esta coleção como uma tentativa de documentar a música negra no Alabama em sua forma "pura".

Com o lançamento dessa série, Courlander posicionava-se contra novas referências musicais desenvolvidas a partir dos anos 1940, como as inovações estéticas e temáticas do blues citadino, como o blues de Chicago, que inseria a eletricidade na sonoridade, acrescentando guitarras elétricas e bateria, bem como o R&B, que apresentava referências do blues, mas com um andamento mais acelerado, instrumentos eletrificados e temáticas em acordo com os anseios da época, como a aquisição de automóveis e roupas da moda. Deste modo, Courlander aproximava-se de folcloristas conservadores que viam o processo de inovação do repertório folk e sua inserção em grandes circuitos comerciais da canção como uma deformação, uma "caricatura" da "autêntica" música afro-americana.

Os seis discos são acompanhados por um encarte com explicações sobre o conteúdo do álbum, organizados e escritos por Courlander. Há um texto introdutório, as letras das canções e notas sobre cada canção, a fim de esclarecer quem é o intérprete, se existe autoria e, se possível, informações sobre o gênero. Cada livreto apresenta o mesmo texto introdutório, o que os distingue são as letras e as notas sobre as canções, bem como as imagens publicadas, que são fotografias dos intérpretes e paisagens do Alabama.

Acreditamos que o texto de Courlander esclarece muitas questões sobre o tema dos discos, direcionando sua escuta de maneira deliberada. O autor alega que os seis álbuns não representam toda a música folk "negra", mas apenas uma parcela da vida musical de uma determinada região, e que a escolha das canções do Alabama baseou-se no conteúdo musical e no estilo, em detrimento da performance musical.

Um dos aspectos mais explorados no texto é a deformação pela qual a música folk "negra" teria passado ao longo do tempo no país e que o repertório apresentado nos meios de comunicação no período seria apenas uma caricatura dessa música. Suas críticas são direcionadas até às igrejas, que estariam treinando corais que liam as canções em livros, ao invés de incentivar as formas antigas e participativas de cantar os spirituals.

Courlander afirma a necessidade de preservar e valorizar o repertório de música "negra" tradicional, encontrado nas áreas rurais do país e interpretado por afro-americanos. As faixas gravadas e escolhidas para serem publicadas nos discos da série apresentam características consideradas por Courlander exemplos legítimos da tradição musical africana, que estariam presentes na "verdadeira" música afro-americana, como o acompanhamento das melodias com palmas, registrados nos cantos das igrejas e brincadeiras infantis, o padrão de canto e resposta (canto responsivo), com um "líder" e seus "ajudantes", que por vezes sobressaem-se aos "líderes", registrado em canções de trabalho, canções religiosas e infantis, que são também exemplos da tradicional prática do canto em grupo.

Outra característica destacada é o *humming style*, no qual a última consoante de uma palavra ou frase é trocada por m ou n, a fim de produzir um canto mais suave. Assim, *"father* é cantado como *fathum, mother* como *mothum, angel* como *angen* ou *angum, there* como *then, where* como *when, hammer* como *hammun,"*[63] etc.

O primeiro disco da série foi publicado em 1951 e apresenta uma seleção destacada de música secular, com performances da harmônica de Joe Brown, do violão de Willie Smith e canções de escolas infantis. No primeiro lado do disco há oito gravações e dez no segundo lado. Nem todas as faixas são canções inteiras, algumas gravações são bastante curtas, com alguns *hollers,* que seriam "chamados", por exemplo, de um pai para os filhos na hora de ir para a plantação trabalhar, ou das crianças enquanto estão nas plantações.

O primeiro lado do disco inicia-se com duas melodias interpretadas na harmônica por Joe Brown, instrumento este muito popular no Sul dos Estados Unidos, muito utilizado por afro-americanos. As duas canções seguintes são blues tradicionais cantados *a capella* ao ar livre, por Rich Amerson e Red Willie Smith, chamados por Courlander de *field blues,* que seriam os precursores do blues urbano. Red Willie Smith era um motorista de trator em uma madeireira e Harold afirma que ele era um legítimo "produto do Sul urbano", que interpretava as canções para si e para os amigos, com muita espontaneidade.

Neste primeiro lado do disco também encontramos três canções infantis cantadas em brincadeiras. Essas canções foram interpretadas por grupos de crianças das escolas East York e Lilly's Chapel, com a melodia cantada e o ritmo feito com palmas. Uma característica interessante deste tipo de canção (chamada *ring games*) é a ironia nas letras de algumas delas, como na sexta faixa intitulada "I'm goin' up North", na qual se diz que alguém está indo para o Norte do país e outros respondem que algumas pessoas de lá mandarão o viajante voltar para o Sul.

No segundo lado deste álbum há nove canções gravadas somente com a melodia cantada, entre elas encontram-se canções de ninar e canções de trabalho.

A terceira faixa chama-se "She Done Got Ugly" e é cantada por Archie Lee Hill. Courlander afirma que esta é uma canção de trabalho de um tipo que é muito conhecido no Sul. A tradição de grupos cantando provavelmente data da chegada dos primeiros escravos da África e é um ingrediente importante dos grupos de trabalho de "negros". De acordo com o autor:

> A canção de trabalho geralmente é ouvida onde é realizado um trabalho rítmico como *tie tamping, track lining,* corte de lenha, etc. As canções de trabalho tratam de muitos temas. Elas podem talvez contar uma história

---

63 COURLANDER, Harold. *Negro Folk Music of Alabama, v.1.* Nova Iorque: Folkways Records, FE- 4417, 1951. LP.

dramática de aventura, ridicularizar, podem refletir com ironia e paciência sobre o status do negro neste mundo, ou talvez recontar em termos tradicionais o triste desfecho de um caso de amor. Algumas vezes o canto fala do trabalho do homem.[64]

O disco é finalizado por um conto narrado por Rich Amerson intitulado *Brer Rabbit and the Alligators*, que conta a história de como um coelho se entregou inocentemente a seus predadores.

O volume dois da série foi publicado em 1956 e representa o lado religioso do repertório afro-americano. Segundo Courlander o disco "captura a essência do spiritual negro encontrado no Sul". Há seis gravações no lado A e seis gravações no lado B, sendo que todas apresentam somente vozes, tanto nas onze canções, quanto nos dois sermões.

Este segundo disco da série apresenta particularidades estéticas consideradas autênticas por Courlander, como o *humming style*, o canto responsivo, a repetição dos primeiros versos e a prática de não cantar em uníssono, mas sim iniciar o canto em pontos diferentes, criando sobreposições interpretativas na melodia, prática esta que, segundo Burton Peretti, "revela a transmissão da heterofonia da música vocal africana ao canto afro-americano do Sul pré-guerra civil".[65]

Peretti também esclarece que os spirituals afro-americanos são oriundos da junção de tradições estéticas e crenças religiosas africanas, com hinos das igrejas Batista e Metodista sulistas. "Eles combinam linhas e frases memorizadas de hinos com suas próprias parábolas bíblicas e lendas folclóricas preferidas." E que as primeiras coleções de spirituals publicadas apresentam transcrições simples e sem adornos, o que não representa as diversas práticas interpretativas encontradas em distintas regiões do Sul.[66]

O terceiro volume foi publicado em 1960 e é dedicado à Rich Amerson, um intérprete de música folk, com ênfase no blues das pequenas cidades do Sul do país. Rich, além de cantar, conta histórias sobre o antigo Sul, a Terra, os animais e as emoções humanas e, de acordo com Courlander, tais histórias são contadas de forma ética e transcendente: "este álbum demonstra a crença de Amerson de que quando a vida é grande, a música é grande". O encarte do disco inclui uma breve biografia de Rich.

O disco apresenta somente duas canções no primeiro lado, gravadas apenas com a voz de Rich Amerson, seguidas de cinco histórias sobre a vida do intérprete, narradas por ele mesmo. Na faixa dois, Rich conta sobre um dia de tempestade em

---

64 *Ibidem*.
65 PERETTI, Burton W. *Lift every voice:* the history of African American music. Lanhm: Rowman e Littlefield Publishers, 2009, p. 28.
66 *Ibidem*, p. 28.

sua cidade, na faixa cinco conta de como tentou se tornar mais bonito indo a uma consulta médica quando era jovem, e na faixa seis conta de quando foi convocado para servir ao Exército durante a Primeira Grande Guerra. No segundo lado do álbum há dois contos e um sermão.

No texto introdutório às canções, Harold Courlander afirma que Rich Amerson trabalhou em muitas tarefas ao longo da vida e, mesmo sendo analfabeto, conseguia proferir sermões nas comunidades por ter decorado muitas passagens da Bíblia.

O quarto volume da série, publicado em 1955, é o segundo volume sobre Rich Amerson, mas dedicado especialmente ao seu lado espiritual, representado no gospel e nas canções com o padrão de canto de chamada e resposta. Por mais que Rich lidere o álbum, ele é acompanhado por sua irmã, Earthy Anne Coleman, em muitas canções.

Seguindo o padrão da maioria das gravações realizadas por Harold Courlander, este disco também apresenta interpretações das melodias cantadas ao ar livre, sem acompanhamento instrumental. No primeiro lado há um sermão abrindo o disco, seguido de cinco canções spiritual. No segundo lado há mais cinco canções.

No quinto volume, publicado em 1950, os intérpretes são Dock Reed (com sessenta anos) e sua prima Vera Hall Ward. Neste disco encontramos um repertório tradicional de spiritual cantado por dois intérpretes profundamente religiosos e trabalhadores manuais – Reed na agricultura e Ward em serviços domésticos. As canções do álbum apresentam elementos típicos das canções de trabalho como o canto responsivo e a pontuação rítmica usada para marcar tarefas do trabalho, como o golpear de um prego com um martelo. As doze gravações de melodias cantadas não são acompanhadas por nenhum instrumento.

Nos esclarecimentos sobre os intérpretes das canções publicados nos encartes dos discos da série *Negro Folk Music of Alabama*, Harold Courlander apresenta considerações explicitamente romantizadas, defendendo uma pureza, autenticidade e até certa inocência dos intérpretes, como se eles fossem últimos remanescentes de uma cultura decadente, em acordo com as teorizações de folcloristas conservadores do início do século. Ao falar sobre Dock Reed, Courlander afirma que "seu estilo de canto é simples e direto, sem nenhuma indicação de uma 'interpretação' pessoal,"[67] como se Dock fosse um exemplo vivo da legítima cultura afro-americana dos Estados Unidos, não "contaminada" pela vida moderna.

O sexto e último volume da série foi publicado em 1955 e traz canções utilizadas em jogos infantis, gravadas em escolas rurais do Alabama. Entre as canções de jogos há partes de canções de trabalho, blues, hinos ou canções gospel. No encarte Harold Courlander explica como se joga vários desses jogos.

---

67   COURLANDER, *op. cit.*

Neste disco há uma diferença em relação aos demais discos lançados na série, no sentido de uma diferenciação grande entre o lado A e o lado B; o primeiro é dedicado a canções de jogos (*game songs*) gravadas com voz e acompanhamento rítmico de palmas de crianças das escolas Lilly's Chapel, Brown's Chapel, Pilgrim Church e East York, e o segundo dedicado a canções de trabalho e gospel, gravadas apenas com o canto das melodias interpretado por Celina Lewis, Annie Grace Horn Dodson, Willie Turner, Peelee Hatchee, Davie Lee, Joe Brown, Harrison Ross, Willie John Strong e Rosie N. Winston.

De maneira geral, os temas das canções da série *Negro Folk Music of Alabama* perpassam as relações amorosas, as atividades diárias das comunidades afro-americanas pobres, como o trabalho no campo e os afazeres domésticos, as crenças religiosas e espirituais que confiam em uma vida melhor após a morte e na salvação obtida pela fé em Jesus Cristo, bem como as brincadeiras infantis.

Esteticamente, foram escolhidos gêneros que remontam às tradições africanas como o blues, canções de trabalho, *field hollers* e canções infantis. As gravações não apresentam recursos de estúdio e ambientação dos temas. Em relação ao canto, a entoação das vozes segue os temas das canções, como, por exemplo, uma colocação solene e com carga dramática nos spirituals, ou um tom alegre e descontraído nas canções infantis. Foram destacados parâmetros como o canto *a capella*, com o padrão responsivo, utilizações do *humming style* e de heterofonia, bem como a repetição dos primeiros versos das letras das canções. O andamento da maioria das canções é lento e o ritmo, principalmente nas canções infantis, é marcado pelas palmas. Assim, os arranjos são similares, mas não temos como saber se realmente se aproximam da tradição folclórica anterior ao século XX, por não existirem fontes para tal análise. Outro aspecto a ser destacado é que não há autoria das canções.

Outro exemplo de um trabalho que objetivava "resgatar" a experiência musical afro-americana foi o disco *Get on Board: Negro Folksongs by the Folkmasters*, gravado em 1952, com canções interpretadas por Sonny Terry na harmônica, Brownie McGhee no violão e Coyal McMahan na percussão. O álbum apresenta blues tradicionais, spiritual e músicas instrumentais dos três intérpretes.

O encarte deste disco também apresenta um texto introdutório às canções escrito por George Hoefer, no qual o autor relembra a primeira vez que teve contato com um repertório de canções afro-americanas tradicionais, interpretadas por um grupo de presos da penitenciária de Durham. Hoefer destaca que, assim como nas demais gravações da Folkways, o disco não tem uma intenção comercial ou de exaltar ou se intrometer nas performances "sinceras" dos artistas.

De acordo com George Hoefer as canções do disco representam uma parte importante da vida de afro-americanos, especialmente os sulistas. Nas palavras do autor:

> É necessário lembrar que o blues folclórico, spiritual, canções de trabalho, etc., foram as canções da melancolia do negro muito antes do fonógrafo ser inventado. Estas são interpretações naturais ao invés de produções artificiais como o blues formal e até o jazz americano, que tem certa ligação com o entretenimento. Prévios LPs da Folkways (Jazz vol. I e II), apontaram e ilustraram, com exemplos de gravações, como, por trás das canções de blues populares de hoje, encontram-se as canções mais espontâneas e ingênuas do país. Muito antes de o blues ser formalmente introduzido ao público, o negro o criava para expressar sua tristeza e ânimo em canção. O *blue* ou tipo de canções melancólicas é tão antigo quanto os spirituals. [...] Canções spirituals e blues ainda estão sendo criadas, mas a real época das canções de pesar se foi. É importante tê-las bem documentadas porque a experiência musical da humanidade nos ensinou que aqui estão as raízes de toda boa música. Compositores do futuro voltarão-se à estas canções folclóricas para inspiração e material de pesquisa.[68]

Ou seja, o disco seria uma forma de documentar um material musical que estava em processo de extinção e que necessitava ser resguardado para as gerações futuras. E assim como Harold Courlander fez nos encartes dos discos da série *Negro Folk Music of Alabama*, George Hoefer posiciona-se contrário às tendências musicais dos anos 1940 e 1950, como o R&B, o bluegrass ou o blues urbano.

No álbum *Get on Board: Negro Folksongs by the Folkmasters*, encontramos nove canções, consistindo de três blues, uma canção cantada por aprisionados, nos padrões de uma canção de trabalho, dois spirituals, uma tradicional canção de trabalho, uma canção popular interpretada para o divertimento e um pequeno sermão.

Um dos aspectos mais interessantes sobre este disco é que, além de demonstrar o interesse na preservação e valorização da tradição musical afro-americana, como uma maneira de valorizar os próprios afro-americanos e suas experiências de vida, na faixa oito foi gravada a canção "I Shall Not Be Moved", um spiritual que trata do triunfo do homem frente às tentações espirituais e do quanto é importante que ele não se deixe desviar do caminho do céu, mantendo-se firme em sua jornada. É significativo que em 1952 essa canção tenha sido escolhida, entre muitas outras, para representar a cultura musical afro-americana, pois, nos anos seguintes, ela se tornaria, com algumas modificações na letra, uma das principais representações sonoras do movimento pelos direitos civis no país.

As gravações lançadas na série *Negro Folk Music of Alabama* e no disco *Get on Board*, diferem esteticamente das faixas dos discos *Lonesome Valley - A Collection of American Folk Music* e *American Folk Songs Sung by the Seegers*, sobretudo pela escolha dos gêneros e elementos estéticos da tradição musical europeia, como

---

[68] McGHEE, Brownie; McMAHAN, Coyal; TERRY, Sonny. *Get on board: Negro folksongs by the folkmasters*. Nova Iorque: Folkways Records, FA- 2028, 1952. LP.

a métrica dos hinos e baladas inglesas destes dois discos, mas em ambos os casos, as escolhas dos produtores e intérpretes apontam para uma concepção de música folk conservadora, contra a inserção de novas referências musicais no repertório folk.

É importante atentar para o fato de que não foi levado em consideração que as canções coletadas nas áreas rurais, oriundas de uma tradição oral que, em muitos casos, não comportava seu registro no suporte disco de vinil, tiveram que ser formatadas para se adequarem à gravação. Assim, defendemos aqui a impossibilidade da imparcialidade e pureza almejada por estes apologistas do folclore autêntico, principalmente no que toca à prática da gravação desse repertório em um suporte musical tipicamente moderno à época, como o LP.

Como já dito, lembramos que essa defesa de um suposto repertório que seria autêntico representante da tradição musical nacional, integra uma construção ideológica em torno de uma determinada identidade nacional, que começou a ser gestada nos anos 1930 pela "Velha Esquerda". Por mais que os produtores desses discos não sejam diretamente ligados a partidos políticos, foram eleitos os mesmos personagens como representantes da identidade nacional: afro-americanos e grupos de origem europeia já totalmente incorporados à nação, como os montanheses, caubóis, lenhadores, marinheiros, mineiros e demais trabalhadores brancos do Sul do país.

Em relação à postura de Moses Asch, é importante destacar que, a despeito da "missão" de documentar e difundir as tradições musicais do folk, Moses era um homem de negócios que provia o sustento de sua família com a renda advinda de seus negócios com a gravação de discos, assim, gravando materiais ecléticos, com distintos públicos consumidores, garantia um mercado para suas produções. Deste modo, Moses gravou tanto discos que apresentam uma visão mais conservadora do folclore, quanto discos com referências mais modernas e urbanas.

Do mesmo modo ele agiu em relação a questões políticas, lançando materiais de pessoas que explicitamente se engajavam em uma causa, mas não assumindo seu próprio engajamento ou uma militância, a fim de proteger seus negócios, sobretudo em tempos conturbados como os anos 1940 e 1950.

Peter Goldsmith afirma que, no período macarthista, Moses Asch procurou manter sua gravadora atuante, sustentando uma postura mais neutra politicamente, mas conservando a ideia de que ao promover a expressão artística das pessoas comuns, do povo, com dignidade, ele estaria promovendo uma agenda política significativa. Desse modo, os anos de 1950 teriam sido marcados pela exploração e inovação artística.[69]

Acreditamos que ao se preocupar com a gravação, preservação e promoção de uma Antologia do Jazz, de material musical educativo sobre grupos minoritários como indígenas, judeus e outros grupos de imigrantes, bem como de afro-america-

---

69 GOLDSMITH, *op. cit.*, p. 228.

nos, Asch demonstrou que muito do conteúdo político do catálogo da Folkways nos anos 1950 se expressa no fato de gravar música folk e música étnica, mesmo quando esta não apresenta uma militância política explícita. Sobre a postura de Moses Asch, concordamos com as afirmações de Tony Olmsted:

> Começando com sua gravação de Franklin D. Roosevelt nos anos 1930, Moe nunca se intimidou sobre o lançamento de materiais politicamente ou socialmente importantes, ele acreditava existir justificativa para tais lançamentos. Moe adotou uma postura muito forte contra lançar qualquer material que promovesse ódio ou subordinação de um grupo, enquanto ativamente promovia material que dava suporte a uma variedade de causas.[70]

E uma das causas que encontrou suporte nos discos da Folkways foi a luta por direitos civis das minorias.

No ano de 1960 foi lançado o disco *The Nashville Sit-in Story: Songs and Scenes of Nashville Lunch Counter Desegregation (by the Sit-In Participants)*, a primeira gravação documental disponível comercialmente sobre o movimento pelos direitos civis.

Esta obra se trata de um álbum temático, gravado em 1960, com coordenação e direção do compositor e intérprete Guy Carawan, narração das partes faladas do Reverendo C. Tindell Vivien, vice presidente da Nashville Christian Leadership Conference, edição de Mel Kaiser, técnico de gravação do Cue Recording Studio.

Devemos esclarecer que o título *The Nashville Sit-in Story* refere-se às manifestações de protesto pacífico ocorridas entre 13 de fevereiro a 10 de maio de 1960, na cidade de Nashville, no Tennessee, organizadas por um grupo de estudantes e demais cidadãos afro-americanos, que protestavam contra a segregação racial em restaurantes e lanchonetes da cidade. Os estudantes eram provenientes de diversas instituições como o American Baptist Theological Seminary, a Fisk University e a Tennessee A & I State University.

O disco apresenta nove faixas gravadas e no encarte há um texto introdutório escrito por Guy Carawan, outro texto escrito pelo Reverendo Kelly Miller Smith e dois depoimentos de estudantes que participaram das manifestações: Peggi Alexander e E. Angeline Butler. No encarte há também impressões de três fotografias tiradas durante as manifestações: uma retratando um piquete em frente ao Tribunal de Justiça da cidade, outra com estudantes cantando em uma reunião do movimento e outra com cenas na sala do Tribunal de Justiça.

A capa do disco é composta por três fotografias: uma com imagens dos estudantes presos na cadeia de Nashville, uma com imagens da marcha em direção à Prefeitura da cidade e outra com três afro-americanos e uma mulher branca comendo em uma lanchonete juntos.

---

70 OLMSTED, *op. cit.*, p. 73.

Figura 1- CARAWAN, Guy. The Nashville Sit-in Story. Nova Iorque: Folkways Records, FH-5590, 1960. LP.

No texto escrito por Guy Carawan ele explica de onde surgiu a ideia do disco e como foi seu processo de realização. Carawan afirma que depois de passar dois meses em Nashville convivendo com os organizadores das manifestações, ele decidiu gravar algumas das canções que inspiravam essas pessoas. Depois veio a ideia de que as canções significariam mais se elas fossem colocadas no contexto do qual saíram. Aos poucos se formou a ideia de compor uma obra com canções, narrações e recriações de cenas. Assim, Guy Carawan dirigiu a gravação de algumas canções significativas para o movimento, duas narrações sobre os acontecimentos, uma faixa com entrevistas e a recriação de quatro cenas.

Seguindo a ordem de gravação, o disco é aberto pela canção "We Shall Overcome", um tradicional spiritual cantado em coro e com uma letra modificada, a fim de expressar os sentimentos de luta, esperança e perseverança do movimento. Na faixa há a interpretação da canção sem repetições e, após esse canto, as vozes continuam cantarolando a melodia suavemente, acompanhada de um violão em segundo plano, enquanto um dos participantes das manifestações profere um discurso afirmando tratar-se de um americano negro, estudante de uma escola de Nashville que, até três meses atrás, não podia utilizar qualquer lanchonete, restaurante ou loja de departamento, mas que agora isso era possível, porque centenas de estudantes se permitiram sonhar e lutar por meios pacíficos.

A respeito da origem dessa canção, concordamos com Hardeep Phull, em sua obra *Story behind protest song*:

> Tendo sido adaptada e alterada de pessoa a pessoa, como uma tradicional canção folclórica ao redor dos Estado Unidos, ao longo da primeira metade do século XX, traçar as origens de "We shall overcome" com qualquer tipo de autoridade absoluta é muito difícil. Na verdade, definitivamente, não há como responder de onde ela realmente veio, todavia, há um consenso entre acadêmicos da Música e da História sobre a autoria do reverendo Charles Tindley, um ministro da Filadélfia, nascido de pais escravos, em 1851. Tindley também compôs outras canções religiosas, uma delas chamava-se "I'll overcome some day" e foi publicada pela primeira vez em 1901. Ele baseou a determinação de sua letra no verso dos Gálatas 6:9 da Bíblia, que implora aos crentes que não se cansem em suas boas ações, que eles acabarão por colher recompensas. Embora Tindley tenha escrito sua própria melodia para a canção, ela gradualmente sofreu adaptações de diferentes melodias ao longo de sua difusão – mais notadamente a de um antigo spiritual dos escravos chamado "I'll be all right", que por sua vez parece ter tido sua melodia tirada de um hino europeu datado do final do século XVIII, chamado "O Sanctissima".[71]

Em 1946, Pete Seeger aprendeu a canção "We Will Overcome" com Zilphia Horton, publicando-a na revista *People's Songs* no mesmo ano. Em 1945, Zilphia havia escutado a canção em um piquete de greve dos trabalhadores negros das indústrias de tabaco em Charleston, Carolina do Sul. Seeger mudou o título da canção para "We Shall Overcome" e a divulgou a ponto de se tornar seu maior sucesso e o tema do movimento pelos direitos civis no país. Ele gravou a canção em 1963, durante um show no Carnegie Hall, em Nova Iorque.

De acordo com a versão mais aceita, uma das grevistas de Charleston, Lucille Simmons, teria mudado o estilo do spiritual "I'll Be All Right", interpretando a canção em um andamento bem mais lento, no *long meter style,* 72 uma vez que os grevistas manifestantes estavam carregando cartazes e não conseguiriam bater palmas em uníssono. Ela também teria trocado o "eu" pelo "nós", no título e na letra da canção.[73]

Como era usual em relação às canções folk, a cada interpretação a letra era cantada em acordo aos objetivos do momento, havendo, por isso, diversas versões de "We Shall Overcome".

Peter Goldsmith afirma que os spirituals são maleáveis e suas letras podem ter diversas interpretações. O autor chama a atenção para o fato de que não faz sen-

---

71 PHULL, Hardeep. *Story behind the protest song: a reference guide to the 50 songs that changed the 20th century*. Westport: Greenwood, 2008, p. 1.
72 Métrica poética muito utilizada em hinos, na qual há quatro linhas em cada estrofe, com oito sílabas em cada linha e com o padrão de rimas A B A B.
73 PHULL, *op. cit.*, p.02.

tido discutir se os spirituals são apenas sagrados ou também tratam de coisas terrenas e profanas se levarmos em consideração as crenças religiosas africanas, que não fazem essa distinção entre o que é sagrado e profano, celeste e terreno, pois não distinguem a vida em uma esfera sobrenatural e outra natural. Para Goldsmith, desde os boicotes de ônibus de Montgomery em 1955, os manifestantes se aproximaram da música sacra afro-americana com a convicção de tratar-se de um repertório de resistência. Sua estrutura improvisatória tornava-a altamente adaptável.[74]

Nos primeiros atos das lutas por direitos civis no Sul dos Estados Unidos, no período pós-guerra, os estudantes dos colégios tradicionais afro-americanos aceitavam apenas uma forma de música: os spirituals de grupos de canto coral como o Fisk Jubilee Singers. Burton Peretti afirma que, assim como os editores brancos das primeiras coleções de spirituals, esse coral simplificava as canções tradicionais dos escravos. "Eles também as arranjavam em uma harmonia em várias partes, conforme a música clássica europeia. Muitas das características dos spirituals afro caribenhos, como o canto responsivo, a heterofonia e as escalas pentatônicas, foram eliminadas".[75]

Quando da escuta da gravação de "We Shall Overcome"[76] do disco *The Nashville Sit-in Story* podemos confirmar as assertivas de Peretti, uma vez que o canto é interpretado em coro, sem o uso de características consideradas típicas da tradição musical afro-americana, como os o uso de melismas, *humming style* ou heterofonia.

Na segunda faixa do disco há um discurso narrado por Paul la Prad sobre os acontecimentos em Nashville, seguido, na faixa três, por uma mixagem da canção "I'm Going to Sit at the Welcome Table", com narrações sobre os acontecimentos em Nashville.

Nas faixas seguintes há a recriação de cenas com músicas de fundo, uma com estudantes sendo presos, dirigida por Candy Anderson, e outra com a cena do julgamento no Tribunal de Justiça, com direção de Bernard Lafayette. A sexta faixa apresenta uma entrevista com John Lewis, Marion Berry e Diane Nash, explicando as razões para as manifestações, seguida de um discurso do Reverendo C. Tindell Vivien com uma retrospectiva. O disco encerra-se com duas recriações de cena, uma da manifestação em frente à Prefeitura da cidade, dirigida pelo Reverendo Vivian, por Diane Nash e Rodney Powell, e outra com a reunião dos participantes após a vitória legal, com discursos e canções.

---

74 GOLDSMITH, op. cit.
75 PERETTI, op. cit., p. 39.
76 Canção disponível em: <http://www.folkways.si.edu/we-shall-overcome/african-american-spoken-american-history-documentary-struggle-protest/track/smithsonian>. Acesso em: 17 mar. 2015.

A grande inovação deste projeto foi apresentar pela primeira vez o tema dos direitos civis de maneira explícita e apresentar um formato inédito de mixagens de falas com canções.

As canções mixadas com os discursos e entrevistas apresentam os elementos de dois tipos de canções spiritual, um deles apresenta um andamento lento, melodias pontuadas por melismas, nas quais a cada frase o "líder" anuncia a frase seguinte. As vozes são potentes, com partes cantadas em falseto, intercaladas por gemidos e clamores. Há, também, um segundo tipo de canções, com andamento mais rápido e sincopado, com um ritmo mais "suingado", geralmente cantado nas igrejas, em coro, no qual o ritmo é marcado pelo balanço do corpo e acompanhado com a mão que se agita no ar.

Ao analisarmos a importância do disco no período devemos ter em mente que ao longo dos anos de 1950 foram formados diversos grupos oriundos das igrejas e instituições educacionais que se dedicavam a lutar pelos direitos civis de afro-americanos organizando passeatas, pressionando o Congresso Nacional para obterem direito de voto, bem como uma efetiva integração, que começasse em escolas, igrejas e locais públicos em níveis municipais, estaduais e regionais. Algumas dessas organizações foram a Montgomery Improvement Association (MIA), a Alabama Christian Movement for Human Rights (ACMHR), a United Christian Movement Inc (UCMI) de Louisiana, a Southern Christian Leadership Conference (SCLC) e a Nashville Christian Leadership Conference (NCLC).

Os boicotes de ônibus em Baton Rouge e em Montgomery foram ações significativas para essa luta por ações diretas e pelo sistema legal. Em 1953, afro-americanos de Baton Rouge, na Louisiana, formularam uma petição à Câmara Municipal para modificar a política de funcionamento do transporte público municipal, visando acabar com a segregação nos ônibus. Quando a Câmara deu um parecer favorável à petição, os motoristas dos ônibus decidiram ignorar a decisão e os afro-americanos organizaram um boicote aos ônibus da cidade, que só terminou após a revogação da legislação segregacionista do transporte municipal.

Em dezembro de 1955, na cidade de Montgomery, no Alabama, uma costureira negra chamada Rosa Parks, sentou-se nos bancos da frente de um ônibus municipal, local proibido aos afro-americanos pelas leis segregacionistas do estado. Após este ato a mulher foi presa, julgada e condenada. Tais acontecimentos deflagraram uma onda de manifestações de apoio e revolta, além do boicote da população aos transportes urbanos que durou 386 dias, acabando apenas com a revogação da legislação segregacionista nos ônibus de Montgomery.

Segundo o historiador Tim McNeese, em sua obra *The Civil Rights Movement*, o boicote de ônibus em Montgomery serviu como modelo e como um símbolo para outros protestos e futuros passos que afro-americanos dariam para acabar com o Jim Crowism.⁷⁷

Os líderes das manifestações de Nashville tinham como exemplo de liderança personagens já conhecidos como o Reverendo Martin Luther King Jr., que emergiu do boicote de ônibus de Montgomery como uma figura política nacional. Combinando suas crenças cristãs com os preceitos da resistência sem violência, King liderou muitos protestos de massa contra o que ele acreditava ser uma injustiça moral da sociedade segregada.

Depois do bem-sucedido boicote de Montgomery, em 1957, King, junto com outros apoiadores, incluindo Stanley Levinson e Bayard Rustin, agiram para formar uma nova organização a favor dos direitos civis conhecida como The Southern Christian Leadership Council (SCLC). As metas da organização eram manter acesa a chama da luta pelos direitos civis e ampliar suas ações. Ela representava vários grupos, igrejas e organizações comunitárias, todas necessitadas de uma organização central que pudesse coordenar seus objetivos e esforços individuais.

Um dos principais líderes das manifestações de Nashville, o Reverendo C. Tindell Vivien, atuou junto à King no Southern Christian Leadership Council, antes de se tornar o vice-presidente da Nashville Christian Leadership Conference e, após a vitória em Nashville, continuou contribuindo para o movimento. Em 1963, o Reverendo Vivien participou da Marcha em Washington D.C., liderada por King.

Sobre os acontecimentos em Nashville, são significativas as palavras do Reverendo Kelly Miller Smith no texto escrito para o disco *The Nashville Sit-in Story*, ao afirmar que as manifestações de Nashville não foram apenas estudantis, mas um protesto de toda a comunidade e que a Nashville Christian Leadership Conference-NCLC era uma organização cristã, com o objetivo de atuar nos problemas sociais da cidade, orientada pela fé e pela paz. O objetivo imediato da organização era aumentar o número de negros registrados para votar.

Kelly Miller Smith foi um pregador muito militante nas lutas pelos direitos civis nos Estados Unidos, formado em Religião e Música no Morehouse College em Atlanta, mudou-se para Nashville em 1951 e ajudou a fundar a Nashville Christian Leadership Conference, que começou suas atividades em 1958, mas o projeto de integrar restaurantes e lanchonetes começou só em 1959.

Smith destaca no texto do disco que, durante as manifestações de Nashville, a orientação dada aos manifestantes era agir de maneira pacífica, de acordo com os preceitos cristãos de amor e paz, e que as manifestações demonstravam que os negros não estavam satisfeitos com sua condição de cidadãos de segunda classe.

Durante as manifestações muitos estudantes foram presos e os demais sofreram ataques verbais e físicos; foram mais de 150 detenções. Ao longo do processo

---

77 McNEESE, Tim. *The Civil Rights Movement: Striving for Justice*. Nova Iorque: Chelsea House, 2008.

treze advogados se voluntariaram para defender os estudantes. No dia 19 de abril, após o incêndio proposital causado por uma bomba jogada na casa de um dos advogados, Z. Alexander Looby, o único afro-americano membro da Câmara Municipal, mesmo que não tenha havido vítimas no incêndio, três mil pessoas marcharam para a prefeitura da cidade para exigir do prefeito Ben West uma tomada de atitude. Nesta marcha havia muitos manifestantes brancos e, após as negociações com os lojistas da cidade, seis lanchonetes foram integradas. Na tarde seguinte uma multidão foi ao ginásio da Fisk University ouvir o Reverendo King elogiar as táticas dos manifestantes, bem como ouvir Guy Carawan interpretar "We Shall Overcome".

Todavia, apesar desta vitória legal, ocorreram outras manifestações em Nashville até 1964, quando foi aprovada a Lei pelos Direitos Civis de 1964, com a qual os três poderes do governo nacional começaram a agir no sentido de garantir a integração.

Deste modo, por meio de discos como *The Nashville Sit-in Story*, percebemos o quanto a gravadora Folkways se posicionou frente à questão dos direitos civis, publicando canções e textos contrários à privação de direitos às minorias, como afro-americanos. Continuaremos analisando o engajamento de personagens ligados ao repertório folk em outras instâncias de comunicação, como as revistas culturais.

CAPÍTULO 3

A música como arma de luta política em *People's Songs* e *Sing Out!*

Ao adotarmos como documentação duas revistas musicais publicadas nos Estados Unidos, *People's Songs* e *Sing Out!*, faz-se imprescindível analisar os grupos sociais envolvidos na criação e desenvolvimento das revistas, suas características físicas, formas de circulação, conteúdo, ou seja, analisar suas dimensões textuais e paratextuais – e este é o objetivo do presente capítulo.

Como explicita o francês Jean-François Sirinelli, em seu texto *Os intelectuais*, publicado na coletânea *Por uma História política*, em torno da redação de uma revista ou do conselho editorial de uma editora, se constitui um espaço no qual os laços do meio intelectual se atam. Nas palavras do autor:

> As revistas conferem uma estrutura ao campo intelectual por meio de forças antagônicas de adesão – pelas amizades que as subtendem, as fidelidades que arrebanham e a influência que exercem – e de exclusão – pelas posições tomadas, os debates suscitados, e as cisões advindas. Ao mesmo tempo que um observatório de primeiro plano da sociabilidade de microcosmos intelectuais, elas são aliás um lugar precioso para a análise do movimento das ideias. Em suma, uma revista é antes de tudo um lugar de fermentação intelectual e de relação afetiva, ao mesmo tempo viveiro e espaço de sociabilidade, e pode ser, entre outras abordagens, estudada nesta dupla dimensão.[1]

Deste modo, iniciamos o capítulo com a análise do momento de criação das duas publicações, das pessoas envolvidas e dos projetos estéticos e ideológicos adotados. Em seguida, nos detemos nas escolhas dos nomes das revistas, que remetem a uma discussão importante sobre o lugar da música popular e folclórica no período. Posteriormente, entramos na discussão sobre o conteúdo textual, refletindo a respei-

---

1 SIRINELLI, Jean-François. In: REMOND, René (org.). *Por uma História política*. Rio de Janeiro: FGV/UFRG, 1996, p. 249.

to dos usos políticos da música e do engajamento nas lutas pelos direitos civis nos Estados Unidos.

É importante destacar que durante o doutoramento tivemos a oportunidade de realizar uma intensa pesquisa de campo nos Estados Unidos, junto a Biblioteca Pública de Nova Iorque e ao *Sing Out!* Resource Center, na cidade de Bethlehem, no estado da Pensilvânia. Nessa viagem foi possível adquirir todos os exemplares das revistas que compõem nosso *corpus documental*, bem como ter contato com uma ampla bibliografia inacessível no Brasil.

Durante visita técnica ao *Sing Out!* Resource Center, conversamos muito com o editor da revista *Sing Out!* e diretor executivo do arquivo, desde 1982, Mark D. Moss, que nos ajudou com informações privilegiadas sobre nossa documentação impressa e sonora. Moss disponibilizou um arquivo com todos os primeiros exemplares das revistas, acrescidos de notas escritas por Pete Seeger, ao longo dos dez primeiros anos de publicação.

PEOPLE'S SONGS

Em 31 de dezembro de 1945, um grupo de aproximadamente trinta compositores, intérpretes, representantes de sindicatos e trabalhadores que vinham atuando em prol de uma política democrática e antifascista nos Estados Unidos, reuniu-se em Nova Iorque, no apartamento do intérprete e compositor Pete Seeger, para discutir o que fazer após o termino da guerra, como continuar a luta pela democracia. Esse grupo decidiu criar uma organização que atuaria na criação, promoção e distribuição de canções trabalhistas e "do povo": a *People's Songs* Incorporated.

Nesta primeira reunião fundacional, todos os membros da organização contribuíram com uma quantia em dinheiro utilizada para alugar um escritório na West 42nd street, na cidade de Nova Iorque. Inicialmente, este escritório foi compartilhado com um grupo teatral, chamado Stage for Action, que também compartilhava dos ideais da organização. Posteriormente, foi estabelecida uma taxa de filiação de cinco dólares anuais, a ser paga pelos membros.

A *People's Songs* Inc. atuou em diversas frentes, como na criação de uma biblioteca com repertório de canções folk, na publicação de livros e cancioneiros, na gravação de discos, no agendamento de shows dos intérpretes afiliados. Neste sentido, foi criada uma agência dedicada ao agendamento dos shows, a People's Artists. Os membros de Nova Iorque também ministravam aulas sobre os usos políticos da música.

Como parte das ações da organização foi criada a *People's Songs*, uma publicação impressa entre 1946 e 1949. Durante os três anos de publicação de *People's Songs*, foram editados 4 volumes. Cabe destacar que, eventualmente, os editores reuniram dois números em uma mesma edição, devido a limitações financeiras.

Durante os três anos de publicação de *People's Songs*, foram editados 36 números sendo que, além da publicação mensal, foram publicados alguns números com canções consideradas relevantes pelos editores.

A revista sempre foi uma modesta publicação popular impressa em branco e preto, em formato de um diário tabloide, variando entre oito e doze páginas, e com o trabalho de editoração e impressão feito voluntariamente. Os exemplares do periódico eram pequenas cópias mimeografadas, publicadas mensalmente, com uma tiragem inicial de 3000 exemplares. No primeiro exemplar do segundo volume, publicado em 1947, os editores afirmaram que havia 2000 assinaturas de adesão distribuídas entre 38 estados dos Estados Unidos, Havaí, Alaska, França, China e Índia.

Na reunião de criação da revista foi eleito um comitê consultivo e um comitê de organização temporário, com Pete Seeger à frente. Este comitê ficou responsável por alugar um imóvel, obter informações sobre os procedimentos legais para a criação da revista, organizar um comitê de compositores, criar um primeiro boletim com um suplemento de canções, organizar a troca de canções com pessoas de outros países, conseguir financiamento e novos membros para a organização. Também se estabeleceu que a publicação não seria comercializada, apenas distribuída gratuitamente aos membros da *People's Songs* Incorporated.

A captação de recursos financeiros foi realizada por meio da reserva de shows dos cantores, taxa de filiação à organização e venda de espaço para anúncios publicitários. Ao longo dos anos, os editores sempre solicitavam a divulgação e auxílio financeiro dos leitores, para que a revista continuasse a ser publicada.

A partir do terceiro exemplar, publicado em abril de 1946, os editores começaram a publicar alguns anúncios de shows, lançamentos de discos, livros e partituras, como visto na próxima página:

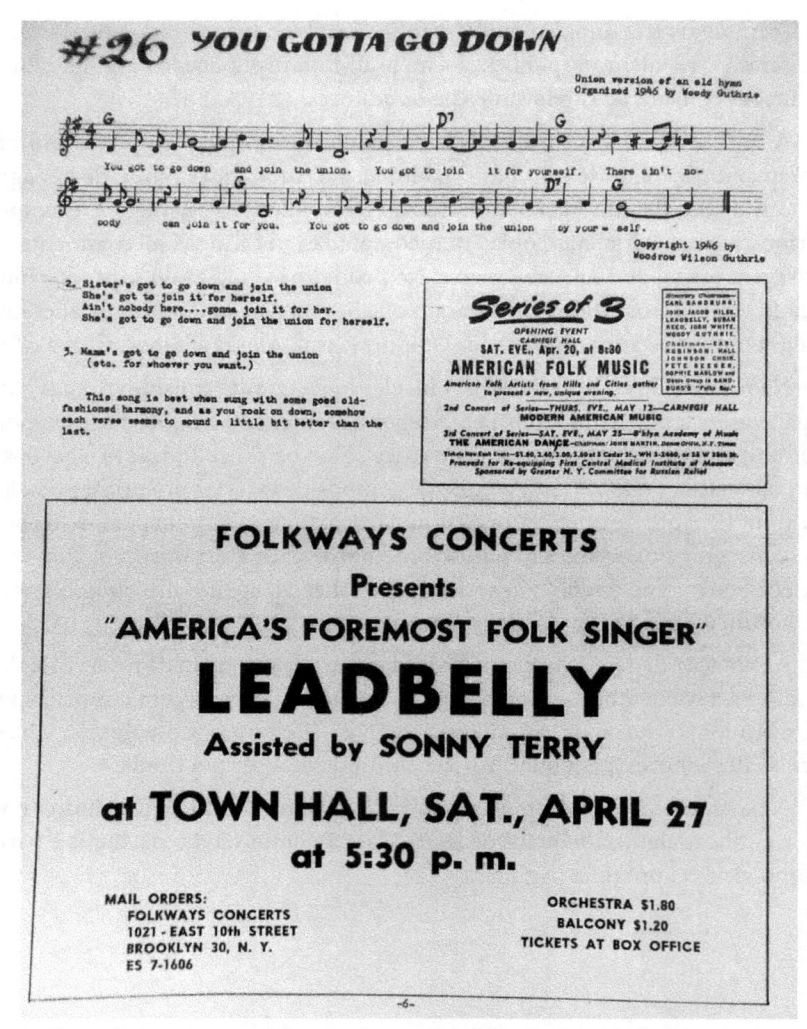

Figura 2 - Exemplo de anúncio publicitário de um show do intérprete Leadbelly, ocorrido em 27 de abril de 1946, em Nova Iorque. Página seis do terceiro exemplar de *People's Songs*, v. 1, n. 3, 1946.

A sede da revista situava-se em Nova Iorque, mas a intenção dos editores, explicitamente declarada em muitos exemplares, era de que houvesse uma circulação nacional. A organização foi expandida para outros lugares, além de Nova Iorque e realizou convenções entre os membros de seus distintos escritórios, sendo a primeira destas realizada no ano de 1947, em Chicago. Existiram escritórios atuando em Los Angeles, Chicago, Cleveland, Brooklin, São Francisco, Detroit, Toronto, Portland, Minneapolis, Boston, Denver, Philadelphia, Rochester, Syracuse, Washington, D.C., Albuquerque e Universidade de Cornell.

Durante nossa pesquisa no *Sing Out!* Resource Center tivemos acesso a um conjunto de notas escritas por Pete Seeger e arquivadas junto aos exemplares de *People's Songs*, nas quais ele afirma que uma das maiores realizações da organização foi conseguir com que a publicação circulasse nacionalmente, alcançando espaços muito além de Nova Iorque.

Na seção dedicada às correspondências percebemos que a revista circulou por outros países, uma vez que há cartas enviadas do Canadá, Inglaterra, Austrália, Japão e Checoslováquia. Internamente, também percebemos que a revista circulou de Norte a Sul dos Estados Unidos, publicando cartas oriundas de vinte e dois dos cinquenta estados do país, mais o distrito de Washington D. C. Ao Norte, temos cartas de Nova Iorque, Michigan, Pensilvânia, Washington, Massachusetts, Nova Jersey, Minnesotta, Idaho, Ohio, Montana e Maryland; mais ao Sul, temos Novo México, Flórida, Tennessee, Mississippi, Califórnia, Geórgia e Texas; e na região Central temos Colorado, Indiana e Illinois.

O primeiro exemplar da revista não apresenta uma capa, imprimindo logo na primeira página os objetivos e chamados a um possível público leitor.

> # PEOPLE'S SONGS
>
> Bulletin of People's Songs Inc., organized to create, promote and distribute songs of labor and the American people.
>
> Peter Seeger, Executive Secretary   130 West 42 St., N.Y., N.Y.
>
> Vol. I. *Reprint*   February 1946   No. 1.
>
> > The people are on the march and must have songs to sing. Now, in 1946, the truth must reassert itself in many singing voices.
> > There are thousands of unions, people's organizations, singers, and choruses who would gladly use more songs. There are many songwriters, amateur and professional, who are writing these songs.
> > It is clear that there must be an organization to make and send songs of labor and the American people through the land.
> > To do this job, we have formed PEOPLE'S SONGS, INC.
> > We invite you to join us.
>
> ## *To Unions*
> Do you want to publish a songbook for your members? Write us for help in putting one together.
> Do you want a song composed especially for your union? Would you like to have phonograph records of your own songs for use in your locals?
> These are jobs which we are prepared to do. Activities directors should subscribe to this Bulletin with its regular song supplement.
>
> ## *To Songwriters*
> We are going to print the songs of both amateur and professional songwriters in this Bulletin, which goes to singers, leaders of choruses and to organizations all over the country.
> Here is a new way of reaching your audience. Arrangments can be made through us to have your songs printed in sheet music form. You are assured of complete copyright and royalty protection.
>
> ## *Singers, Leaders of Choruses...*
> and performers may become members of PEOPLE'S SONGS, and receive this Bulletin. You will get many new songs you can use, and some of the older ones. If you need lyrics for other songs, we can help you find them.
>
> —◇◇◇◇—
>
> Copyright 1946 by People's Songs, Inc. This bulletin is not for sale; it will be sent only to members of People's Songs.

Figura 3- Primeira página do primeiro exemplar de *People's Songs*, v. 1, n. 1, 1946.

No topo da página há o título da revista centralizado, em uma fonte tipográfica grande e destacada, seguido da sua filiação à *People's Songs* Inc. e seus objetivos principais: "criar, promover e distribuir canções trabalhistas e do povo americano". Logo abaixo, no lado esquerdo, há a assinatura de Pete Seeger como diretor executivo e, no lado direito, o endereço do escritório da organização. Em seguida indica-se o volume, a data e o número do exemplar.

No texto de abertura deste primeiro exemplar, publicado em fevereiro de 1946, os editores fazem a seguinte afirmação:

> O povo está em marcha e precisa de canções para cantar. Agora, em 1946, a verdade precisa ser reafirmada em muitas vozes cantantes. Há milhares de sindicatos, organizações populares, cantores e corais, que alegremente usarão as canções. Há muitos compositores, amadores e profissionais, que estão escrevendo estas canções. É óbvio que é necessário haver uma organização que faça e envie as canções dos trabalhadores e do povo pela terra. Para fazer esse trabalho, nós formamos a *People's Songs* Inc. Convidamos você a se juntar a nós.[2]

Ainda acompanhava esse primeiro texto um convite aos sindicatos para enviar ou solicitar canções, bem como solicitar a gravação de algum material musical. Havia, também, um convite aos compositores para a publicação de suas canções, com a garantia de todos os direitos autorais e a possibilidade de publicação das partituras. E igualmente, um convite aos cantores, para integrarem a organização ou solicitarem canções.

O objetivo dos editores era publicar canções de todas as partes do mundo e de diversos gêneros musicais, dando ênfase a canções de orientação esquerdista, bem como artigos discutindo o status e os usos da canção, ou ainda partituras e notícias sobre cancioneiros e discos lançados.

De acordo com a historiadora Gillian Mitchell, a *People's Songs* Incorporated objetivava atuar como promotora de uma música socialmente consciente, para o auxílio aos trabalhadores, através da organização de concertos e por meio da "promoção de compositores dos quais a música não fosse compatível com as demandas do *mainstream* do entretenimento".[3]

Os próximos quatro exemplares seguiram o mesmo design, com textos logo na primeira página, mas com caracteres tipográficos mais elaborados no título. Apenas no sexto número foi inserida uma capa na publicação.

---

2   *PEOPLE'S SONGS*, v. 1, n. 1, 1946, p. 1.

3   MITCHELL, Gillian. *The North American folk music revival: nation and identity in the United States and Canada, 1945-1980*. Burlington: Ashgate, 2007, p. 60.

[Figura: Capa da revista People's Songs, Vol. 1, No. 6, July 1946 — "SONGS OF LABOR AND THE AMERICAN PEOPLE / MONTHLY PUBLICATION OF PEOPLE'S SONGS, INC." com ilustração de um homem tocando violão diante de uma multidão cantando, assinada "Chuck R." — "TWO SONGS BY WOODY GUTHRIE - How To Lead Mass Singing -"]

Figura 4- Capa do sexto exemplar de *People's Songs*, v. 1, n. 6, 1946.

A primeira modificação que notamos é que o recurso tipográfico do título não está mais centralizado na página, há uma grande ilustração, seguida dos assuntos tratados no exemplar. Ao longo dos anos, a imagem da capa conteve tanto fotografias, quanto outros tipos de ilustrações, das mais diversas autorias. Fora os cinco primeiros exemplares, a exceção quanto à presença de ilustração foi o décimo número do terceiro volume, publicado em 1948, no qual não havia nenhuma ilustração, apenas duas frases sobre as, então recentes, eleições presidenciais.

De fato, apesar de desde o quinto exemplar aparecer um diretor de arte no expediente da revista, podemos afirmar que não havia critérios definidos em relação à comunicação visual, uma vez que o projeto gráfico, tanto das capas, quanto das páginas internas, sofria variações constantes. Na capa, houve modificação do recurso tipográfico e localização do título, e inserção ou não dos títulos de todas as canções e artigos publicados. Nas páginas internas houve uma variação das seções publicadas, bem como de sua ordem de publicação. Assim, mais importante do que a comunicação visual, eram as ideias publicadas.

A grande maioria das páginas de *People's Songs* era reservada à publicação de partituras de canções, seguidas das letras, com a eventual publicação apenas das letras das canções. O usual era a publicação das partituras contendo apenas a melodia escrita nas pautas, com a harmonia indicada apenas por cifras, ou seja, não foram publicadas partituras com pautas contendo as harmonias das canções. Em alguns casos eram publicados arranjos para canto coral. No total foram publicadas 319 canções entre 1946 e 1949.

A PAGE OF PICKETLINE SONGS

#3 ROLL THE UNION ON

This song, which came out of Commonwealth College, Arkansas, in the early thirties, was made up by farming people who came there to learn about unionism for the first time. It is a great "zipper song". By that we mean that you can put the name of anyone or anything you don't like in the verses, and "roll it over them."

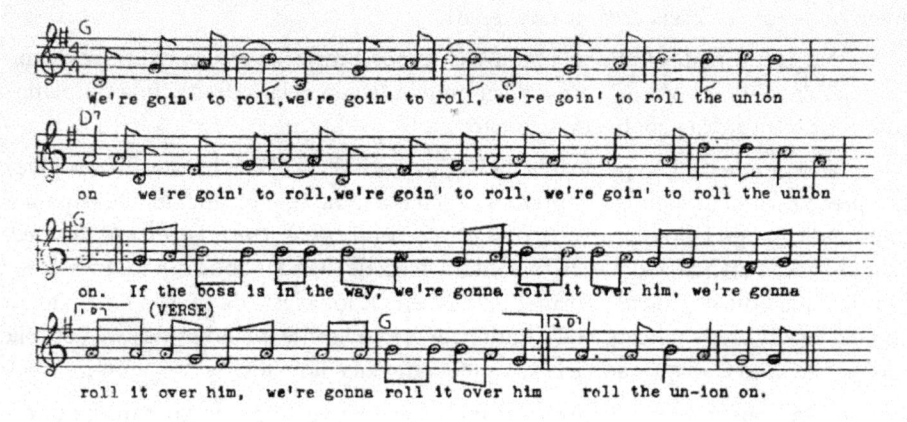

[partitura musical]

We're goin' to roll, we're goin' to roll, we're goin' to roll the union on, we're goin' to roll, we're goin' to roll, we're goin' to roll the union on. If the boss is in the way, we're gonna roll it over him, we're gonna roll it over him, we're gonna roll it over him, roll the un-ion on.

#4 WE PITY OUR BOSSES FIVE
Tune: Farmer in the Dell

We pity our bosses five
We pity our bosses five
A thousand a week is all they get
How can they stay alive?

We pity the boss's son
We pity the boss's son
He rides around in a Cadillac
The lousy son of a gun!

Another good picketline song is, of course, "We shall not be moved." Besides the regular verses such as: Black and White Together," "We are fighting for our Freedom," ".....is our leader" any other phrases to fit the occasion can be invented on the spot. Many a fine picketline song has been made by changing the words of a well-known song only slightly, as did some little children who once danced outside a factory gate singing "Scabs in the factory, that won't do" to the tune of "Skip To My Lou, My Darling."

A SONG IS NO GOOD ON A PIECE OF PAPER; SING IT, SEE HOW IT SOUNDS

Figura 5- Exemplo de partitura com a melodia escrita em clave de sol, acompanhada das cifras (letras acima de cada pentagrama: G, D7, G) que indicam a harmonia; página seis do primeiro exemplar de *People's Songs*, 1946.

A imagem acima ilustra a sexta página do primeiro exemplar de *People's Songs*. Em primeiro lugar, destacamos o título dado ao grupo de canções publicado neste primeiro exemplar: "Uma página de canções para piquetes (*A Page of Picketline Songs*)". Em seguida, temos o título da canção "Roll the Union On", seguido do número #3, que indica que esta é a terceira canção deste exemplar.

Sempre que possível, os editores acrescentavam, antes de cada partitura ou letra, um texto explicativo sobre a origem, significado e usos da canção ao longo do tempo. Quando a autoria era conhecida, esta era indicada; no caso das canções folclóricas coletadas por folcloristas e intérpretes, o nome do autor era desconhecido. Em relação à Figura 5, o texto que precede a partitura de "Roll the Union On" explica que a canção é originária do estado de Arkansas e foi coletada nos anos 1930, entre agricultores interessados em aprender sobre sindicalismo. Os editores também afirmam que é um bom exemplo de canção em que é possível substituir o nome de quem ou o que se deseja criticar nos versos.

Na partitura de "Roll the Union On" temos a melodia escrita em clave de sol, na tonalidade de sol Maior, com a harmonia indicada pelas cifras acima do pentagrama e a letra escrita abaixo do pentagrama.

A segunda canção publicada na página, intitulada "We Pity our Bosses Five", está precedida do número #4 e apresenta apenas a letra, sendo a melodia base para o canto indicada no lado direito abaixo do título, onde se lê: *Tune: Farmer in the Dell*. Esta indicação significa que se deve cantar a letra de "We Pity our Bosses Five" com a mesma melodia da canção "Farmer in the Dell". Após a letra da canção há um texto no qual os editores explicam que é muito comum o uso de melodias de canções folk conhecidas com a adaptação de letras adequadas aos piquetes.

Esta prática de intercambiar as melodias tornou-se muito comum na interpretação do repertório folk devido a certa limitação da métrica dessas canções, que possibilita com razoável facilidade o intercâmbio de melodias em diferentes letras. É muito comum o intercâmbio de melodias em hinos religiosos, que geralmente são impressos apenas com o texto, sem sua notação musical, o que gerava a prática de cantar o texto com qualquer melodia que tivesse a mesma métrica.

Uma prática comum entre os compositores membros da *People's Songs*, como Woody Guthrie e Lee Hays, era a criação de letras novas para melodias antigas. Lieberman afirma que "por causa de sua acessibilidade e ponto de vista, essas canções poderiam se tornar 'canções folk'", no sentido atribuído pela revista, ou seja, parte da vida das pessoas e expressão de seu pensamento.[4]

---

[4] LIEBERMAN, Robbie. *"My song is my weapon"*: PEOPLE'S SONGS, American communism, and the politics of culture, 1930-1950. Urbana: University of Illinois Press, 1989.

Ao final da página os editores incentivam os leitores com a seguinte frase: "Uma canção não é boa em um pedaço de papel; cante-a, veja como ela soa (*A song is no good on a piece of paper; sing it, see how it sounds*)".

Podemos inferir que a publicação apenas das melodias nos pentagramas e de letras desacompanhadas de partituras denota uma preocupação com o canto por parte dos editores, ou seja, o objetivo era ensinar um repertório a ser cantado nas manifestações, passeatas e reuniões, que poderia ou não ser acompanhado por algum instrumento.

É interessante notar que o número que precede o título das canções e indica sua ordem de publicação não recomeça a cada exemplar; por exemplo, a primeira revista traz sete canções e a primeira canção do segundo exemplar indica o número 8, ou seja, a primeira canção publicada no segundo exemplar é a oitava publicada pela *People's Songs*. Deste modo, a última canção veiculada pela revista no número um do quarto volume, publicado em 1949, traz o número 319 como indicativo, como podemos ver na imagem a seguir.

Figura 6- O número 318 indica a canção "This Old World" e o número 319, localizado dentro do quadrado na metade inferior da página, indica a letra da última canção publicada, "Johnny I Hardly Knew You". Página três do primeiro número do quarto volume de *People's Songs*, 1949.

Apreendemos que não houve modificações significativas no *corpus* da revista, ou seja, em sua periodicidade e projeto gráfico.

A revista iniciava com um comentário editorial, seguido das seções, alguns artigos curtos e das canções, finalizando com a seção de correspondências. Não havia uma ordem fixa de publicação das seções, ao que nos parece os textos eram encaixados nos espaços restantes em relação às canções.

Ao longo dos três anos de publicação foram criadas diversas seções como a *Singing in the news*, posteriormente denominada *Singing People*, na qual eram comentadas matérias publicadas em outros veículos de comunicação sobre a música e os intérpretes folk, bem como noticiadas apresentações ocorridas nas últimas semanas. Nesta seção também eram comentados encontros, manifestações e piquetes nos quais intérpretes e compositores de música folk tivessem participado.

Não houve uma periodicidade das seções, elas apareciam nos exemplares aleatoriamente, com exceção das seções dedicadas aos lançamentos e resenhas de discos e livros, denominadas *On the Record* e *Book Reviews*, que foram publicadas em todos os exemplares.

Os artigos eram curtos, poucos ocuparam uma página inteira, e discutiam a importância do uso de canções como arma de luta política e a importância do cantor em tais lutas. Também foram publicados artigos que falavam de intérpretes e compositores que se dedicavam ao repertório divulgado na revista, bem como artigos relatando determinados eventos, como encontros de sindicatos ou convenções nacionais sobre música folk.

A única coluna era assinada pelo intérprete e compositor Lee Hays e foi publicada pela primeira vez em janeiro de 1947, no exemplar número doze do primeiro volume, existindo até o último exemplar. Hays afirmou, em seu primeiro texto, que escreveria sobre suas observações pessoais a respeito da atividade de cantar, inserindo anedotas e histórias vividas ao longo de sua vida, bem como entrevistas com pessoas que, assim como ele, utilizavam o canto como forma de luta.

A grande maioria dos discos, livros, canções e artistas abordados relacionam-se ao repertório folk, não apenas dos Estados Unidos. O repertório divulgado por *People's Songs* é composto por 319 canções de distintas partes do mundo, na sua grande maioria são folks de diversos gêneros como baladas, spirituals, blues, canções de ninar, canções infantis, até, ocasionalmente, canções de amor.

No livro *American folk music and left-wing politics*, Richard Reuss apresenta uma afirmação de Pete Seeger de que havia uma preponderância de material folk, mas que a revista estava aberta para a publicação de qualquer expressão musical que atendesse aos objetivos da organização:[5] o compromisso com as causas da esquerda.

Durante todo o período de publicação de *People's Songs* os membros da organização debateram sobre a estética musical a ser adotada pela revista. Membros como Pete Seeger e Lee Hays eram mais tolerantes com canções que não fossem

---

5   REUSS, Richard. *American folklore and left-wing politics, 1927-1957*. Indiana: Indiana University, 1971, p. 187.

estritamente folks, inserindo algumas canções de cunho mais popular/comercial em alguns exemplares. Já Alan Lomax e Woody Guthrie eram contra a publicação deste tipo de material, defendendo uma estreita conexão com um repertório folk mais tradicional. Tal discussão não foi acordada, e o repertório publicado demonstra esta diferença de posicionamento. Concordamos com a afirmação de Robbie Lieberman de que mais importante que divulgar canções folk tradicionais, era criar um novo estilo de canção folk politizada.[6]

Por mais que não tenham sido publicadas discussões teórico-musicais sobre a adoção de uma estética musical para veicular as mensagens contidas nas letras, o repertório publicado demonstra que a grande maioria das canções apresenta características encontradas em gêneros como o spiritual, o blues, as canções das montanhas e as baladas, identificadas, desde os anos 1930, à tradição musical da nação.

Robbie Lieberman entrevistou vários membros da *People's Songs* e esclarece que o comitê responsável por selecionar as músicas a serem publicadas não seguia uma diretriz no julgamento das canções recebidas, a seleção era pautada em escolhas pessoais.

As principais figuras envolvidas na criação da *People's Songs* foram Pete Seeger, Lee Hays, Robert Claiborne, Horace Grenell, Herbert Haufrecht, Lydia Infeld, George Levine e Simon Rady, todavia Pete Seeger sempre foi reconhecido como o fundador da publicação.

No segundo número o editor passou a ser Bernie Asbell, que tinha experiência com jornais, e a gerente passou a ser sua esposa Millie. Asbell continuou no cargo até agosto de 1946, quando foi substituído temporariamente por Butch Hawes. Asbell assumiu a filial de Chicago e Seeger e Hays assumiram a organização nacional, sediada em Nova Iorque.

Em meados de 1946, Waldemar Hille se tornou o editor musical da revista e, em novembro de 1947, o editor geral. Ele era um pianista de concerto e diretor musical no Elmhurst College. Em 1948, troca-se novamente o editor, que passa a ser Mario Casetta. Em todos os exemplares foi publicado o expediente da revista, com os nomes do conselho editorial, do conselho nacional da *People's Songs* Inc., bem como dos consultores.

---

6   LIEBERMAN, *op. cit.* p. 87.

```
Vol.I No.3 PEOPLE'S SONGS April 1946

Copyright 1946 by People's Songs, Inc., 130 West
42 St., New York, N.Y.   Incorporated 1946 under
the laws of the State Of New York.

              EDITORIAL STAFF
   Paul Kent, Michael Scott, Peter Seeger, Lee Hays

   NATIONAL BOARD OF DIRECTORS: Peter Seeger, Exec-
   utive Secretary,  Horace Grenell, Woody Guthrie,
   Herbert Haufrecht,  Bess Hawes,  Lee Hays,  Paul
   Kent,  Millard Lampell, Felix Landau,  Walter
   Lowenfels,  Alan Lomax, Earl Robinson, Bob Rus-
   sell, Paul Secon, Palmer Weber.

   ADVISORY COMMITTEE: Saul Aarons, Charlotte Anth-
   ony, Edith Allaire, Bernie Asbel, Dorothy Baron,
   Oscar Brand, Bob Claiborne,  Agnes Cunningham ,
   G. Gabor,  Jack Galin, Tom Glazer, Michael Gold,
   Baldwin Hawes,  Waldemar Hille, Zilphia Horton,
   Lydia Infeld, Burl Ives,  Robert Kates, Rockwell
   Kent,  Lou Kleinman,  John Leary, George Levine,
   Mildred Linsley, Frances Luban, Jessie Lloyd O'-
   Connor, Shaemas O'Sheel, Simon Rady, David Reif,
   Betty Sanders, Naomi Spahn,  Norman Studer, Mike
   Stratton, Josh White, Hy Zaret.
```

Figura 7- Expediente; página dois do terceiro número do primeiro volume de *People's Songs*, 1946.

Ao longo dos três anos de existência de *People's Songs* o corpo editorial variou entre dezoito e três pessoas, sendo que o único nome constante em todos os exemplares é o de Pete Seeger.

Pete nasceu em Nova Iorque em 1919, e ao longo da vida estudou em bons colégios particulares, chegando a ingressar em Harvard, antes de se comprometer totalmente com a música folk. Por meio de seus pais,[7] teve uma educação musical e tomou conhecimento do repertório folk desde muito jovem, tendo trabalhado por um ano como assistente de Alan Lomax, no Arquivo de Canções Folclóricas da Biblioteca do Congresso Nacional.

Após deixar o trabalho com Alan Lomax, Pete passou a viajar pelo país a fim de aprender e divulgar o repertório folk, sempre mesclando as interpretações de canções tradicionais com composições próprias. O artista interpretava as canções

---

7   O pai de Pete Seeger era o músico, acadêmico, etnomusicólogo, autor de vários artigos e livros Charles Seeger, e sua mãe a violinista de concerto e professora Constance Seeger.

à sua maneira, defendendo que o repertório de música folk era vivo e fluido. A historiadora Gillian Mitchell afirma que ele atuou como uma ponte cultural entre os intérpretes rurais e seu público citadino.[8]

Durante suas viagens pelo país Pete pôde conhecer distintas realidades e passou a lutar por causas ligadas à cultura e experiência de vida de grupos marginalizados. Durante o período da Segunda Grande Guerra escreveu canções antifascistas e, inicialmente, pró-guerra, ajudando a levar o folk para as universidades, como Berkeley, Yale e Cornell. Ao longo da vida apoiou várias causas como a paz mundial, direitos civis, causas trabalhistas e foi ativista pelo meio ambiente. Recebeu uma homenagem do Kennedy Center, em Washington, D.C., foi introduzido no Rock and Roll Hall of Fame e, em 1997, recebeu um Grammy Award pelo álbum *Pete*. Ao longo de sua extensa carreira Pete Seeger gravou mais de 100 discos.

Seeger afirmou no primeiro exemplar que *People's Songs* objetivava reunir histórias, canções e escritos dos cantores membros da organização, como Woody Guthrie, Lee Hays, Horace Grenell, Anges "Sis" Cunningham, Burl Ives, Millard Lampell, Alan Lomax, Bess Lomax Hawes, Josh White e Tom Glazer. Tais intérpretes e compositores acreditavam que reunidos em uma organização poderiam compartilhar canções, livros e ideias, bem como incentivar as pessoas a receberem sua publicação.

Em fevereiro de 1949, a revista parou de ser publicada devido à falta de verba para a manutenção do escritório e impressão, apesar de seu último exemplar publicado (v. 3, n. 12, 1949) ter anunciado que o quarto volume traria inovações, como um novo formato, com maior número de páginas e canções, bem como mais espaço para anúncios publicitários.

Após a suspensão de sua publicação, a *People's Songs* serviu como modelo para posteriores revistas dedicadas à *folk music* como *Broadside* (publicada a partir de 1962) e *Sing Out!*.

Sing out!

Em 1950, alguns ex-integrantes da *People's Songs*, membros da Peoples Artists, iniciaram um novo projeto que veio a tornar-se a revista *Sing Out!*. Para nossos objetivos analisamos os sessenta e sete exemplares publicados entre os anos de 1950 e 1960.

O nome *Sing Out!* foi tirado da canção "The Hammer Song", escrita por Lee Hays e Pete Seeger, que teve sua partitura impressa na capa do primeiro exemplar.

Sing Out! começou sendo publicada mensalmente, como um panfleto amador de dezesseis páginas, impresso em preto e branco, vendido por vinte e cinco centavos de dólar. No exemplar número sete do quarto volume, de 1954, a publicação

---

8   MITCHELL, *op. cit.*, p. 59.

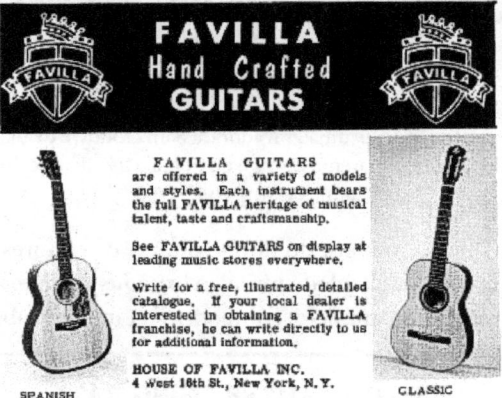

mudou de mensal para trimestral, passando a ter trinta e duas páginas, com o custo de dois dólares anuais ou cinquenta centavos de dólar cada exemplar.

Nos primeiros anos *Sing Out!* era custeada apenas com o montante arrecadado com as assinaturas, uma vez que não eram publicados anúncios publicitários. A partir de 1954, começaram a ser publicados alguns anúncios de aulas de música, lançamentos discográficos e shows. Em 1956 os editores disponibilizaram mais espaço para a publicação de anúncios publicitários para gravadoras, editoras de livros, professores de música, lojas de instrumentos e shows, com uma intensificação desta atividade a partir de 1958.[9]

Figura 8- Exemplo de propaganda de uma marca de instrumentos de corda, a Favilla; página vinte e seis do terceiro número do oitavo volume de *Sing Out!*, 1959.

---

9   Atualmente são dedicadas muitas páginas da revista para a publicação de anúncios publicitários relacionados à música, como lançamentos de discos e livros, agenda de shows e encontros, aulas de música e lojas de instrumentos.

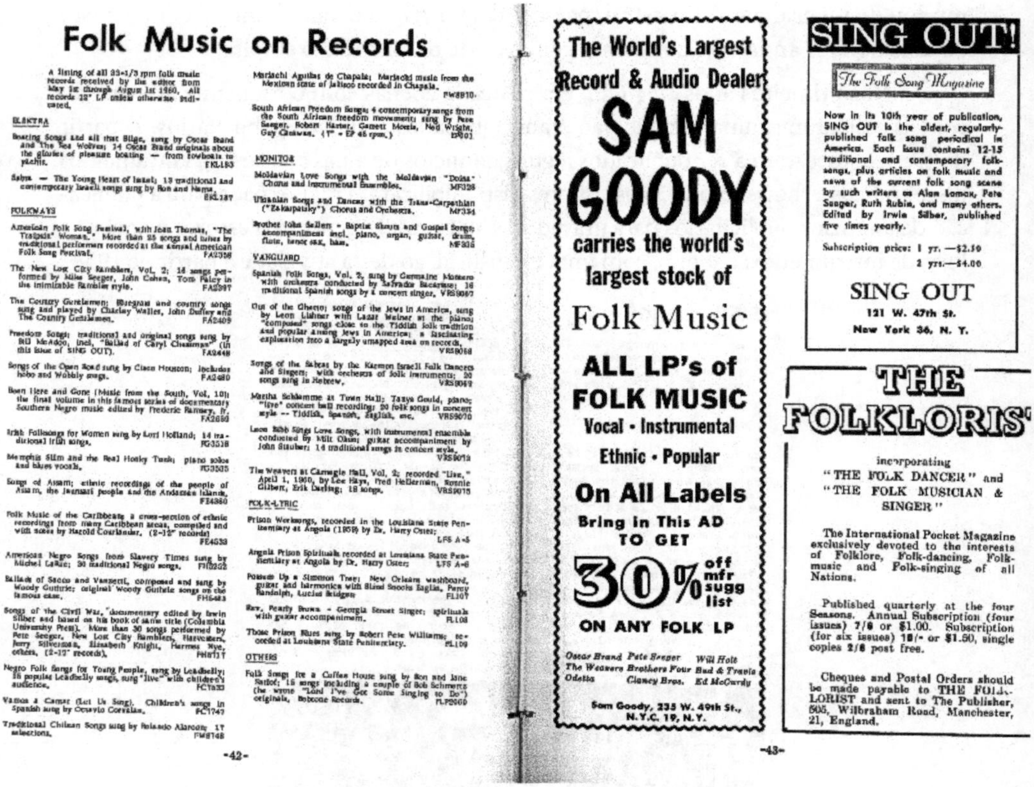

Folk Music on Records

A listing of all 33-1/3 rpm folk music records received by the editor from May 1st through August 1st 1960. All records 12" LP unless otherwise indicated.

ELEKTRA

Boating Songs and all that Bilge, sung by Oscar Brand and The Sea Wolves; 14 Oscar Brand originals about the glories of pleasure boating — from rowboats to yachts. EKL183

Sabra — The Young Heart of Israel; 13 traditional and contemporary Israeli songs sung by Ron and Nama. EKL187

FOLKWAYS

American Folk Song Festival, with Jean Thomas, "The Traipsin' Woman." More than 25 songs and tunes by traditional performers recorded at the annual American Folk Song Festival. FA2358

The New Lost City Ramblers, Vol. 2; 14 songs performed by Mike Seeger, John Cohen, Tom Paley in the inimitable Rambler style. FA2397

The Country Gentlemen; Bluegrass and country songs sung and played by Charley Waller, John Duffey and The Country Gentlemen. FA2409

Freedom Songs; traditional and original songs sung by Bill McAdoo, incl. "Ballad of Caryl Chessman" (in this issue of SING OUT). FA2448

Songs of the Open Road sung by Cisco Houston; includes hobo and Wobbly songs. FA2480

Been Here and Gone (Music from the South, Vol. 10); the final volume in this famous series of documentary Southern Negro music edited by Frederic Ramsey, Jr. FA2659

Irish Folksongs for Women sung by Lori Holland; 14 traditional Irish songs. FG3518

Memphis Slim and the Real Honky Tonk; piano solos and blues vocals. FG3535

Songs of Assam; ethnic recordings of the people of Assam, the Jaintiali people and the Andaman Islands. FE4380

Folk Music of the Caribbean; a cross-section of ethnic recordings from many Caribbean areas, compiled and with notes by Harold Courlander. (2-12" records) FE4533

American Negro Songs from Slavery Times sung by Michel LaRue; 30 traditional Negro songs. FH2252

Ballads of Sacco and Vanzetti, composed and sung by Woody Guthrie; original Woody Guthrie songs on the famous case. FH5485

Songs of the Civil War, documentary edited by Irwin Silber and based on his book of same title (Columbia University Press). More than 30 songs performed by Pete Seeger, New Lost City Ramblers, Harvesters, Jerry Silverman, Elizabeth Knight, Hermes Nye, others. (2-12" records). FH5717

Negro Folk Songs for Young People, sung by Leadbelly; 18 popular Leadbelly songs, sung "live" with children's audience. FC7533

Vamos a Cantar (Let Us Sing). Children's songs in Spanish sung by Octavio Corvalan. FC7747

Traditional Chilean Songs sung by Rolando Alarcon; 17 selections. FW8748

Mariachi Aguilas de Chapala; Mariachi music from the Mexican state of Jalisco recorded in Chapala. FW8870.

South African Freedom Songs; 4 contemporary songs from the South African freedom movement; sung by Pete Seeger, Robert Harter, Garrett Morris, Ned Wright, Guy Carawan. (7" - EP 45 rpm.) EP601

MONITOR

Moldavian Love Songs with the Moldavian "Doina" Chorus and Instrumental Ensembles. MF328

Ukrainian Songs and Dances with the Trans-Carpathian ("Zakarpatsky") Chorus and Orchestra. MF334

Brother John Sellers - Baptist Shouts and Gospel Songs; accompaniment incl. piano, organ, guitar, drum, flute, tenor sax, bass. MF335

VANGUARD

Spanish Folk Songs, Vol. 2, sung by Germaine Montero with orchestra conducted by Salvador Bacarisse; 16 traditional Spanish songs by a concert singer. VRS9067

Out of the Ghetto; songs of the Jews in America, sung by Leon Lishner with Lazar Weiner at the piano; "composed" songs close to the Yiddish folk tradition and popular among Jews in America; a fascinating exploration into a largely unmapped area on records. VRS9068

Songs of the Sabras by the Karmon Israeli Folk Dancers and Singers; with orchestra of folk instruments; 20 songs sung in Hebrew. VRS9069

Martha Schlamme at Town Hall; Tanya Gould, piano; "live" concert hall recording; 20 folk songs in concert style -- Yiddish, Spanish, English, etc. VRS9070

Leon Bibb Sings Love Songs, with instrumental ensemble conducted by Milt Okun; guitar accompaniment by John Stauber; 14 traditional songs in concert style. VRS9073

The Weavers at Carnegie Hall, Vol. 2; recorded "Live," April 1, 1960, by Lee Hays, Fred Hellerman, Ronnie Gilbert, Erik Darling; 18 songs. VRS9075

FOLK-LYRIC

Prison Worksongs, recorded in the Louisiana State Penitentiary at Angola (1959) by Dr. Harry Oster; LFS A-5

Angola Prison Spirituals recorded at Louisiana State Penitentiary at Angola by Dr. Harry Oster; LFS A-6

Possum Up a Simmon Tree; New Orleans washboard, guitar and harmonica with Blind Snooks Eaglin, Percy Randolph, Lucius Bridges FL107

Rev. Pearly Brown - Georgia Street Singer; spirituals with guitar accompaniment. FL108

Those Prison Blues sung by Robert Pete Williams; recorded at Louisiana State Penitentiary. FL109

OTHERS

Folk Songs in a Coffee House sung by Ron and Jane Satloff; 16 songs including a couple of Bob Schmertz (he wrote "Lord I've Got Some Singing to Do") originals. Bobcone Records. FLP2060

-42-

The World's Largest Record & Audio Dealer
SAM GOODY
carries the world's largest stock of
Folk Music
ALL LP's of FOLK MUSIC
Vocal • Instrumental
Ethnic • Popular
On All Labels
Bring in This AD TO GET
30% off mfr sugg list
ON ANY FOLK LP
Oscar Brand Pete Seeger Will Holt
The Weavers Brothers Four Bud & Travis
Odetta Clancy Bros. Ed McCurdy
Sam Goody, 235 W. 49th St., N.Y.C. 19, N.Y.

SING OUT!
The Folk Song Magazine
Now in its 10th year of publication, SING OUT is the oldest, regularly-published folk song periodical in America. Each issue contains 12-15 traditional and contemporary folk-songs, plus articles on folk music and news of the current folk song scene by such writers as Alan Lomax, Pete Seeger, Ruth Rubin, and many others. Edited by Irwin Silber, published five times yearly.
Subscription price: 1 yr. —$2.50
2 yrs.—$4.00
SING OUT
121 W. 47th St.
New York 36, N. Y.

THE FOLKLORIST
incorporating "THE FOLK DANCER" and "THE FOLK MUSICIAN & SINGER"
The International Pocket Magazine exclusively devoted to the interests of Folklore, Folk-dancing, Folk-music and Folk-singing of all Nations.
Published quarterly at the four Seasons. Annual Subscription (four issues) 7/6 or $1.00. Subscription (for six issues) 10/- or $1.50, single copies 2/6 post free.
Cheques and Postal Orders should be made payable to THE FOLKLORIST and sent to The Publisher, 605, Wilbraham Road, Manchester, 21, England.

-43-

Figura 9- Exemplos de propaganda de uma gravadora, a Sam Goody, e de uma revista dedicada ao folclore, a The Folklorist; páginas quarenta e dois e quarenta e três do terceiro número do décimo volume de *Sing Out!*, 1960.

Em 1960, no quarto número do nono volume, os editores passaram a divulgar os valores das taxas de publicidade junto ao expediente da revista, que variavam de acordo com o tamanho do anúncio, como visto na imagem abaixo.

SING OUT ADVERTISING RATES

Size	1 Time	2 Times	3 Times
Full Page	$100.00	$90.00	$80.00
Half Page	60.00	54.00	48.00
Quarter Page	35.00	31.50	28.00
Column Inch	12.00	10.80	9.60

Classified and personals: Twenty cents per word. Box number - $1.00 extra.

Figura 10- Taxas de publicidade de *Sing Out!*.

A sede da revista situava-se em Nova Iorque, mas, assim como *People's Songs*, a intenção dos editores, explicitamente declarada em alguns exemplares, era de que houvesse uma circulação nacional. Não havia revendedores locais, ou seja, a revista era enviada pelo correio, deste modo, contava-se apenas com os leitores para a divulgação e aquisição de novas assinaturas. Ao longo dos anos foi constante a solicitação de divulgação e auxílio financeiro aos leitores para que a revista continuasse a ser publicada.

A capa do primeiro exemplar apresenta um projeto gráfico mais bem definido do que em *People's Songs*, como podemos observar na imagem abaixo.

Figura 11- Capa do primeiro exemplar de *Sing Out!*, 1950.

No topo da página há o título da revista centralizado, em uma fonte tipográfica grande, destacada e com design próprio, seguido da sua filiação à Peoples Artists. Em seguida, indica-se o volume, a data e o número do exemplar, acima da imagem de uma das partituras publicadas neste exemplar. E no rodapé direito aparece o preço de venda avulsa da revista.

Acreditamos que os editores de *Sing Out!* tinham mais clareza da importância da capa da publicação, no sentido de atribuição de uma identidade à revista, como nos esclarecem Daniele Oliveira e Zuleica Schincariol, em seu artigo *A tipografia na revista Gráfica: mutabilidade, diálogo e identidade*:

> Formato e configuração da capa comunicam identidade do projeto. A capa de cada revista caracteriza suas edições como pertencentes a uma série e ao mesmo tempo sinaliza a singularidade de cada exemplar. Assim, a articulação entre elementos constantes e variáveis pode possibilitar ao leitor essa percepção de individualidade com presença no conjunto. O elemento principal de identificação constante é o nome da revista e a forma como é apresentado. Para os leitores, o reconhecimento se dá através da relação precisa entre o nome, o design do nome e o conteúdo da revista.[10]

Assim sendo, destacamos o ponto de exclamação que acompanha o título da revista até os dias de hoje, conferindo-lhe uma identidade em meio à variação tipográfica ocorrida ao longo dos anos.

Neste primeiro exemplar, publicado em maio de 1950, o editor esclarece quais eram os objetivos de *Sing Out!*:

> Objetivamos nos devotar a criação, desenvolvimento e distribuição de algo novo, ainda que não tão novo, uma vez que seu início tenha sido visível, ou audível, há alguns anos. Nós chamamos isso "Peoples Music". O que é esta "Peoples Music"? Em primeiro lugar, como toda a música folclórica, tem a ver com a esperança, os sentimentos e a vida das pessoas comuns- que são a grande maioria. Em segundo lugar, também tem a ver com àquela outra música da qual nós falamos- chamada "*composed*" ou de concerto. Nós propomos que essas duas linhas musicais divergentes possam agora se unir a serviço das pessoas comuns e é isso que nós chamamos de "Peoples Music". Nenhuma forma - canção folclórica, música de concerto, dança, sinfonia, jazz - ficará de fora.[11]

O mesmo texto ainda afirma que o objetivo da revista é divulgar a paz no mundo, uma vez que apenas em um mundo pacífico seria possível desfrutar adequadamente da herança cultural de uma nação.

---

10 OLIVEIRA, Daniele Rodrigues; SCHINCARIOL, Zuleica. "A tipografia na revista Gráfica: mutabilidade, diálogo e identidade". In: III FÓRUM DE PESQUISA FAU. MACKENZIE I, 2007, São Paulo. *Anais...* São Paulo: MACKENZIE, 2007, p. 1-2.

11 *SING OUT!*, v. 1, n. 1, 1950, p. 2.

Os editores também anunciaram que se interessavam em publicar todo tipo de canções, desde canções ligadas a causas trabalhistas, como canções afro-americanas e de outros países, artigos de interesse musicológico e teórico, artigos sobre grupos de corais, letras de música, críticas de livros, concertos ou discos, bem como opiniões e sugestões dos leitores e comentários editoriais.

Na página cinco, afirma-se: "Aqui há canções para serem usadas... em piquetes... em reuniões... em festas... em casa. Canções para trabalhar... para construir... para lutar".

Os próximos cinco exemplares seguiram o mesmo design de capa, com a mesma fonte tipográfica e informações, seguidas de uma imagem que variou entre ilustrações e fotografias. No sétimo número foi modificada a fonte tipográfica e inseridos os temas a serem tratados no exemplar.

Ao longo dos dez primeiros anos de publicação a fonte tipográfica variou, bem como a localização do título, a inserção ou não dos temas a serem tratados no exemplar, ou títulos das canções e artigos nas capas.

Uma modificação importante ocorreu na capa do terceiro número do segundo volume, publicada em 1951, na qual se excluiu a filiação à Peoples Artists, que passou a aparecer eventualmente nas capas.

Figura 12- Capa do terceiro número do segundo volume de *Sing Out!*, 1951.

No ano de 1959 as capas começaram a ter um design padronizado, com a utilização de um mesmo recurso tipográfico no título e a inclusão da frase "The Folk Song Magazine" precedendo o título, ou seja, dentre outras publicações dedicadas à música folk, o artigo *The* indica que os editores objetivavam assumir um lugar de destaque no mercado editorial, afirmando que *Sing Out!* era "A Revista de Canções Folk", este A (*The* no original) podendo indicar *a* melhor, *a* mais autêntica, *a* principal revista de canções folk.

Figura13- Capa do primeiro número do nono volume de *Sing Out!*, 1959.

Desde a publicação do primeiro exemplar aparecia um diretor de arte no expediente da revista.

Assim como em *People's Songs*, a grande maioria das páginas era reservada à publicação de partituras de canções, seguidas das letras, excepcionalmente eram publicadas apenas as letras. O usual era a publicação das melodias nos pentagramas, acompanhadas das cifras acima dos pentagramas, com algumas publicações de partituras completas para piano, ou seja, partituras com um pentagrama indicando a melodia na clave de sol e a harmonia na clave de fá, bem como algumas partituras para canto coral, com arranjos contendo mais de um pentagrama, com distintas melodias e/ou harmonias.

Durante a primeira década de existência, *Sing Out!* veiculou muitas canções importantes, que de outra maneira talvez não tivessem sido publicadas; foram mais de seiscentas canções.

A Figura 14 ilustra a quinta página do primeiro exemplar da revista, que apresenta a canção "Banks of Marble".

3 BANKS OF MARBLE
Words and music by Les Rice

Last fall a New York State farmer, Les Rice, known in the Farmer's Union as a song writer, introduced a brand new song at a Hootenanny. Banks of Marble has grown to one of the most popular peoples classics and was recorded by the Weavers on the Hootenanny label. Rice captures the idiom of his Southern farm brothers and identifies the farmer's problems with those of working people throughout the land.

I've trav-elled a-round this coun-try,
I saw the wear-y farm-er
From shore to shin-ing shore;
Plow-ing sod and loam;
It real-ly made me won-der The
I saw the auc-tion ham-mer
things I heard and saw.
Knock-ing down his home.

CHORUS
But the banks are made of mar-ble
With a guard at ev-'ry door;
And the vaults are stuffed with sil-ver
That the farm-er sweat-ed for.
sea-man
mi-ner

I saw the seaman standing idly by the shore,
I heard the bosses saying, "Got no work for you no more."
I saw the miner scrubbing coal dust from his back,
I heard his children crying, "Got no coal to heat the shack."
I've seen my brothers working throughout this mighty land,
I prayed we'd get together, and together make a stand.

LAST CHORUS Then we'd own those banks of marble, with a guard at every door,
And we'd share those vaults of silver that the workers sweated for!

Figura 14- Exemplo de partitura; página cinco do primeiro exemplar de *Sing Out!*, 1950.

No topo da página, temos o título da canção "Banks of Marble" precedido do número 3, que indica que esta é a terceira canção deste exemplar.

Assim como em *People's Songs*, sempre que possível os editores acrescentavam, antes de cada partitura ou letra, um texto explicativo sobre a origem, significado e usos da canção ao longo do tempo. No caso de "Banks of Marble" é indicada a autoria de Les Rice, um fazendeiro do estado de Nova Iorque que, segundo os editores, conseguiu captar na canção o idioma das fazendas do Sul e identificar os problemas dos fazendeiros com os de todos os trabalhadores do país. Também explicam que a canção foi gravada pelo conjunto The Weavers.

Como podemos observar, assim como em *People's Songs*, a partitura apresenta a melodia da canção na clave de sol, com as cifras acima do pentagrama e a letra abaixo, denotando uma preocupação em ensinar como se cantam as canções, que poderiam ou não ser acompanhadas por algum instrumento.

Também como em *People's Songs*, ao longo das publicações o número que indica a ordem de publicação da canção não recomeça a cada exemplar. No exemplar número um do sétimo volume, publicado em 1957, este número que precede o título das canções deixou de ser impresso. No décimo exemplar do primeiro volume os editores anunciaram que disponibilizariam um disco compacto para ser enviado junto com a revista, pelo valor de um dólar e cinquenta centavos, a fim de atender aos assinantes que não tivessem acesso ou interesse na leitura de partituras.

A revista iniciava com um comentário editorial, seguido das canções, de dois artigos e das seções. No segundo exemplar foi iniciada a seção *Singing People*, na qual eram divulgadas e comentadas apresentações musicais. No sétimo exemplar foi iniciada a seção *Record Review*, a fim de comentar lançamentos de discos. Em todos os exemplares foi publicada uma seção de correspondências.

Em relação aos artigos, eles eram mais extensos do que os da *People's Songs*, geralmente ocupando de 2 a 3 páginas do exemplar. A grande maioria trata de intérpretes e compositores dedicados ao repertório folk nacional e internacional. Muito foi escrito sobre a música de países como Hungria, Escócia, Austrália, China, Romênia, Japão, Canadá, Inglaterra e países africanos, sempre com o intuito de divulgar o repertório, os intérpretes e os compositores folclóricos. Muitos intérpretes envolvidos com a causa dos direitos civis nos Estados Unidos foram tema dos artigos, como Paul Robeson e Pete Seeger.

Outro tema bastante abordado foi o status da música folk no país, sua relação com circuitos comerciais da canção, sua difusão em grandes centros urbanos e sua relação com questões políticas.

Também há artigos relatando a participação de intérpretes e compositores em eventos como o IV Festival Mundial da Juventude, ocorrido em 1953, ou o Congresso Pela Paz Mundial, de 1951.

Assim como em *People's Songs*, há uma preocupação dos editores em incentivar a formação de grupos de canto coral, com artigos divulgando novos grupos e ensinando como escolher e compor um "bom" repertório. Há, ainda, artigos sobre a prática de instrumentos, discutindo técnicas e orientando a escolha de marcas e modelos.

A partir de 1954, um tema que passou a ser tratado nos artigos foi a censura cultural do período de "caça às bruxas", mesmo que a revista em si não tenha diretamente sofrido censura. Junto a isso, ocorreu uma mudança de foco em questões contemporâneas, para questões do passado da nação. Até então, muitos artigos tratavam de questões contemporâneas aos autores e editores, após esse ano, passou-se a publicar muitos textos e canções sobre a história dos Estados Unidos, sobre o tema do sufrágio feminino e das eleições ao longo do século XIX, ou seja, foi mantida uma mesma linha temática, mas mudou-se o foco para um tempo passado. Interpretamos esta mudança como uma possível estratégia para fugir da censura que se instaurava no período, uma vez que o governo não censurava críticas a questões do passado, censurava apenas críticas a questões contemporâneas.

Uma das seções mais interessantes foi lançada no segundo número do segundo volume, publicado em 1951, denominada *Heritage: U.S.A.* Os editores afirmaram que seriam publicadas, nesta seção, canções tradicionais americanas que ajudassem a compreender a história democrática do país. Foram escolhidos dois grandes temas para a seção: "quem construiu a América", com canções de trabalho de distintos grupos de trabalhadores, e *Hard-Hitting Songs*, com canções relacionadas às lutas de movimentos democráticos da história do país, como canções do movimento abolicionista, canções populistas e socialistas, canções sobre greves e sindicatos, protesto dos negros, bem como de outras minorias nacionais, como os judeus. Alguns gêneros musicais foram privilegiados como o blues e o spiritual, uma vez que se adequavam bem à temática da luta de movimentos democráticos da história do país.

No exemplar número seis do segundo volume, a seção *Heritage: U.S.A.* trata do spiritual, e os editores afirmaram que este gênero expressa os mais profundos desejos e esperanças dos grupos oprimidos, o que mantêm as canções sempre vivas e pertinentes. Os editores continuaram, esclarecendo de que maneira este repertório expressava questões políticas, mesmo falando de temas religiosos:

> O fato de elas [as canções] estarem no campo "espiritual" é em si um fato histórico – os escravos negros viviam em um mundo no qual muito da sua expressão cultural tinha que adquirir uma forma religiosa. Por um lado, os senhores brancos desconfiavam menos de canções que cantavam louvores a Deus, e por outro, foi por meio da religião e da Bíblia que muito da expressão direta por liberdade encontrou paralelos significativos.[12]

---

12 *SING OUT!*, v. 2, n. 6, 1951, p. 8.

Apesar de fazerem essa referência à luta pela liberdade nas canções religiosas, os editores deixam claro que não entendem este repertório apenas como "meio" para a luta política, mas também como uma expressão legítima da fé e crença religiosa. Após este texto, foi publicada a canção "Go Tell It On the Mountains",[13] considerada pelos editores um dos spirituals mais belos, que fala do nascimento de Jesus Cristo. As canções baseiam-se em passagens da Bíblia, uma vez que os spirituals são hinos cristãos, todavia, os afro-americanos deram um sentido particular aos temas bíblicos, relacionando o Paraíso ou a travessia do Jordão à liberdade.

Burton Peretti afirma que os spirituals publicados nas coleções do século XIX estavam em conformidade com os gostos da classe média branca, da qual faziam parte os responsáveis pelas obras. A impressão desse repertório em papel, o fez mais acessível à essa classe social, que considerava até mesmo as versões simplificadas das melodias exóticas e fascinante.[14]

Parece-nos que o mesmo processo de simplificação das melodias nas publicações continuou sendo feito nos anos 1950, uma vez que a partitura veiculada na *Sing Out!*, no exemplar número seis do segundo volume, publicado em 1951, apresenta apenas as notas básicas da melodia, sem as harmonizações a muitas vozes, usual nas igrejas afro-americanas protestantes do Sul, como a Igreja Batista e a Metodista, como pode ser visto na imagem seguinte:

---

13 Canção disponível em: <https://www.youtube.com/watch?v=Yd02dhWBV3w>. Acesso em: 17 mar. 2015.

14 PERETTI, Burton W. *Lift every voice: the history of African American music*. Lanhm: Rowman e Littlefield Publishers, 2009, p. 37.

Figura 15 - Partitura da canção "Go tell it on the mountains". *Sing out!*, v. 2, n. 6, 1951, p. 9.

Analisamos duas diferenets versões de "Go Tell It on the Mountains": a primeira interpretada por Donna Brown e o coral The Golden Gospel Pearls, no estilo usual nas igrejas protestantes afro-americanas, e uma segunda versão com o grupo Peter, Paul and Mary, gravada em 1963, com uma adaptação renomeada "Tell It on the Mountain".[15] A

---

15 Canção disponível em: <https://www.youtube.com/watch?v=ebyc93r0d7w>. Acesso em: 17 mar. 2015.

nova letra escrita pelo grupo trata do Êxodo, com a inserção de frases como *let my people go*, retirada de um outro spiritual muito conhecido chamado "Go Down Moses". O sofrimento do povo judeu na Bíblia foi identificado ao sofrimento afro-americano e expressado em diversas canções como "Go Down Moses", que tematiza a fuga dos hebreus do cativeiro no Egito, apropriada nas canções utilizadas em prol das lutas pelos direitos civis, como foi o caso da canção gravada por Peter, Paul and Mary.

Apesar da versão interpretada por Donna Brown e o coral The Golden Gospel Pearls não ser um legítimo registro de época, por tratar-se de uma gravação mais recente, com a utilização de instrumentos introduzidos nas canções gospel após 1960, como o teclado e o contrabaixo elétrico, e apresentar uma introdução e finalização com arranjos modernos, nossa intenção é demonstrar as explícitas diferenças de performance e arranjo nas duas versões expostas, atentando para a entonação, ritmo, andamento, acompanhamento com palmas e hamonizações das vozes na versão do coral, em contraste com o andamento, ritmo, entonação, harmonização e instrumentação de Peter, Paul and Mary.

Percebemos que a versão de 1963, renomeada "Tell It on the Mountains", apresenta um andamento mais rápido, uma entonação muito mais combativa do que religiosa, um acompanhamento de violões com um ritmo totalmente fora dos padrões dos spirituals, que o descaracteriza, retirando da canção aspectos relevantes do gênero, como o bater de palmas e as interjeições vocais cheias de clamores e adoração. Todavia, apesar das claras diferenças nas performances, a partitura publicada na revista *Sing Out!* poderia muito bem representar ambas.

Em 1954 o gênero privilegiado foi o blues, no exemplar número três do quarto volume. Muitos textos de *Heritage: U.S.A.* não são assinados, mas este, especificamente, foi assinado pelo reconhecido intérprete, compositor e autor de diversos livros, Jerry Silverman, que afirma que uma das principais contribuições do povo negro à cultura americana foi o blues. O autor esclarece que é difícil definir o blues, que é ao mesmo tempo um estilo instrumental e vocal.

São destacados os intérpretes Leadbelly e Josh White e apresentada a canção "Lonesome House Blues",[16] gravada por Blind Lemon Jefferson, um músico nascido no Texas, em 1897, que representa bem a tradição de músicos afro-americanos que, por serem cegos, não podiam trabalhar nos usuais empregos disponíveis, o que permitia sua dedicação à música. É interessante notar que as gravações de Blind Lemon Jefferson para a Paramount, entre 1926 e 1929, são anteriores às gravações de folk realizadas por Alan Lomax nos anos 1930, demonstrando que talvez sejam estes um dos primeiros registros do blues tradicional sulista.

Na gravação de "Lonesome House Blues", com a partitura impressa na revista, Jefferson interpreta a canção no estilo padrão do blues, com uma sequência de 12 compas-

---

16 Disponível em: <https://www.youtube.com/watch?v=lobmBiyD_ig>. Acesso em: 17 mar. 2015.

sos melódicos, com a harmonia passando da tônica (no caso dó Maior, C) para a subdominante, que se resolve na tônica, gerando uma nova tensão que passa pela submediante acrescida da sétima, pela supertônica com sétima e pela dominante com sétima, antes de finalizar a canção com outra resolução na tônica. A canção é acompanhada pelo violão e é um dos registros da performance flexível e carregada de melismas de Jefferson.

No exemplar de fevereiro de 1952 Leadbelly foi homenageado, tanto na capa da revista como na seção *Heritage: U.S.A.* Fazia dois anos que ele havia falecido e os editores afirmaram que sua vida e morte testemunhavam o lugar do músico negro nos Estados Unidos; o intérprete viveu seus últimos anos na pobreza e no esquecimento em Nova Iorque, alçando reconhecimento e notoriedade só após a morte. Neste exemplar (v. 2, n. 8, 1952), foi publicado um dos blues mais famosos interpretados por ele, "Rock Island Line".

O primeiro registro conhecido do blues "Rock Island Line" é interpretado por um grupo de presidiários da cadeia Estadual de Arkansas e foi gravado pelo folclorista John Lomax, em 1934.[17] Nessa perfomance encontramos elementos característicos da tradição musical afro-americana, como o canto em coro, com vocalizações ambientando a canção ao local de trabalho – no caso em questão os sons da ferrovia – que também marcam o ritmo e andamento das canções de trabalho, sem acompanhamento instrumental.

Dez anos depois, em 1944, Leadbelly gravou "Rock Island Line"[18] com um arranjo próprio, interpretado no violão de 12 cordas e em uma cítara. O canto em coro foi substituído pela potente voz do intérprete, que introduz a canção com um texto falado, supostamente reproduzindo um diálogo entre um maquinista de trem e o homem responsável pela cobrança da taxa cobrada pela carga, quando o trem adentra na cidade (funcionário da portagem). Leadbelly acrescentou variações no andamento, que inicia lento, para depois ser acelerado e ralentado novamente, bem como inseriu a instrumentação, com ocasionais dedilhados.

Tais registros de "Rock Island Line" comprovam a afirmação de Francis Davis de que, a partir da década de 1940, o blues definitivamente passou a ter uma identidade urbana. "Contra o pano de fundo da guerra e a calamidade econômica, o blues começou a desenvolver seus próprios padrões de profissionalismo e virtuosismo instrumental, tornando-se menos uma forma de expressão folk, e mais um estilo de música popular".[19]

* * *

Ao longo dos primeiros dez anos de publicação de *Sing Out!*, a maior mudança ocorreu em 1954, no sétimo número do quarto volume, quando a revista do-

---

17 Disponível em: <https://www.youtube.com/watch?v=0NTa7ps6sNU>. Acesso em: 17 mar. 2015.
18 Versão de Leadbelly disponível em: <https://www.youtube.com/watch?v=7iJEVOUqepo>. Acesso em: 17 mar. 2015.
19 DAVIS, Francis. *The history of the blues: the roots, the music, the people*. Cambridge: Da Capo Press, 1995, p. 164.

brou o número de páginas (passou a ter 32), começou a ter apenas quatro números anuais, que incluíam dezesseis canções, dois artigos extensos, comentários de livros e discos, a coluna *Johnny Appleesed Jr.*, assinada por Pete Seeger, bem como a seção *The Folk Process*, escrita pelos editores e publicada até os dias de hoje.

No primeiro texto da seção *The Folk Process*, os editores abordam o tema do lugar da música folk na sociedade contemporânea e questionam: canções folk continuam sendo escritas? Respondendo que folcloristas e acadêmicos estavam igualmente divididos nessa questão – defendendo que os compositores não deveriam se preocupar com um reconhecimento por parte da academia, mas sim comporem pautados em suas próprias experiências, uma vez que apenas este repertório desinteressado de reconhecimento se tornaria duradouro. Este seria o objetivo da seção: publicar canções baseadas em melodias antigas, mas com modificações, ou seja, folks tradicionais com novas letras e arranjos e, se possível, explicar os processos de transformação sofridos por determinada canção ao longo do tempo.

O nome *Johnny Appleseed Jr.*, escolhido por Pete Seeger para sua coluna na *Sing Out!*, refere-se à um personagem da história do país, chamado John Chapman, nascido em 1776, em Massachusetts, e morto em Indiana, em 1847. John foi um ativista abolicionista que se opôs à exploração de negros e índios no país. Pete Seeger afirmou que a coluna *John Appleseed Jr.* era dedicada aos garotos e garotas que utilizavam seus violões e suas canções para "plantar as sementes de um amanhã melhor", como fez John Chapman. Durante toda sua carreira Seeger seguiu esta tendência de convocar a juventude para uma causa, por meio da música. No exemplar seguinte (v. 5, n. 1, 1955), os editores afirmaram que tais modificações contribuíram para um aumento no número de venda.

Em 1957, a partir do sexto volume, a revista não apresenta mais um texto dos editores e as correspondências passam a ser publicadas no início do exemplar, ao invés de no final. E no mesmo ano, no terceiro número do sétimo volume, é introduzida a seção *The Git-Box*, na qual se publicava textos sobre métodos para a prática do violão.

Em 1960 a revista já tinha uma quantidade muito maior de assinantes, 52 páginas, muitos anúncios publicitários sendo publicados, e os antigos desenhos feitos à mão, que acompanhavam os artigos e as canções, foram cada vez mais sendo substituídos por fotografias de pessoas e lugares.

Nossa metodologia de trabalho implicou em uma eleição de onze categorias temáticas abordadas na revista, quais sejam: artistas, canções, discos, livros, instrumentos, propagandas, artigos editoriais, gravadora Folkways, revista *People's Songs*, folclore e direitos civis, na qual incluímos artigos sobre gênero e grupos étnicos.

Como já esclarecemos, em relação às propagandas, foram publicados anúncios de apresentações musicais, algumas peças de teatro e filmes, lançamentos de discos e livros, aulas de música e lojas de instrumentos.

Todos os discos, livros, canções e artistas abordados relacionam-se ao repertório folk, não apenas dos Estados Unidos. De fato, os editores sempre mantiveram um discurso de união internacional em prol das causas defendidas, sendo uma das principais causas a valorização e preservação do repertório folk de diversas nações. Há diversos artigos assinados por estrangeiros de lugares distantes como a China ou a Austrália. Há canções procedentes da América, da Ásia, da África, da Europa e da Oceania.

Na seção dedicada às correspondências percebemos que a revista circulou pelos cinco continentes; há cartas enviadas de vinte e dois países.[20] Internamente, também percebemos que a revista circulou de Norte a Sul dos Estados Unidos, publicando cartas oriundas de vinte dos cinquenta estados do país, mais o distrito de Washington D. C. Ao Norte temos cartas de Nova Iorque, Minnesota, Michigan, Pensilvânia, Washington, Massachusetts, Connecticut, Nova Jersey e Wisconsin; ao Sul temos Novo México, Arizona, Virgínia, Flórida, Oklahoma e Texas; e na região Central temos Ohio, Missouri, Iowa e Illinois.

Em relação aos instrumentos, basicamente foram publicados artigos que tratavam da prática de instrumentos de corda, com ênfase no violão.

O primeiro editor da revista foi Robert Wolfe, seguido por Wally Hille, Ernie Lieberman e Irwin Silber, que ficou a cargo da revista até 1967. Além do editor chefe, havia muitas pessoas envolvidas no processo de criação e publicação. Até o sexto volume, publicado em 1956, havia de onze a dezessete pessoas assinando o editorial, a partir de 1957 (sétimo volume), este número começou a diminuir, chegando ao décimo volume com sete pessoas. Em todos os exemplares foi publicado o expediente da revista, com os nomes do conselho editorial e dos colaboradores.

---

20 Trinidad, Alemanha, Suécia, Hungria, Guiana, Israel, China, México, Escócia, Nova Zelândia, Ilhas Britânicas, África do Sul, Itália, Tchecoslováquia, Inglaterra, Austrália, França, Canadá, Japão, República Tcheca, União Soviética e Argentina.

```
S I N G   O U T !

Vol. I                          May,
No. 1                           1950.

Copyright 1950, by Peoples Artists,
Inc., 106 E. 14 St., New York City 3,
N. Y. All rights reserved. $2.00
per year, 25¢ per single issue. Is-
sued monthly. "Application for en-
try as second class matter is pend-
ing."

EDITOR IN CHIEF    Robert Wolfe
MANAGING EDITOR    Jane Breslaw

MUSIC STAFF: Herbert Haufrecht,
Claire Kessler
LITERARY STAFF: Beatrice Baron,
Ernie Lieberman, Marilyn West
ART STAFF: Charles Keller, Harold
Bloom, Al Held, Muriel Fink
CIRCULATION STAFF: Tommy
Geraci, Joan Wolfson
MAKE-UP STAFF: Harold Bernz,
Freeda Harrison, Sylvia Kahn
CONTRIBUTORS: Paul Robeson,
Howard Fast, Walter Lowenfels,
Alan Lomax, Aaron Kramer, Earl
Robinson, Betty Sanders, Waldemar
Hille, Irwin Silber, James Hutchin-
son, Pete Seeger
```

Figura 16- Expediente; página dois do primeiro exemplar de *Sing Out!*, 1950.

Muitos foram os colaboradores de *Sing Out!*; ao longo dos primeiros dez anos de publicação cento e seis autores assinaram artigos na revista.

Sobre o lugar ocupado por *People's Songs* e *Sing Out!* na imprensa estadunidense dos anos 1940 e 1950, nos deparamos com a classificação *underground media*, geralmente utilizada para falar da imprensa independente, dedicada a temas contraculturais, muitas vezes ligados à esquerda. É importante esclarecer que nos Estados Unidos a palavra *underground*, adotada para falar de uma imprensa distinta da "grande imprensa", que se dedicava a um "jornalismo informativo", não denota publicações realizadas e distribuídas de maneira ilegal, como é o caso de outros países.

O termo *underground media* passou a ser amplamente utilizado a partir de meados dos anos 1960, para a referência a jornais contraculturais e que se opunham à Guerra do Vietnã. O equivalente ao termo em português seria imprensa alternativa, contudo, a denominação alternativa apresenta diversos significados na bibliografia sobre a imprensa no Brasil.[21]

Partindo das concepções acima, nomeamos *People's Songs* e *Sing Out!* expoentes da *underground media* que começou a ser desenvolvida nos Estados Unidos em meados de 1940 e 1950, uma vez que ambas as revistas publicavam um repertório de canções folk que não encontrava espaço na "grande imprensa", interessada em canções populares de cunho mais comercial – nos Estados Unidos esta tendência musical de cunho comercial era chamada de *Tin Pan Alley* -, bem como foram formadoras de opinião, engajando-se em causas específicas, como a defesa de uma estética musical folk a ser utilizada na luta por direitos e liberdades civis.

O QUE SERIA A MÚSICA DO POVO?

Os objetivos dos editores da revista *People's Songs* aparecem explicitamente na primeira página do primeiro exemplar, publicado em fevereiro de 1946, quando se subtitula a publicação com a frase "organizada para a criação, promoção e distribuição de canções de trabalho e do povo americano".

Na terceira página, os editores também afirmaram que o boletim objetivava ser um "meio de comunicação, um fórum para a crítica entre sindicatos, compositores e intérpretes". Ou seja, aqui também já estava estabelecido um possível público leitor: os artistas ligados ao repertório "do povo" e os membros dos sindicatos.

---

21 De acordo com uma das principais referências nos estudos sobre imprensa alternativa no Brasil, Bernardo Kucinski, em sua obra *Jornalistas e revolucionários*, o termo alternativo encerra, pelos menos, três principais características: algo que não está ligado a políticas dominantes; uma opção entre duas coisas reciprocamente excludentes, única saída para uma situação difícil. Ao tratar do contexto brasileiro dos anos 1960 em diante o autor afirma: "Na origem de cada grande projeto alternativo, havia invariavelmente um episódio específico de fechamento de espaços na grande imprensa, um incidente que empurrava um grupo de jornalistas em direção a uma alternativa, às vezes ainda mal-formulada, imprecisa. " KUCINSKI, Bernardo. *Jornalistas e revolucionários: nos tempos da imprensa alternativa.* São Paulo: Scritta, 1991, p. XIII. Outra importante referência nos estudos sobre o tema no Brasil, Maria Aparecida de Aquino, em sua obra, *Censura, imprensa, Estado Autoritário (1968-1978)*, afirma que a imprensa alternativa nunca é "neutra", assumindo a defesa de algum interesse específico, como expresso no seguinte excerto: "A [imprensa] alternativa não se pretende neutra, assumindo-se a serviço da defesa de interesses de grupos como, por exemplo, partidos, sindicatos, associações, minorias raciais e sexuais, e mesmo entidades religiosas. Faz um jornalismo engajado, orientado a não separar a informação da opinião. Sua sustentação financeira advém basicamente da venda em bancas ou de assinaturas (caso de Opinião e M [Movimento]), de seus associados (imprensa sindical e de associações), dos filiados (como na partidária) e de fiéis (como na religiosa)." AQUINO, Maria Aparecida de. *Censura, imprensa, Estado autoritário (1968-1978): o exercício cotidiano da dominação e da resistência: o Estado de São Paulo e Movimento.* Bauru: Edusc, 1999, p. 122.

Em um documento sobre a criação do primeiro boletim, os membros da organização *People's Songs* Inc. estabelecem o que consideravam ser a música do povo:

> O que é Música do Povo? Pessoas de todo o mundo e de todo este país sempre compuseram músicas sobre as coisas que estavam em suas mentes. Canções de trabalho, canções para brincadeiras, canções bobas, canções religiosas e canções de luta. Coloque-as todas juntas – isso é que chamamos música do povo. Há apenas uma coisa errada com elas – ou talvez certa – elas não são comerciais.[22]

Deste modo, estabelece-se como *People's Songs,* canções populares que não integrassem o *mainstream* do entretenimento.

A historiadora Robbie Lieberman afirma que o termo *People's Songs* demonstra quão vago e ambíguo era o programa da organização homônima, uma vez que incluía quase todas as pessoas e canções. A autora continua, afirmando que no período havia duas principais interpretações para o termo *the people* entre a esquerda: para os comunistas mais ativos politicamente, significava a classe operária e seus aliados, para comunistas mais interessados em definições culturais, significava algo maior, mais popular, mais abrangente.[23]

Este quadro torna-se ainda mais complexo se atentarmos para o fato de que muitos membros da organização eram músicos que se dedicavam a repertórios distintos, como o jazz e a música popular mais comercial, como Harold Rome, Morris Goodson, Sony Vale, Bob Russell e E. Y. "Yip" Harburg.

O excerto publicado em 1947, no oitavo número do segundo volume, em um texto assinado pelo conselho editorial, contribui para o entendimento dessa questão:

> Nós acreditamos que as canções de qualquer pessoa devem realmente expressar suas vidas, suas lutas, suas mais altas aspirações. Assim como as canções antigas – sejam elas baladas, canções de amor, canções de ninar, canções para dançar ou relatar acontecimentos diários – desempenharam um papel no passado, as canções hoje podem contar a história do presente. E nós estendemos uma mão de boas vindas a qualquer um, independente da religião ou crença, raça ou nação, que acredita, como nós, que canções podem gerar uma forte união entre as pessoas, e que as canções podem, deste modo, lutar por paz, por uma vida melhor, e pela fraternidade entre os homens.[24]

Diante do exposto, aferimos que, assim como a comunicação visual da revista era secundária em relação aos conteúdos publicados, mais importante do que

---

22 *PEOPLE'S SONGS* LIBRARY COLLECTION *apud* LIEBERMAN, *op. cit.*, p. 68.
23 LIEBERMAN, *op. cit.*, p. 71.
24 *PEOPLE'S SONGS*, v. 2, n. 8, 1947, p. 10

a discussão sobre gêneros musicais e seu pertencimento ou não ao repertório folk, ou ainda, às diferenças entre folk e música popular, qualquer canção poderia ser publicada se atendesse aos objetivos ideológicos dos membros da organização *People's Songs* Inc. Ou seja, havia um alinhamento à interpretação esquerdista mais abrangente do termo *the people*.

Não devemos perder de vista o fato de que a organização foi criada no final de 1945, por pessoas engajadas em causas da "Velha Esquerda", como uma forma de atuar politicamente no cenário nacional. Assim sendo, faz-se importante compreender que tipo de engajamento era esperado pelos criadores da publicação.

Em muitos exemplares, os editores afirmavam que qualquer pessoa pode ter voz e lutar por seus ideais, mesmo que em níveis locais. Especificamente, foram publicados artigos que serviam como manuais de como utilizar as canções como arma de luta, quais canções escolher e como divulgá-las de acordo com determinadas situações, como manifestações, comícios, piquetes ou campanhas eleitorais.

O terceiro número do segundo volume, publicado em 1947, apresenta um exemplo deste tipo de artigo, no qual se assegura que uma única pessoa pode fazer muito por uma causa.

> Um único membro da *People's Songs* pode fazer muito. Ele pode cantar as canções e ensiná-las a seus amigos. Se ele pertence a um sindicato ou outra organização, ele pode ajudar a formar um coral ou um grupo de canto. Se ele conhece algum cantor profissional, pode sugerir canções que o cantor poderia utilizar.[25]

O engajamento pela música passava pela ideia de que as canções promoviam união e cooperação entre as pessoas. E, mais importante, a organização acreditava que a música tinha o potencial de educar o povo sobre as lutas políticas e culturais, sobre seus direitos e deveres, sobre a igualdade. Como exposto no excerto abaixo:

> Canções podem mover montanhas, acredite ou não; elas podem fazer as pessoas rir ou chorar; e mais importante, elas podem nos ajudar a lutar. As canções publicadas aqui, descrevendo os assuntos de hoje, em termos humanos simples, podem ser grandes armas em nossa luta para salvar a América. Deixe-nos colocar essas melodias nos lábios de milhões de cidadãos![26]

Um dos aspectos mais reiterados sobre o repertório difundido por *People's Songs* foi sua capacidade de unir as pessoas em uma causa comum, disso a importância do ensino das letras das canções e o incentivo na criação e continuidade de

---

25　*PEOPLE'S SONGS*, v. 2, n. 3, 1947, p. 2.
26　*PEOPLE'S SONGS*, v. 3-suppl., n. 7, 1948.

grupos de corais. Os membros da organização acreditavam na possibilidade de uma estreita cooperação entre artistas, movimento trabalhista e o Partido Comunista dos Estados Unidos, nesta "luta para salvar a América". Assim, a música era defendida como um instrumento de intervenção na vida social.

Nas páginas de *Sing Out!*, esta ideia da união, cooperação e engajamento por meio da música também foi explicitada, como pode ser observado no próprio título da revista, retirado do terceiro verso da canção "The Hammer Song", publicada na capa do primeiro exemplar.

"The Hammer Song" foi escrita por Pete Seeger e Lee Hays em 1949, e gravada pela primeira vez pelo conjunto The Weavers, em 1950, pelo selo The Hootenanny Records, no lado A de um disco compacto de 78 rotações por minuto, com a canção "Banks of Marble" no lado B.[27] Em 1962, o grupo Peter, Paul and Mary regravou a canção pelo selo Warner Bros., no lado A de um disco single, com "Gone the Rainbow" no lado B. Com esta gravação, a canção ficou mundialmente conhecida, alcançando o top 10 das paradas de sucesso.[28] O cantor Trini Lopez também a regravou em 1963, pelo selo Reprise, alcançando o terceiro lugar nas paradas de sucesso.[29]

Ao longo dos anos, muitos outros intérpretes solos e bandas regravaram a canção, entre eles Johnny Cash, Aretha Franklin, Wanda Jackson, Arlo Guthrie, Leonard Nimoy, Blind Boys of Alabama, ACDC e inclusive um dos principais representantes da Nova Canção Chilena, Victor Jara, que intitulou sua versão de "El Martillo".

Há gravações com diversos arranjos, desde versões de country e R&B, até versões mais pop, como a de Trini Lopez. A canção também foi regravada em diversas línguas como italiano, francês, espanhol, tcheco e árabe. Tais regravações despojaram a canção de seu sentido original, que fazia alusão ao movimento trabalhista dos Estados Unidos, utilizando símbolos do trabalho, como o martelo, para falar de igualdade e paz; como pode ser visto na letra a seguir:

> If I had a hammer, I'd hammer in the morning,
>
> I'd hammer in the evening – all over this land.
>
> I'd hammer out danger! I'd hammer out a warning!
>
> I'd hammer out love between all my brothers – All over this land.

---

27   Versão de "The Hammer Song" interpretada pelo grupo The Weavers. Disponível em: <https://www.youtube.com/watch?v=_lY2oNgp6Rk>. Acesso em: 17 mar. 2015.

28   Versão de "The Hammer Song" interpretada pelo grupo Peter, Paul and Mary. Disponível em: <https://www.youtube.com/watch?v=VaWl2lA7968>. Acesso em: 17 mar. 2015.

29   Versão de "The Hammer Song" interpretada por Trini Lopez. Disponível em: <https://www.youtube.com/watch?v=hms_GdvOKZY>. Acesso em: 17 mar. 2015.

If I had a bell, I'd ring it in the morning,
I'd ring it in the evening – all over this land.
I'd ring out danger! I'd ring out a warning!
I'd ring out love between all my brothers – All over this land.

If I had a song, I'd sing it in the morning,
I'd sing it in the evening – all over this land.
I'd sing out danger! I'd sing out a warning!
I'd sing out love between all my brothers – All over this land.

Well, I've got a hammer, and I've got a bell,
And I've got a song to sing - all over this land.
It's the hammer of justice! It's the bell of freedom!
It's the song about love between all of my brothers – All over this land[30]

A performance do The Weavers demonstra influências da música religiosa por parte de um de seus compositores, Lee Hays. Tal referência pode ser vista na estrutura lírica da canção, com seu padrão repetitivo. Ainda que no primeiro verso o instrumento idealizado para uma batalha pela união e paz seja um símbolo do trabalho, o martelo, logo é inserida a arma eleita pelo grupo para sua batalha cultural, a canção.

Nos versos finais, onde se canta "bem, eu tenho um martelo, e eu tenho um sino, e eu tenho uma canção para cantar, sobre toda esta terra. É o martelo da justiça, é o sino da liberdade, é a canção sobre o amor entre meus irmãos e minhas irmãs, sobre toda esta terra", há uma união das armas de luta, como um símbolo da necessidade de igualdade e união entre distintos grupos.

Nessa versão, a canção é interpretada com o acompanhamento do banjo de Pete Seeger e há um crescendo das vozes, pois na primeira estrofe a melodia é can-

---

30 Tradução livre da autora: Se eu tivesse um martelo, Eu martelaria na manhã, Eu martelaria na noite, Sobre toda esta terra. Eu martelaria para fora de perigo! Eu martelaria para fora um aviso! Eu martelaria o amor entre meus irmãos e minhas irmãs, Sobre toda esta terra/ Se eu tivesse um sino, Eu o tocaria de manhã, Eu tocaria à noite, Sobre toda esta terra. Eu ressoaria para fora de perigo! Eu ressoaria um alerta! Eu ressoaria o amor entre meus irmãos e minhas irmãs, Sobre toda esta terra/ Se eu tivesse uma canção, Eu a cantaria de manhã, Eu a cantaria a noite, Sobre toda esta terra. Eu cantaria para fora de perigo! Eu cantaria um aviso! Eu cantaria o amor entre meus irmãos e minhas irmãs, Tudo sobre esta terra/ Bem, eu tenho um martelo, E eu tenho um sino, E eu tenho uma canção para cantar, sobre toda esta terra. É o martelo da justiça, É o sino da liberdade, É a canção sobre o amor entre meus irmãos e minhas irmãs, Sobre toda esta terra.

tada apenas por uma voz, na segunda estrofe são inseridas harmonias vocais acompanhando o solo, e na terceira estrofe, quando a canção aparece como instrumento para a disseminação da união e paz, o canto já não é mais um solo, e sim um coro, com mais peso na entonação dos versos. No verso final, o coro torna-se mais vibrante e alto, transmitindo um senso de unidade, com um final empolgante.

Na versão registrada por Peter, Paul and Mary, o grupo alterou uma parte da letra, inserindo *brothers and sisters* no verso final. A interpretação é bastante diferente, com alterações na melodia, aceleração do andamento e o uso de dois violões acústicos como acompanhamento às vozes, em substituição ao banjo. Não há muitas variações das vozes, com a canção cantada na maior parte em coro, com um destaque para a voz de Mary, que, em alguns momentos, é acompanhada por harmonias vocais de Peter e Paul.

Durante a década de 1960, a versão gravada por Peter, Paul and Mary foi muito utilizada por grupos engajados no movimento pelos direitos civis, que enfatizavam versos como *"love between my brothers and my sisters"*, *"hammer of justice"* e *"bell of freedom"*.

A versão do ídolo pop Trini Lopez, também apresenta um andamento acelerado, a substituição do banjo pela formação básica de uma banda de rock: baixo elétrico, guitarra e bateria. Há uma ambientação da canção com palmas e gritos ao fundo, com a alegria e excitação de uma festa. O coro é substituído por um canto solo, com vocalizações sobre sílabas como hu huu e ie iee. A canção é finalizada por uma ovação, com palmas e gritos do público.

Apesar de não terem sido realizadas modificação na letra, tais registros sonoros exemplificam bem o quanto as características estéticas de uma canção podem mudar seu sentido.

A partitura de "The Hammer Song", impressa na capa do primeiro exemplar de *Sing Out!*, apresenta uma versão da canção na tonalidade de ré Maior, que é a afinação utilizada no banjo de 5 cordas registrado na primeira gravação do The Weavers. Há a notação da melodia base para o canto nas pautas, com a indicação da harmonia nas cifras acima do pentagrama.

Figura 17- Partitura da canção "The Hammer Song". *Sing Out!*, v. 1, n. 1, capa.

A publicação da partitura de "The Hammer Song" exemplifica a afirmação de Marcos Napolitano, de que na música popular "a partitura pouco traduz o que se ouve, chegando mesmo a não delimitar as possibilidades melódico-harmônicas de uma canção ou peça instrumental. Na música popular é comum a notação escrita ser posterior à obra gravada, com certos 'acidentes'".[31] Como podemos perceber com a escuta dos registros da canção, muitos aspectos estéticos e culturais não estão contidos na partitura.

Assim como "The Hammer Song", a grande maioria das canções publicadas por *Sing Out!* compõem o que se estabeleceu nos Estados Unidos como música folk. Em 1990, *Sing Out!* publicou um livro que compila seis volumes, lançados entre 1959 e 1964, com as canções impressas pela revista nos primeiro treze anos de existência. Nesta obra, nomeada *Reprints from Sing Out! The Folk Song Magazine, Volumes 1-6,*

---

31 NAPOLITANO. In: PINSKY, Carla Bassanezi (org.). *Fontes históricas*. São Paulo: Contexto, 2006, p. 270.

o editor responsável, Mark D. Moss, criou um índice de categorias especiais que separa as canções em 36 categorias.

As categorias incluem uma separação por língua (1 canção hebraica, 7 em espanhol e 10 em iídiche), por lugar (África com 2 canções, Apalaches com 21 canções, Austrália com 1 canção, Canadá com 3, Caribe com 3, França com 5, Alemanha com 2, Rússia com 2, Escócia com 5, Índia com 1, Irlanda com 13 e País de Gales com 1 canção), por tema (6 canções obscenas, 7 natalinas, 7 de caubóis, 5 *drinking songs*, 6 canções de liberdade, 25 canções trabalhistas, 10 canções de amor, 10 canções partidárias, 21 canções sobre paz, 15 sobre o mar e os marinheiros, 2 *teach-ins* e 1 sobre mulher) e por gêneros (15 spirituals, 22 blues, 4 calypsos, 11 baladas compiladas por Francis Child, 23 infantis, 11 baladas inglesas, 9 gospel, 2 *jugbands* e 6 *lullabies*). Uma análise das canções publicadas na revista possibilita apreender que foram publicadas canções de outros países, de variados temas e gêneros.

Em relação aos gêneros, percebemos que eles integram o que os estadunidenses denominam *folk music*: spirituals, blues, gospel e baladas, podemos inserir também o country, uma vez que ele aparece na categoria temática *Caubóis*. Demonstrando que realmente, pelo menos em seus 10 primeiros anos de existência, a revista se dedicou ao que explicitou em seu primeiro exemplar: um repertório de canções folk nacionais e internacionais. Assim, essa valorização do folk, demonstra que em *Sing Out!* foi seguido um padrão estético-musical mais bem definido do que em *People's Songs*.

A revista foi inserida em um debate acerca da autenticidade da música folk, ocorrido após 1945. Lembremos que desde os anos 1920, esse repertório atraía tanto folcloristas ligados a uma vertente mais conservadora do folclore, quanto um grupo de compositores e intérpretes que objetivavam modificar o repertório tradicional, ou seja, que aceitavam inovações nesta música.

O historiador Neil Rosenberg afirma que durante os anos 1950, uma nova geração de folcloristas começou a aparecer. Eles tinham mais possibilidades de serem folcloristas em tempo integral – a Universidade de Indiana, por exemplo, outorgou seu primeiro doutorado em Folclore em 1954. Estes novos profissionais, diferente de folcloristas mais conservadores, estavam confortáveis com as gravações de sons, que eram agora uma ferramenta familiar de seu trabalho. Assim que começaram a se preocupar em como texto e performance poderiam ser capturados e preservados para estudo, eles começaram a pensar mais sobre as configurações nas quais o texto e a performance ocorriam.[32]

Os editores de *Sing Out!* posicionaram-se em relação ao dilema de tentar separar as influências modernas das tradicionais nas letras e performances, em um mo-

---

32 ROSENBERG, Neil. *Transforming Tradition: Folk Music Revivals Examined*. Urbana: University of Illinois, 1993, p. 16.

mento em que muitos folcloristas ainda insistiam em separar a música folk, divulgada nos meios de comunicação, da tradição vernácula, que deveria ser resguardada.

Em diversos artigos ao longo da primeira década de existência da revista, os editores e colaboradores afirmam a dificuldade em se definir música folk e enquadrar determinada canção nesse repertório. Todavia, a assertiva de Pete Seeger, publicada em 1958, no exemplar número quatro do sétimo volume, expressa bem as diretrizes da revista nesta questão: "A pureza cultural é tão mito quanto a pureza racial". Ou seja, a música folk é vista como um processo que perpassa mudanças, contradições, interações, onde se deveria sempre buscar a coexistência do tradicional e "puro", com o híbrido.

Um exemplo dessa defesa do folclore como um processo, passível de modificações, foi publicado no artigo de 1957, escrito pelo cantor Sam Hinton, no exemplar número um do sétimo volume, no qual ele afirma que um intérprete de folk que se coloque nos grandes meios de circulação de música acaba tendo que fazer modificações no repertório, fato que poderia levar a uma crise de consciência no compositor, por não estar mais interpretando um folclore "legítimo". Entretanto, o autor assume não existir um critério claro para a distinção do que é música folk e do que não é. A música folk não seria uma forma de arte, mas um processo, uma vivência na cultura folclórica. O intérprete de folclore teria liberdade para modificar as canções. Tal ideia também é explicitada na coluna denominada *The Folk Process*, na qual se publicava um repertório de folk tradicionais, com novas letras e/ou arranjos.

Em 1959, foram publicados artigos de Alan Lomax, autor de maior referência no que toca às pesquisas folclóricas no país, e de John Cohen, discutindo a legitimidade dos intérpretes de folk citadinos e campesinos. Lomax defendia que os intérpretes citadinos teriam a vantagem de contar de maneira mais efetiva com os meios de comunicação e com os suportes musicais, mas que eles não seriam capazes de expressar as características emocionais dos cantores campesinos, ou seja, do "autêntico" repertório folk. Cohen defendia que o emocional, a verdade do folk, estaria disponível a todos, e que cada um interpretaria e sentiria os valores das canções a seu modo, não deixando de expressar uma vivência que seria folclórica, mesmo que citadina.[33]

Apesar dessa visão de que o folk seria passível de inovações e poderia ser comercializado, um problema apresentado nos artigos era descaracterizar este repertório só para que ele se enquadrasse em alguma mídia ou meio de entretenimento. Ou seja, os editores e muitos autores de *Sing Out!* eram favoráveis à modificações nas letras das canções, a fim de atender demandas políticas, mas não para fins comerciais.

Assim como em *People's Songs*, foram publicadas na *Sing Out!* muitas paródias e novas versões para canções tradicionais, bem como incentivado o improviso no momento das performances. Cabe lembrar que gêneros como o blues e os *lullabies* (canções de ninar), permitem em grande medida a prática do improviso.

---

33   *SING OUT!*, v. 9, n. 1, 1959.

Em relação à temática das canções, o índice por categorias publicado na obra *Reprints from Sing Out! The Folk Song Magazine, Volumes 1-6*, demonstra que os principais temas abordados nas canções são o trabalho, a paz, as relações partidárias, o amor e a liberdade. Neste sentido, ao demarcarem como seu objetivo promover a música folk, a música do povo, "das pessoas comuns", os editores de *Sing Out!* assumiram uma postura em prol de minorias nacionais, como as mulheres, os judeus e os afro-americanos. Muitas foram as mulheres homenageadas na revista, inclusive nas capas, como as intérpretes Josephine Baker, Betty Sanders, Jean Ritchie, Odetta e Julia Ward Howe.

Em 1953, no sétimo número do terceiro volume, Irwin Silber, o principal articulador e autor de *Sing Out!*, escreveu um artigo intitulado *"Male Supremacy" and Folk Song*, no qual afirmava que a supremacia masculina não era apenas um conceito, mas uma estratégia política visando à divisão dos trabalhadores, a fim de enfraquecer sua luta. Irwin afirmou, ainda, que todos os meios de entretenimento eram dominados por uma ideologia machista, principalmente a música popular de cunho mais comercial, mas que o folk era majoritariamente uma tendência oposta a isso, uma expressão democrática da cultura nacional. Em suas palavras:

> Certamente há muitos exemplos da influência da ideologia da supremacia masculina em nossa música folclórica, mas eles representam apenas uma pequena parte da nossa herança folclórica, que é, em geral, uma parte da expressão democrática da nossa orgulhosa história de luta pelos direitos iguais e fraternidade genuína.[34]

Neste mesmo sentido, muito foi publicado sobre os judeus, lembrando que o próprio Irwin Silber era de descendência judaica. Além das diversas canções judaicas, foram publicados artigos enaltecendo a iniciativa dos criadores da Jewish Folk Lab, um grupo formado em 1951 por Miriam Rappaport, com o objetivo de divulgar e ajudar a preservar o repertório de canções judaicas, inclusive na língua iídiche. Muitos destes artigos foram assinados por Ruth Rubin, uma intérprete judia, ativa colaboradora de *Sing Out!*.

No ano de 1952, no primeiro número do terceiro volume, na seção *Heritage: U.S.A.*, foi publicada a canção judaica "Hör Nor Du Schön Mädele", seguida de um texto explicativo, no qual se afirmava:

> Canções como "Zog Nit Keinmol", "Shalom Chaverim", entre muitas outras, tanto em iídiche quanto em hebraico, que apareceram nas páginas de *Sing Out!*, podem ser armas poderosas na luta pela paz e fraternidade. [...] A herança do povo judeu contribui na luta pela liberdade. Suas canções, mui-

---

34 *SING OUT!*, v. 7, n. 3, 1953

tas das quais apareceram em *Sing Out!*, assim como a apresentada aqui, são parte vital da nossa *Heritage: U.S.A.*[35]

Como é possível observar, o repertório judaico era visto, assim como todo o repertório folk, como uma efetiva "arma" na "luta" empreendida pelo "povo". Luta essa por paz, liberdade e fraternidade.

Chegamos assim a um ponto chave no entendimento do projeto defendido pelos editores e colaboradores de *Sing Out!* e *People's Songs*: empreender uma batalha cultural por meio da estética musical do folk, em prol dos direitos civis do "povo", considerado os trabalhadores, a camada economicamente inferior da população, as minorias discriminadas, seja por classe social, gênero ou etnia.

Pontes entre sindicatos, Partido Comunista dos Estados Unidos e People's Songs

Desde o primeiro exemplar da revista *People's Songs*, o desejo de colaboração com o movimento trabalhista ficou expresso na chamada aos sindicatos, no sentido de contribuir com canções para a revista, bem como solicitar canções e/ou cancioneiros para serem utilizados em seus atos, como manifestações e piquetes de greve.

Grande parte das notícias publicadas na coluna *Singing in the News* relatava o que apareceu em outras mídias sobre o uso da música em manifestações de diversos sindicatos do país, bem como noticiava a participação de intérpretes nestes eventos.

Também era frequente, artigos sobre a participação de intérpretes nos eventos de 1º de maio, organizados pelos sindicatos. Por exemplo, em maio de 1948, no quarto número do terceiro volume, Irwin Silber descreveu a "vitoriosa" marcha organizada pela American Youth for Democracy,[36] com a ajuda da *People's Songs*, na qual canções como "Roll the Union On", "Solidarity Forever", "Hold the Fort" e "Battle Hymn of '48" foram cantadas. Silber chama a atenção para uma nova técnica utilizada neste evento, a construção de uma engenhoca incomum, montada em um caminhão de som, na qual rolos envolvidos com papéis com as letras das canções giravam, a fim de mostrar as letras aos manifestantes, incentivando que todos cantassem juntos.

A canção "Solidarity Forever",[37] foi a primeira publicada em *People's Songs*, no primeiro exemplar. A letra foi escrita por Ralph Chaplin, membro do sindicato

---

35 *SING OUT!*, v. 3, n. 1, 1952, p. 8.

36 No final dos anos 1940 a American Youth for Democracy era a ala jovem do Partido Comunista dos Estados Unidos e foi um dos grupos com o qual a *People's Songs* manteve uma constante ligação.

37 Versão interpretada pelo conjunto The Almanac Singers. Disponível em: <https://www.youtube.com/watch?v=IuQxyhx3W60>. Acesso em: 17 mar. 2015.

Industrial Workers of the World - IWW, provavelmente em 1915, para ser cantada na melodia de um antigo folk, chamado "John Brown's Body".

Antes da canção os editores sugeriram que ela fosse cantada lentamente, para que se apreciasse a letra, que era uma ótima poesia. A letra expressa uma distância entre os trabalhadores e seus patrões, procurando demonstrar a força dos trabalhadores e incentivando sua união para a construção de um "novo mundo". Ou seja, o autor fala em termos da luta de classes, em acordo com as tendências do movimento trabalhista nos Estados Unidos, na primeira metade do século XX, como pode ser visto abaixo:

> When the union's inspiration through the workers blood shall run
>
> There can be no power greater anywhere beneath the sun
>
> Yet what force on earth is weaker than the feeble strength of one
>
> For the union makes us strong
>
> Refrão
>
> Solidarity forever!
>
> Solidarity forever!
>
> Solidarity forever!
>
> For the union makes us strong.
>
> It is we who plowed the prairies, built the cities where they trade
>
> Dug the mines and built the workshops, endless miles of railroad laid
>
> Now we stand, outcast and starving, 'mid the wonders we have made
>
> But the union makes us strong
>
> Repete refrão
>
> They have taken untold millions that they never toiled to earn
>
> But without our brain and muscle not a single wheel would turn
>
> We can break their haughty power, gain our freedom when we learn
>
> That the union makes us strong.
>
> Repete refrão

In our hands is placed a power greater than their hoarded gold
Greater than the might of atoms magnified a thousandfold
We can bring to birth a new world from the ashes of the old,
For the union makes us strong.[38]

Foi publicada apenas a letra na revista, indicando-se a melodia da canção "John Brown's Body" como base para o canto.

Na versão gravada pelo grupo The Almanac Singers, em 1941, no disco *Talking Union*, a instrumentação é feita apenas no banjo de Pete Seeger, com a melodia interpretada por um forte e vibrante coro de vozes no refrão, seguido pelo solo de Pete Seeger nas demais estrofes, com vocalizações em um volume baixo, em segundo plano. Não há variações rítmicas, a harmonia segue padrões básicos da tonalidade, não há ambientação do tema. Não temos como saber se a métrica segue os padrões originais da melodia de "John Brown's Body", uma vez que se trata de um folk, sem autoria definida e sem registros sonoros.

Por tratar-se de uma melodia folk tradicional, é difícil determinar a autoria e data de composição, todavia há indícios de que seja uma melodia da segunda metade do século XIX. Há variadas letras para esta melodia, com distintos temas; por exemplo, no Brasil, a melodia é interpretada nas missas da Igreja Católica Apostólica Romana, com uma letra intitulada "Glória, Glória, Aleluia".

"Solidarity Forever" foi adotada pela maioria dos sindicatos dos Estados Unidos, tornando-se a *union song* (canção sindicalista) mais conhecida e interpretada neste país, no Canadá e na Austrália.

De fato, *People's Songs* teve a colaboração de muitos sindicatos importantes na história do movimento trabalhista do país, como o Westinghouse Workers,[39] Oil

---

38 Tradução livre da autora: Quando a inspiração da união corre pelo sangue dos trabalhadores, Não há nenhum grande poder sob o sol, Nem nenhuma força na Terra, que é mais fraca do que uma pessoa, Pois a união nos faz fortes / Refrão: Solidariedade para sempre! Solidariedade para sempre! Solidariedade para sempre! Pois a união nos faz fortes/ Somos nós quem ara as pradarias, constrói as cidades onde eles negociam, Cava as minas e constrói as oficinas, finaliza intermináveis quilômetros de ferrovias, Agora nós nos encontramos, repelidos e famintos, em meio às maravilhas que fizemos, Mas a união nos faz fortes!/ Eles pegaram incontáveis milhões que nunca trabalharam para ganhar, Mas em nosso cérebro e nossos músculos, nem uma única roda giraria, Nós podemos acabar com seu poder arrogante, ganhar nossa liberdade quando nós aprendermos, Que a união nos faz fortes/ Em nossas mãos encontra-se um grande poder, como o do ouro por eles acumulado, Maior do que o poder de átomos ampliados mil vezes, Nós podemos fazer nascer um novo mundo das cinzas do velho, Pois a união nos faz fortes.

39 A Westinghouse é uma grande empresa eletroeletrônica fundada em 1886 e atuante até hoje.

Workers International Union (OWIU),⁴⁰ Mine, Mill and Smelter Workers Union,⁴¹ National Maritime Union⁴² e o United Automobile Workers (UAW).⁴³

Muitas outras canções significativas para o movimento trabalhista nos Estados Unidos foram publicadas na revista, como "The Preacher and the Slave" e "The Death of Harry Simms".

As expectativas trabalhistas da *People's Songs* eram pautadas pelo Congresso das Organizações Industriais, o CIO. Em 1935, período de maior sindicalização devido aos problemas econômicos e sociais gerados com a Grande Depressão, John L. Lewis, presidente da United Mine Workers, e líderes de mais sete sindicatos ligados à Federação Americana do Trabalho, a AFL, fundaram o Congresso das Organizações Industriais. O CIO era uma central sindical alternativa à AFL, uma organização sindical conservadora, que lutava moderadamente por melhores condições de trabalho e salário, desde 1900.

A AFL era extremamente burocrática e não representava os interesses de afro-americanos, mulheres e imigrantes. Uma das principais discordâncias entre estas duas organizações era a classificação dos trabalhadores nos sindicatos pelo tipo de trabalho e não de indústria, como vinha fazendo a AFL.

Um dos fundadores da *People's Songs* foi o diretor educacional do CIO, Palmer Webber. Entre as diversas ações de cooperação foram gravados discos e cancio-

---

40 Este sindicato foi fundado em 1918 com o nome de International Association of Oil Field, Gas Well, and Refinary Workers of America e era afiliado à American Federation of Labor. Em 1937 mudaram o nome para Oil Workers International Union e afiliaram-se ao Committee for Industrial Organization (CIO), em 1938. O sindicato passou por diversas fusões ao longo do século XX e dissolveu-se em 1999, quando representava 80.000 trabalhadores.

41 Em 1893 foi fundado o Western Federation of Miners, um sindicato radical que se envolveu em diversas lutas pelos direitos dos trabalhadores das minas e fundições no início do século XX. Em 1916 mudaram o nome para International Union of Mine, Mill and Smelter Workers e se tornaram bem menos radicais em suas lutas. Em 1934 o sindicato foi revitalizado, ajudando a fundar o CIO e voltando à tradição radical com lideranças comunistas no final dos anos 1940, fato que fez com o CIO os expulsasse em 1950. Em 1967 fundiu-se com o United Steelworkers of America (USWA).

42 O National Maritime Union (NMU) foi fundado em 1936 e no ano seguinte afiliou-se ao CIO. O sindicato teve um papel importante nas lutas contra a segregação racial. Em 1988 fundiu-se com o Marine Engineers' Beneficial Association (MEBA), para separarem-se em 1993 depois de uma longa investigação criminal que condenou líderes do MEBA. Em 1999 o NMU afiliou-se ao Seafarers International Union of North America, ocorrendo uma fusão em 2001.

43 A United Automobile Workers foi fundada em 1935 pela American Federation of Labor tendo como presidente Francis Dillon. Sua criação ocorreu sob a pressão dos trabalhadores automobilísticos frente aos problemas econômicos do período da Grande Depressão e o sindicato continua atuante nos Estados Unidos desde então.

neiros para o Comitê de Ações Políticas do CIO, e muitos de seus membros solicitaram canções sobre habitação, empregos e o alto custo de vida no período.

No terceiro exemplar da revista, Walter Sassaman, representante educacional regional do United Automobile Workers, que integrava o CIO, entrevistado por Felix Landau, falou sobre alguns problemas dos sindicatos em relação ao uso da música como forma de ação política. Sassaman sugeriu diversas coisas, mas, especificamente em relação à revista, sugeriu que além de publicar canções novas, seria inestimável aos sindicatos se houvesse artigos discorrendo sobre métodos para a introdução e aprendizado dessas canções. Ele chamou a atenção para o fato de que em muitos sindicatos não havia ninguém que tocasse algum instrumento e liderasse os operários. Assim, artigos com tal teor foram logo inseridos nos exemplares seguintes.

Seguindo esta tendência, a revista também publicou partes do Manual de Técnicas para a Ação Política, preparado pelo NC-PAC, o National Citizens Political Action Committee, uma organização de profissionais formada por Sidney Hillman, para apoiar profissionais não sindicalizados, que eram ligados à ala esquerda do Partido Democrata e ao CIO. O Manual incluía uma seção sobre o uso de canções em atos políticos.

Como exposto em nosso primeiro capítulo, em 1948, o Congresso Nacional aprovou a Lei Taft-Hartley, que coibiu muitas ações sindicais, bem como permitiu ao presidente evitar greves. Ao mesmo tempo, houve um aumento do descontentamento trabalhista por conta do aumento dos preços das mercadorias, por causa da escassez dessas em tempo de mudança de foco da indústria de produtos de guerra para carros e eletroeletrônicos. Junto a isso, os trabalhadores ansiavam continuar com os altos salários do tempo de guerra, o que não aconteceu.

Em 1947, quando esta lei ainda não tinha sido aprovada, os sindicatos organizaram várias manifestações a fim de pressionar o Congresso contra a aprovação, e no exemplar número 08, do segundo volume de *People's Songs*, muito foi publicado sobre o assunto. Na página 09, foi publicada uma fotografia de página inteira de uma dessas manifestações em Mineville, Illinois:

Figura 18- Página nove do oitavo número do segundo volume de *People's Songs*, 1947.

No topo da página os editores afirmam "um sindicato que canta é um sindicato vitorioso" e, no meio da imagem, afirmam que o comício contra a Lei Taft-Hartley tinha sido um tremendo sucesso e que estavam felizes em divulgar algumas das técnicas utilizadas. Eles continuam, assegurando que "se houve uma coisa que se destacou foi o canto – quando toda a multidão emitiu "Solidarity [Forever]" você percebia que valia mais do que mil discursos".

Ou seja, os membros da *People's Songs* acreditavam que o canto em massa era extremamente importante para as atividades sindicais, porque ele era o método mais eficaz para a união dos operários e divulgação de uma ideia, e a música, por sua vez, era o instrumento mais eficaz para a mobilização das massas.

A historiadora Robbie Lieberman esclarece que, durante a Segunda Grande Guerra, os sindicatos se desenvolveram bastante, ao mesmo tempo em que o Partido Comunista dos Estados Unidos adquiria certo respeito no movimento trabalhista. Mas, sob as superfícies, havia problemas entre estas duas frentes, que se evidenciaram no momento em que muitas lideranças comunistas – algumas das quais inseridas no CIO – apoiaram ações governamentais relacionadas à regulamentação e controle dos sindicatos, como a Lei Taft-Hartley.[44]

O aumento de empregos e sindicalismo nas indústrias de produção em massa, durante os anos da guerra, acarretou modificações no caráter dos grandes sindicatos. Os novos membros dos sindicatos não eram aqueles que haviam lutado organizadamente nos anos 1930, eles eram trabalhadores que se filiavam como condição para o emprego. Na greve de 1946, mais de cinco milhões de trabalhadores participaram, ainda que essas greves tivessem sido controladas pela burocracia do CIO, que muitas vezes sustentava um discurso comunista, apenas demagogicamente.

O historiador Richard A. Reuss afirma que, após 1945, ainda que os trabalhadores tivessem o direito de sindicalização e o CIO estivesse bem estabelecido, não ocorreram manifestações e piquetes como os dos anos de 1930, em parte porque os acordos entre os gerentes e os operários mudaram das linhas de frente em piquetes, para as mesas de conferências em escritórios, o que desfavorecia atividades culturais dos sindicatos, como o uso de canções.[45]

Podemos acrescentar a isso o fato de que ouvintes sindicalizados identificavam-se muito mais com um repertório de canções populares citadinas, como R&B ou de country moderno, do que com as canções tradicionais incentivadas pela *People's Songs*. Deste modo, assim como ocorreu com o Partido Comunista, as massas sindicais não aderiram coesamente ao repertório divulgado pela revista.

Como já esclarecemos, ao longo da década de 1930, o uso de canções folk por parte dos comunistas foi intensificado, mas este repertório nunca foi intensamente valorizado entre os filiados ao Partido.

Havia um pequeno grupo, na mais baixa hierarquia do partido, dedicado à música folk, o Folk Music Club, formado em 1940, como uma das muitas subdivisões da Seção de Música que, por sua vez, era uma subdivisão da Divisão Cultural, que era uma subdivisão da Divisão Industrial, desde antes da guerra.

A Seção de Música era formada, majoritariamente, por músicos profissionais que discutiam problemas relacionados mais ao partido, e não à música ou à cultura

---

44 LIEBERMAN, *op. cit.*, p. 95-97.
45 REUSS, *op. cit.*, p. 197.

de forma geral. Assim, em 1949, foi criada uma segunda Seção de Música, tendo Irwin Silber na direção, alguns meses depois da fundação.

Estima-se que no final dos anos 1940 havia cerca de 1000 a 1500 membros na Divisão Cultural, dos quais 150 a 200 integravam a Seção de Música. De acordo com Richard Reuss:

> O Clube de Música Folclórica continha talvez vinte membros durante a *People's Songs* era (1946-1949) e daí em diante diminuiu para dez ou doze nos primeiros anos da People's Artists (1950-1952). Em 1952, o Clube de Música Folclórica e muito da Divisão Cultural foi dissolvida quando o Partido mandou algumas lideranças para a obscuridade sob o peso da era McCarthy. A Divisão Cultural foi restaurada em 1955, mas o Clube de Música Folclórica nunca reapareceu, principalmente porque poucos de seus membros fundacionais permaneceram no Partido. Teoricamente, como outras bases do Partido, o Clube de Música Folclórica deveria se reunir uma vez por semana. Em suas reuniões os membros debatiam Marxismo, últimos acontecimentos, teoria política, racismo, questões sociais, estética da arte e tudo isso tinha pouco a ver diretamente com a música folclórica.[46]

Muitos comunistas da "Velha Esquerda", mais ortodoxos, não concordavam que artistas comunistas trabalhassem nos grandes meios de comunicação, como rádios e grandes gravadoras, que eram identificados intimamente com o Capitalismo. Este é um dos motivos pelos quais os artistas não eram levados muito a sério no Partido, uma vez que parte de seus membros preferia focar suas ações nos trabalhadores e em questões mais estritamente políticas. Daí também o preconceito e críticas ao conjunto The Weavers e ao ator e intérprete Burl Ives, que atingiram sucesso comercial. Frente a tais cobranças, Pete Seeger assumiu, em uma entrevista em 1968, que escolheu ser "um artista honesto" e não apenas um comunista.[47]

Apesar de muitos membros da organização *People's Songs* serem filiados ao Partido Comunista, e alguns, como Betty Sanders, Irwin Silber e Pete Seeger, integrarem o Clube de Música Folk, o partido nunca custeou a publicação, o que demonstra que ela não era estratégica para as lideranças comunistas. Estes não acreditavam no grande poder da música como uma arma, os cantores apenas poderiam incitar e entreter os manifestantes. A partir do final dos anos 1940, a construção de possíveis pontes foi dificultada pelo clima de caça às bruxas, que assolou a esquerda nos Estados Unidos.

Não podemos perder de vista que a *People's Songs* começou a circular em 1946, quando começa a se desenvolver a atmosfera política da guerra fria, com o anticomunismo aflorado. Este clima de suspeita à "ameaça vermelha" foi reforçado no período pela

---

46 REUSS, *op. cit.*, p. 207.
47 SEEGER. In: REUSS, *op. cit.*, p. 211.

Doutrina Truman e pelo Plano Marshall, pelas investigações do Comitê de Atividades Antiamericanas (House Um-American Activities Committee – HUAC) e do FBI.

Cabe esclarecer que o medo à subversão comunista nos Estados Unidos não iniciou nos anos 1950, com as atividades do senador Joseph Raymond McCarthy, ele existia desde a Primeira Grande Guerra; lembrando que a Comissão de Atividades Antiamericanas da Câmara (HUAC) foi criada em 1938. Todavia, a administração Truman, que contou com uma maioria republicana nas duas casas do Congresso Nacional, ajudou a intensificar o clima anticomunista do período de caça às bruxas. Organizações trabalhistas como AFL e o CIO proclamaram sua lealdade e patriotismo ao governo e iniciaram uma nova hostilidade às causas da esquerda. Os ataques à esquerda vieram de várias frentes, como sindicatos mais conservadores, igrejas, grupos de veteranos da guerra e do governo.

Robbie Lieberman afirma que ao mesmo tempo em que as relações entre comunistas e o movimento trabalhista foram se deteriorando, as conexões trabalhistas da *People's Songs* também foram desaparecendo.[48] No exemplar publicado em dezembro de 1947 (v. 2, n. 11), os editores se posicionaram explicitamente a respeito das atividades do Comitê de Atividades Antiamericanas:

> Nós estamos assustados – e as notícias diárias nos deixam cada vez mais. O último ataque do Comitê de Atividades Antiamericanas parece ter dado frutos com a ação dos produtores de Hollywood em demitir os dez escritores e diretores que ousaram se levantar contra a última inquisição. Nós estamos assustados como cidadãos de um país orgulhoso de sua herança democrática e como trabalhadores da cultura que sabem que as artes só podem florescer em uma atmosfera de liberdade. [...] Portanto, nós estamos convidando cada assinante de *People's Songs* a sentar-se agora, antes de prosseguir nas outras coisas deste exemplar, e escrever uma carta ou cartão postal ao seu ou à sua congressista. Peça a ele para apoiar a resolução para abolir o Comitê de Atividades Antiamericanas. Diga a ele que uma guerra para derrotar o fascismo foi suficiente, e nós não queremos uma guerra na qual a América vá defender o fascismo. E então, todos nós, compositores, letristas, intérpretes – vamos divulgar todas as músicas que pudermos sobre o Comitê e sobre a ameaça às liberdades civis. [...] Hanns Eisler e Paul Robeson já sentiram o impacto do ataque. Eles estão assustados – não por eles mesmos, mas pelo povo americano. Você é o próximo. Quão assustado você está?[49]

Neste período, a ênfase da revista foi em canções a favor da paz, como "Spring Song", publicada no terceiro número do terceiro volume, de abril de 1948. A letra da canção foi escrita por Harry Schachter e a música por Earl Robinson; abaixo sua letra:

---

48 LIEBERMAN, *op. cit.*, p. 98.
49 *PEOPLE'S SONGS*, v. 2, n. 11, p. 2.

Oh, I wonder will it come along this spring,
Will we be in it while the robins sing,
While the atom be a bristling and the rockets do the whistling,
When the world is all in bloom in the spring?
Can it be that we'll be drilling in the spring,
Can it be that we'll be killing in the spring?

Oh, I'd rather take it easy,
give that other guy a breezy,
A bright and cheery howdy in the spring.
Is that a time for dying. In the spring

And the women to be crying when it's spring?
When gardenias they are selling,
Is that a time for shelling.
When the lilacs are in bloom in the spring?

Oh no, it can't arrive in the spring,
For it's great to be alive in the spring.
Oh no, it can't arrive for it's great to be alive
It's great to be alive in the spring.

I would like to know that in the spring
I won't have to go in the spring,
When skies are blue above her, can I tell her that I love her,
If we never meet each other in the spring?

There could be a celebration in the spring
Why destroy creation in the spring.
With the common bond of labor, do I have to hate my neighbor
If he's from another nation in the spring?

I'd rather have an ordinary spring
With people laughing just because it's spring.
Whatever is his name, I am sure he feels the same,
All the world's been waiting for the spring.[50]

Como demonstra a letra, os intérpretes e compositores relacionados à *People's Songs* esperavam e clamavam, por meio da canção, por uma "primavera" de paz, sem morte e destruição. A performance indicada pela revista é a do intérprete Paul Robeson, que a gravou no disco *Songs of Free Man*, lançado pela Columbia, em 1943. Não tivemos acesso a esse disco, por isso não pudemos comparar o fonograma com a partitura publicada em *People's Songs*. Como já esclarecemos, as partituras publicadas na revista não demonstram características estéticas como o estilo ou elementos utilizados nos arranjos.

Os brados por paz frente à campanha contra o comunismo aliaram-se aos protestos a favor da mudança social no Sul. Após 1945, igualdade racial e comunismo foram vistos como aliados e inimigos de grupos de brancos sulistas, por mais que, como afirma Frank Egerton, poucos afro-americanos tenham se afiliado ao Partido Comunista.[51]

---

50 Tradução livre da autora: Oh, eu me pergunto o que acontecerá nessa primavera, Nós estaremos nela enquanto os pintarroxos cantam, Enquanto os átomos se eriçam e os foguetes assobiam, Quando o mundo está todo florindo na primavera?/ Será que vamos perfurar na primavera, Será que vamos matar na primavera?/ Oh, eu prefiro ter calma, Dar uma animada no outro cara, Dar um alegre e brilhante olá à primavera, É tempo de morrer na primavera/ E a mulher chorando na primavera? Quando eles estão vendendo gardênias, É tempo de bombardeio, Quando os lilases estão florescendo na primavera?/ Oh não, isso não pode chegar na primavera, Porque é ótimo estar vivo na primavera, Isso não pode chegar na primavera, é ótimo estar vivo, É ótimo estar vivo na primavera/ Eu gostaria de saber aquilo na primavera, Eu não terei que ir na primavera, Quando os céus estão azuis sobre ela, eu posso dizer à ela que a amo, Se nós não nos encontrarmos na primavera?/ Poderia haver uma celebração na primavera, Por que destruir a criação na primavera. Com o vínculo de trabalho comum, eu tenho que odiar meu vizinho, Se ele é de outra nação, na primavera?/ Eu prefiro ter uma primavera comum, Com as pessoas rindo só porque é primavera. Qualquer que seja seu nome, tenho certeza que ele sente o mesmo, Todo o mundo está esperando pela primavera/ Oh não, isso não pode chegar na primavera, Porque é ótimo estar vivo na primavera, Isso não pode chegar na primavera, é ótimo estar vivo, É ótimo estar vivo na primavera.

51 EGERTON, Frank. *Speak now against the day: the generation before the Civil Rights Movement in the South*. Nova Iorque: Knopf, 1994, p. 456.

Engajamento em prol dos direitos civis nas revistas

Muitas páginas de *People's Songs* e *Sing Out!* foram dedicadas à música afro--americana, à artistas afro-americanos e à luta pelos direitos civis. Como nos esclarece Robbie Lieberman, as canções publicadas tematizaram as raízes africanas, as batalhas contra a escravidão e as lutas contemporâneas contra o Jim Crow.[52]

Podemos apreender o quão explícito era o engajamento dos editores de *People's Songs* na causa dos direitos civis por meio do repertório publicado. Como exemplo, destacamos a canção "Black, Brown, and White Blues",[53] que foi publicada na revista em novembro de 1946, no décimo número do primeiro volume, com autoria de Big Bill Broonzy, um compositor e intérprete conhecido internacionalmente como um dos mais significativos *blues singers* estadunidenses do século XX.

Broonzy começou sua carreira nos anos 1920, tendo atuado intensamente até sua morte, em 1958. Suas canções foram de grande interesse para folcloristas empenhados no repertório folk do início do século, como Alan Lomax, uma vez que o músico interpretava tanto canções próprias, como blues tradicionais do repertório folk nacional.

Em entrevistas concedidas ao longo de sua vida,[54] Big Bill Broonzy afirmou que, por muitos anos, nenhuma gravadora aceitou gravar "Black, Brown, and White Blues", justificando que não era uma canção com apelo comercial. A canção foi gravada pela primeira vez por Brownie McGhee, em 1947, e por Pete Seeger, em 1948. A performance de Broonzy para a gravadora Mercury, registrada em 1951, só foi lançada nos Estados Unidos após sua morte, em 1958.

A interpretação de Big Bill registrada em 1951 apresenta o estilo mais tradicional dos antigos blues, com um violão acústico acompanhando o canto solo, em acordo com o esquema harmônico-melódico composto pelos acordes básicos da tonalidade – tônica, subdominante e dominante – em um andamento moderado, com sutis distorções no tempo.

Exibimos aqui a letra reproduzida tal como publicada em *People's Songs*, em novembro de 1946 (v. 1, n. 10), todavia pode haver pequenas variações, de acordo com a fonte consultada (encartes de discos, web sites); lembremos que uma das características distintivas do blues é o improviso, com constantes variações nas performances.

Just listen to this song

---

52 LIEBERMAN, *op. cit.*, p. 111.
53 Versão de Big Bill Broonzy. Disponível em: <http://www.youtube.com/watch?v=55w0DwZROjY>. Acesso em 17 mar. 2015.
54 HAROLD, Ellen; STONE, Peter. *Big Bill Broonzy*. Disponível em: <http://www.culturalequity.org/alanlomax/ce_alanlomax_profile_broonzy.php>. Acesso em: 21 fev. 2014.

I'm singing, brother

You'll know it's true

If you're black and got to work for a living, boy

This is what they'll say:

Refrão

now if you's white, you's right,

but you's brown stick around,

and if you's black oh, brother

Git back, git back, git back.

I was in a place one night

They was all having fun

They was all drinking beer and wine,

But me I couldn't buy none.

I was in an employment office

I got a number and got in line

They called everybody's number

But they never did call mine.

Me and a man's working side by side

This is what it meant;

He was getting a dollar an hour,

When I was making fifty cents

I helped built this country

I fought for it too

Now... I want to know

What you gonna do about Jim Crow.[55]

---

55 Tradução livre da autora: Apenas ouça esta canção, Que estou cantando, irmão, Você saberá que é verdade, Se você for negro e tiver trabalhado para viver, garoto, Isso é o que eles dirão:/ Refrão: Se você é branco, você está certo, Mas se você é moreno, chega perto, E se

Durante a Primeira Grande Guerra, Bill serviu ao Exército por dois anos na Europa, experiência esta presente em "Black, Brown, and White Blues". No último verso, o compositor refere-se à participação de veteranos afro-americanos na guerra, bem como a segregação nas tropas do Exército dos Estados Unidos, afirmando: "Eu ajudei a construir este país, eu lutei por ele também, agora... eu quero saber, o que você fará sobre o Jim Crow". Ou seja, além de chamar a atenção para a participação de afro-americanos em acontecimentos importantes da história do país, o autor ainda cobra um posicionamento da sociedade frente à segregação e negação de direitos civis a essa parcela da população.

Big Bill era um intérprete assíduo nos shows organizados pelo escritório da *People's Songs* Inc. de Chicago, e muitas de suas canções foram publicadas, tanto em *People's Songs*, como em *Sing Out!*.

Seguindo esta tendência de engajamento na luta pelos direitos civis de afro-americanos, ambas as revistas publicaram artigos sobre a Semana Nacional da História Negra, comemorada nos meses de fevereiro nos Estados Unidos e encabeçada pela Negro Historical Society de Nova Iorque.

Durante o evento eram organizadas discussões, exposições e diversas apresentações, a fim de reconhecer as contribuições do povo afro-americano à cultura e história do país. As revistas enalteceram a semana de comemoração e publicaram diversas canções do repertório afro-americano. Em todo o período por nós estudado, nos meses de fevereiro, as revistas eram dedicadas aos afro-americanos e às suas lutas.

Em 1952, no exemplar número oito do segundo volume de *Sing Out!*, os editores afirmaram o seguinte:

> Nós esperamos que com esta amostra da rica herança cultural do povo negro, junto com as muitas canções folclóricas e cânticos de libertação que aparecem em todos os exemplares de SING OUT!, inspiremos cantores e compositores a realizarem grandes pesquisas nesta área. [...] A música do povo negro abrange um documento poderoso de liberdade. As canções do passado, os spirituals, as canções de trabalho, o blues – e a nova música de hoje, que se desenvolve a partir do passado – podem ser uma arma poderosa pela paz e libertação.[56]

---

você é negro, oh, irmão, Se afaste, Se afaste, Se afaste/ Eu estava em um lugar uma noite, Eles estavam todos se divertindo, Eles estavam todos bebendo cerveja e vinho, Mas eu não podia comprar nada/ Eu estava em uma agência de emprego, Eu peguei um número e fiquei na fila, Eles chamaram o número de todo mundo, Mas eles nunca chamaram o meu/ Um homem e eu estávamos trabalhando lado a lado, Isso significa o seguinte; Ele estava ganhando um dólar por hora, Enquanto eu ganhava cinquenta centavos/ Eu ajudei a construir este país, Eu lutei por ele também, Agora... eu quero saber, O que você fará a respeito do Jim Crow.

[56] *PEOPLE'S SONGS*, v. 2, n. 8, p. 2.

Os editores também insistiram em frisar que tal semana comemorativa não deveria apenas enaltecer a história e contribuições culturais dos povos negros, mas incentivar uma luta no presente, a fim de acabar com a segregação e discriminação racial no país.

Em 1954, no volume 4, número 3, um exemplar comemorativo da Semana Nacional da História Negra afirmava que ao longo da história dos Estados Unidos os historiadores brancos distorceram o que deveria ser ensinado nas escolas sobre o povo negro, criando uma literatura de acordo com a tradição Jim Crow do Sul, mas, através das canções e da cultura oral, foi possível a preservação da história das lutas e da força desse povo.

Desde o primeiro exemplar de *Sing Out!*, os editores publicaram relatos sobre a participação de membros da People's Artists em reuniões com grupos militantes pelos direitos civis no Sul do país, com uma intensa atividade musical. Como expresso no seguinte excerto, escrito por Ernie Lieberman: "as pessoas no Sul estão forjando uma unidade com a sua música. Nossas canções da People's Artists fornecem um link com os irmãos do Norte e proporcionam uma nova força e vitalidade".[57]

Muito significativa é a declaração escrita por Irwin Silber em 1951, na qual o autor compara o racismo na Alemanha nazista com o racismo nos Estados Unidos:

> Uma das principais características dos dias de hoje na América, são as regras do Jim Crow. Americanos brancos, na maior parte, tem pouca percepção de como o racismo e o chauvinismo dominam todos os aspectos da vida americana. O racismo na Alemanha nazista foi, em comparação, uma curta temporada. Se nós lembrarmos que o antissemitismo e supremacia ariana floresceram extensivamente na Alemanha por apenas alguns anos e que o domínio do Jim Crow na América vem sendo a lei escrita e não escrita por trezentos anos, talvez a comparação não pareça forçada.[58]

E o autor continua, elencando que o Jim Crow poderia ser visto no campo musical de várias formas, como a segregação do público nos shows – afro-americanos eram proibidos de entrar em muitos teatros e casas de shows –, a discriminação contra músicos negros, a depreciação da cultura negra com o desenvolvimento de estereótipos racistas e a ativa projeção da ideologia da supremacia branca. Podemos afirmar que, em linhas gerais, a revista adotou estas quatro linhas de frente em sua luta pela igualdade no país.

Em relação à segregação do público nos shows, foi dado total apoio a intérpretes que se recusavam a tocar ou cantar para uma plateia segregada, como Paul Robeson e Josephine Baker, que foram tomados como exemplos a serem seguidos. Muitos artigos também criticavam a discriminação e desvalorização de músicos

---

57 *SING OUT!*, v. 1, n. 1, p. 11.
58 *SING OUT!*, v. 2, n. 5, p. 6.

afro-americanos, inclusive com uma crítica aos sindicatos de músicos que, na grande maioria, eram segregados; com exceção do escritório de Nova Iorque.

No segundo número do primeiro volume de *Sing Out!*, Robert Wolfe chama a atenção para um concerto, ocorrido em 21 de maio de 1950, no teatro Town Hall, em Nova Iorque, no qual todos os compositores eram negros oriundos da África, América Central e Estados Unidos:

> Nestes tempos, quando os Rankins estão espalhando seu pior veneno sobre a "inferioridade" dos negros – quando "O Nascimento de uma Nação"[59] é persistentemente revivido – quando FEPC[60] é chutado, mutilado e linchado pelos bipartidários licitadores da guerra – quando imperialistas viram-se com uma ganância maior à África e aos países coloniais - em meio ao medo, ódio e fanatismo gerado na corrida ao "Século Americano" – este concerto foi uma tremenda declaração da verdadeira riqueza cultural dos povos negros e da humanidade e fraternidade comum a negros e brancos, e a todas as pessoas do mundo.[61]

O engajamento da revista na questão dos direitos civis foi tão intenso a ponto de os editores publicarem críticas a um dos conjuntos dedicados ao repertório folk mais popular do período, o The Weavers. No sétimo número do segundo volume, o grupo é criticado por ser composto apenas de intérpretes brancos que, apesar de interpretarem tecnicamente bem canções do repertório afro-americano, não eram capazes de expressar profundamente os sentimentos das canções, por não serem negros. Afirma-se, ainda, que a luta contra o preconceito racial só teria fim quando todos os conjuntos fossem inter-raciais.

Em 1956, durante o boicote de ônibus em Montgomery, foram publicados artigos a fim de demonstrar a força da música neste importante ato político pelos direitos civis:

> As músicas estão no noticiário nestes dias – e em Montgomery, Alabama, as canções estão fazendo notícia. Repórteres cobrindo o histórico "boicote

---

59 O filme produzido em 1915 baseado no romance e na peça *The Clansman*, de Thomas Dixon Jr. relata as vidas de duas famílias durante a Guerra de Secessão e a posterior Reconstrução dos Estados Unidos, retratando afro-americanos como desprovidos de inteligência e sexualmente agressivos em relação às mulheres brancas. Cabe destacar que os afro-americanos foram interpretados por atores brancos com as faces pintadas de preto. O filme também apresenta a Ku Klux Klan como uma força heroica e foi utilizado por esta organização como ferramenta de recrutamento até a década de 1970.

60 Fair Employment Practices Committee (FEPC), comitê criado em 1941 pelo presidente Franklin Delano Roosevelt pelo decreto 8802, que não permitia a discriminação por cor, raça, credo ou nacionalidade no emprego de trabalhadores nas indústrias de defesa ou governamentais.

61 *SING OUT!*, v. 1, n. 2, p. 8.

de ônibus" de Montgomery pelos negros da cidade comentaram o animado e militante movimento musical de inspiração religiosa. Spirituals tradicionais negros foram adaptados às necessidades da situação pelos negros de Montgomery. Um exemplo dessa adaptação encontra-se na página 21 deste exemplar. Esta luta pela "resistência passiva" é uma inspiração para milhões de pessoas pelo mundo. Parece que os lindos spirituals desenvolvidos nos dias da escravidão e que serviram tão bem para expressar a resistência à escravidão, podem uma vez mais adequar-se completamente, inspirando a luta do povo negro pela completa liberdade.[62]

Deste modo, percebemos que apesar de Irwin Silber – o editor da revista que mais tempo permaneceu no cargo – ter afirmado em diversas entrevistas que não queria fazer da *Sing Out!* outra plataforma política, como a *People's Songs*, os editores e colaboradores engajaram-se intensamente em diversas causas.

No intenso período de caça às bruxas, durante o qual a revista foi criada, os editores afirmaram em diversos exemplares, que a despeito de não terem sido colocados na "lista negra" do FBI, eles lutariam contra qualquer repressão cultural, denunciando as ações do Comitê de Atividades Antiamericanas, noticiando quem havia sido intimado para depor frente ao Comitê e criticando quem cedeu ao interrogatório e entregou colegas, como Josh White e Tom Glazer.

A intimação de Betty Sanders e Irwin Silber, dois membros do conselho editorial de *Sing Out!*, foi vista como um ataque à própria Peoples Artists, que lutava pela paz e direitos iguais. Numa época em que indústria do entretenimento era controlada pelas regras do Jim Crow, People's Artists proporcionava oportunidades a artistas negros, fato que muito "incomodou" o FBI e o Comitê. Tais intimações originaram uma verdadeira campanha contra a caça às bruxas, determinada nos seguintes termos:

> Nós convocamos todos os trabalhadores da cultura, não importando quais sejam suas convicções políticas, a se juntar em um poderoso esforço para defender o direito do artista de falar, de cantar, de escrever e de criar em uma atmosfera de liberdade. A censura de um artista é igualmente a censura do direito do público do artista de ouvir as ideias expressadas livremente. Nós, portanto, invocamos todas as pessoas deste país a participarem da campanha para parar este crescente fascismo.[63]

Devido aos protestos a favor de Betty Sanders e Irwin Silber suas intimações foram retiradas em 1953, mas, em 1958, Irwin recebeu uma segunda intimação e foi interrogado pelo Comitê de Atividades Antiamericanas.

---

62 *SING OUT!*, v. 6, n. 2, p. 2.
63 *SING OUT!*, v. 2, n. 8, p. 11.

Neste período a *Sing Out!* também publicou, em formato de livro, o maior cancioneiro de esquerda da era McCarthy, nomeado *Lift every voice*.

Outra campanha esquerdista encabeçada pela revista, em 1952, foi contra a execução de Julius e Ethel Rosenberg, que foram presos e eletrocutados em 1953, após terem sido acusados de entregar detalhes do programa estadunidense de armas atômicas à União Soviética.

No fim de 1943, o cientista nuclear alemão de nascimento, mas naturalizado britânico, Klaus Emil Fuchs, chegou aos Estados Unidos e, em dezembro de 1944, integrou o Projeto Manhattan em Los Alamos, como um dos principais pesquisadores ingleses. Em 1950 Fuchs confessou ter passado segredos nucleares estadunidenses aos soviéticos em 1945. A confissão de Fuchs levou os investigadores do FBI ao químico, suíço de nascimento, Harry Gold, que teria sido seu contato soviético. A confissão de Gold, por sua vez, comprometeu mais três pessoas: David Greenglass e Julius e Ethel Rosenberg.

Segundo Argemiro Ferreira, em sua obra *Caça às bruxas*, a execução do casal Rosenberg não é defendida nem por representantes mais ortodoxos da Justiça norte-americana e a liberação de documentos que o FBI escondia da opinião pública, a partir de 1975, demonstram a inexistência de provas contra o casal, bem como a manipulação política por trás de seu julgamento.[64] A "Velha Esquerda" interpretou as acusações contra Julius e Ethel como mais um ato injusto persecutório a comunistas inocentes, e os editores de *Sing Out!* assumiram tal perspectiva, defendendo intensamente o casal e convocando os leitores a se posicionarem nesta causa.

Cabe ressaltar que este foi um dos julgamentos do período que muito mobilizou a opinião pública do país. Em 2013, o historiador Michael Brenner, professor na Universidade de Munique, presidente do Centro de Estudos Científicos do Instituto Leo Baeck, na Alemanha, e membro do Comitê de Orientação Acadêmica do Museu Judaico de Berlim, publicou sua obra *Breve história dos judeus*, na qual afirma que atualmente sabe-se que o casal judeu Julius e Ethel Rosenberg de fato espionava para a União Soviética.[65]

Outras campanhas relacionadas à defesa dos direitos civis e das liberdades civis, nas quais as duas revistas contribuíram, foram as campanhas políticas para a eleição de Henry Wallace como presidente do país, pelo Partido Progressista. Robbie Lieberman afirma que os direitos civis foram o maior foco das canções, artigos, apresentações e trabalho nas campanhas de Wallace.[66]

---

64 FERREIRA, Argemiro. *Caça às bruxas: macartismo: uma tragédia americana*. Porto Alegre: L&PM, 1989.
65 BRENNER, Michael. *op. cit.*, p. 334.
66 LIEBERMAN, *op. cit.*, p. 111.

Até 1946, Henry Wallace era considerado o herdeiro legítimo dos ideais do *New Deal* por uma ala do Partido Democrata, até que foi substituído por Harry Truman, que foi escolhido como candidato do Partido para as eleições presidenciais de 1948.

Wallace era secretário de comércio durante a administração Roosevelt e manteve o cargo após sua morte, na administração Truman, iniciada em 1945. Em 12 de setembro de 1946, Henry Wallace proferiu um discurso na Madison Square Garden, no qual defendia a paz entre as nações, baseada na cooperação e coexistência entre os americanos e os russos, fato que acarretou em sua demissão do Gabinete Ministerial. Deste modo, em 1947, foi criado um novo partido progressista que indicou Henry Wallace como candidato nas eleições. Lieberman esclarece que a filosofia do "capitalismo progressista" de Wallace era baseada na herança do *New Deal*, que estabelecia uma preocupação com as pessoas comuns, combinada com uma forte defesa dos direitos civis e do direito de discordar.[67]

Durante sua campanha, Henry Wallace conseguiu o apoio de grande parte da esquerda e de muitos músicos, como Pete Seeger, Paul Robeson, Michael Loring, Earl Robinson e Harry Belafonte. Em outubro de 1948, 500 membros da National Council of the Arts, Sciences and Professions, assinaram uma carta de apoio a Wallace.

O Partido Progressista acreditava na importância estratégica da música e convidou Alan Lomax para coordenar a parte musical da campanha, que contaria com uma canção a cada discurso proferido, a distribuição de um cancioneiro do Partido, um cantor em cada comício, a presença de Pete Seeger ao lado de Wallace em cada apresentação e o pagamento de uma comissão à *People's Songs* Inc., pelos arranjos e distribuição das canções escolhidas para a campanha.[68] Assim, o Partido financiou a publicação de cancioneiros, partituras e discos.

Em 1948, foram publicadas duas edições de *People's Songs* dedicadas à campanha de Henry Wallace para presidente. A campanha finalizou com o saldo de 12.000 cópias do número dedicado a Wallace, 300.000 panfletos, 25.000 gravações para a campanha e várias viagens realizadas, a fim de participar de shows junto com o candidato, com o intuito de promover sua campanha.[69] Apesar dos esforços de campanha, Henry Wallace perdeu as eleições, tendo recebido apenas 1.157.063 votos, o que equivalia a 2.37% do total.

Em 1952, a revista *Sing Out!* publicou um anúncio, de que nos próximos dois meses, estaria comprometida com a campanha presidencial do Partido Progressista, apoiando os candidatos Vincent Hallinan e Charlotta Bass (v. 3, n. 1). Os editores

---

67 *Ibidem*, p. 126.
68 REUSS, *op. cit.*, p. 200.
69 COHEN, Ronald D. *Rainbow quest: the folk music revival and American society, 1940-1970*. Amherst: University of Massachusetts, 2002, p. 58.

afirmaram que apoiavam o programa do Partido por ser o único comprometido com a paz e os direitos iguais, e o único Partido com um candidato negro em sua chapa eleitoral nacional. A revista publicou canções que deveriam ser usadas ao longo da campanha e um artigo com técnicas sobre a utilização das canções como forma de difundir o programa do Partido. Os editores ainda convocam os leitores da revista a participarem ativamente da campanha, procurando os escritórios locais do Partido, a fim de formarem comitês de música. É incentivado o uso das canções publicadas na *People's Songs* em 1948, com a realização de adaptações nas letras, quando necessário, bem como a participação em todos os comícios do Partido. Sobre esta participação com shows ao vivo, são feitas as seguintes recomendações: "quando cantar em reuniões ou encontros do Partido, seja mais do que um intérprete. Faça com que o público cante com você. Concentre-se em umas poucas canções mais adaptáveis ao canto em massa e as use ao longo de toda a campanha".[70] Alguns intérpretes, como Woody Guthrie, questionaram a qualidade das canções utilizadas nas campanhas eleitorais; para estes, a arte não deveria ser sacrificada em prol de uma ideologia.

Assim sendo, apreendemos que por mais que os editores de *Sing Out!* não declarassem explicitamente utilizar a revista como uma plataforma política, havia um projeto político-musical, que defendia a legitimidade do repertório folk como arma política a ser utilizada na luta pela valorização e pelos direitos civis de grupos minoritários, adotando uma postura favorável aos grupos que viam o folclore como um processo e os materiais sonoros folk como passíveis de transformações.

Em 1957, a *Sing Out!* enfrentava uma séria crise financeira, com apenas 1.500 assinantes. Moses Asch ajudou a revista a continuar na ativa, financiando o próximo número e pagando algumas contas atrasadas. Neste mesmo ano, ele contratou o editor Irwin Silber para ajudar na promoção da gravadora Folkways. Deste modo, no oitavo ano de publicação, a revista foi transformada em uma grande e aberta associação com Moses Asch, tornando-se uma das principais publicações dedicadas à música folk nos Estados Unidos.

No próximo capítulo, compararemos as trajetórias de alguns artistas que escreveram nas revistas *People's Songs* e *Sing Out!* e escreveram e/ou gravaram na Folkways, a fim de percebermos como, ao longo dos anos de 1950, foi desenvolvida uma rede de sociabilidade em torno da música folk dos Estados Unidos, que agregou esforços na luta pelos direitos civis no país.

---

70 *SING OUT!*, v. 3, n. 1, p. 4.

CAPÍTULO 4

Redes de sociabilidade na música folk estadunidense

Como pudemos observar nos capítulos anteriores, grande parte dos personagens envolvidos na criação e atividades das revistas *People's Songs* e *Sing Out!* e da gravadora Folkways, atuavam nos mesmos meios, ajudando a estabelecer redes de sociabilidade em torno da música folk nos Estados Unidos.

Após a análise das revistas *People's Songs* e *Sing Out!* criamos uma tabela com os diversos nomes que aparecem como autores e/ou editores. Investigamos quem eram tais personagens, sua relação com os grupos engajados no movimento pelos direitos civis e sua presença no catálogo da Folkways, como artistas ou autores dos textos publicados junto aos discos.[1] Percebemos que, para além da importância do texto publicado nas revistas, os autores funcionaram como pontes entre as revistas e a gravadora, formando uma rede importante para o estudo das questões relacionadas à luta pelos direitos civis nos Estados Unidos.

No caso da *People's Songs*, as principais figuras envolvidas em sua criação foram Pete Seeger, Lee Hays, Robert Claiborne, Horace Grenell, Herbert Haufrecht, Lydia Infeld, George Levine e Simon Rady. Ao longo dos três anos de existência, o corpo editorial variou entre dezoito e três pessoas, sendo Pete Seeger o único nome constante em todos os exemplares. Os nomes que mais assinaram o conselho editorial foram Pete Seeger, Waldemar Hille, Irwin Silber, Ernie Lieberman, Lee Hays e Robert Clairbone.

Em relação à *Sing Out!*, o primeiro editor da revista foi Robert Wolfe, seguido por Waldemar Hille, Ernie Lieberman e Irwin Silber, que ficou a cargo da publicação até 1967. Além do editor chefe, havia muitas pessoas envolvidas no processo de criação e publicação. Até o sexto volume, publicado em 1956, havia de onze a dezessete pessoas assinando o editorial, a partir de 1957 (sétimo volume), este número começou a diminuir, chegando ao décimo volume com

---

1   Para mais informações sobre tais textos vide nosso capítulo 2.

sete pessoas. Os nomes que mais aparecem no conselho editorial são Irwin Silber, Jerry Silverman, Earl Robinson, Pete Seeger, Waldemar Hille, Alan Lomax e Sidney Finkelstein.

Muitas lideranças presentes na *People's Songs* Incorporated e no conselho editorial da revista *Sing Out!* mantiveram relações com Moses Asch, gravando algum material na Folkways, ou assinando textos dos encartes dos discos. Deste modo, o presente capítulo detém-se nas trajetórias destes personagens, procurando dar luz às redes tecidas por eles ao longo dos anos 1940 e 1950.

Circulação de pessoas e ideias entre *People's Songs*, *Sing Out!* e Folkways Records

Todos os personagens que assinaram o conselho editorial das duas revistas tiveram conexões com o Partido Comunista ou com sua ideologia. Como exemplos, podemos citar Ernie Lieberman, filho de membros do Partido; Jerry Silverman, nascido em 1931, filho de um bandolinista ativo na organização International Workers Order, filiada ao Partido Comunista e que disponibilizava serviços de saúde a baixo custo; Fred Hellerman, nascido em 1927, na atmosfera política de esquerda do Brooklyn, em Nova Iorque; Earl Robinson, nascido em 1910 em Seatle, Washington, de uma mãe com uma tendência musical que o incentivou a tocar piano desde os seis anos. Quando Earl terminou o Ensino Médio, em 1934, foi para Nova Iorque estudar na Escola Juiliard ou Eastman, mas se envolveu com os músicos de esquerda e logo começou a participar das atividades do Partido Comunista, como a Young Communist League, a Workers Laboratory Theater e o coral da International Workers Order, formado em 1938.

Duas exceções em relação à educação ligada ao Partido Comunista são Waldemar Hille e Mario Casetta. Waldemar nasceu em 1908, em Lake Elmo, Minnesota, mas cresceu no Wisconsin rural. Era filho de um pastor alemão nacionalista e antissemita, que tocava órgão e violino na igreja e incentivou o filho a cantar e tocar piano na escola da igreja. Mario Casetta nasceu em 1920, em Los Angeles, filho de pais bailarinos, não ligados à política.

Como visto, muitos personagens que ajudaram a tecer essa rede de relações entre as revistas e a gravadora eram filhos de ex-militantes comunistas, os chamados *red-diaper babies* – bebês de fralda vermelha – que foram criados em um ambiente de crítica ao capitalismo e ao *establishment* americano.

É unânime entre os pesquisadores da música folk estadunidense a importância e proeminência de Pete Seeger na divulgação e criação do repertório folk nacional ao longo do século XX, bem como na condução de projetos políticos-musicais que foram referência para os demais intérpretes e compositores.

Pete Seeger nasceu em 03 de maio de 1919, em Nova Iorque, em uma família de músicos de classe media. Seu pai era o pianista, acadêmico, etnomusicólogo, autor de vários artigos e livros Charles Seeger, casado pela primeira vez com a violinista de concerto e professora no Instituto de Arte Musical, posteriormente denominado Escola Juilliard, Constance Seeger.

Antes da Primeira Grande Guerra, Charles Seeger era um catedrático convidado do Departamento de Música da Universidade da Califórnia, em Berkeley, que causava polêmica no Departamento por defender o estudo da música em sua dimensão social, em um momento em que os estudos desenvolvidos nos departamentos de música detinham-se apenas em questões estéticas. Desde a década de 1910, Charles envolveu-se radicalmente em questões políticas, atuando, por exemplo, no sindicato Industrial Workers of the World – IWW, o que causou sua demissão de Berkeley, em 1918. Assim, foi neste clima musical e ideológico da "Velha Esquerda" que Pete Seeger foi educado.

Pete teve o primeiro contato com o banjo em 1932 quando ingressou, com uma bolsa de estudos, na Avon Old Farms, escola particular de Ensino Médio em Connecticut, onde começou a tocar na banda de jazz da instituição. Após seus primeiros anos escolares em colégios particulares, Seeger estudou Sociologia em Harvard, também com uma bolsa de estudos parcial. Ao término de seu segundo ano ele estava frustrado com o curso e a profissão e suas notas baixas o fizeram perder a bolsa de estudos, levando-o a abandonar o curso antes de seus exames finais, em 1938. Assim, ele decidiu ir para a cidade de Nova Iorque escrever sobre política.

Seeger cresceu vendo o envolvimento dos pais com o Partido Comunista e durante sua estada em Harvard ingressou na Liga Jovem Comunista, em 1937. Quando deixou Harvard com o intuito de escrever sobre política em Nova Iorque, sem experiência como jornalista, não conseguiu um emprego até 1939, quando Alan Lomax o convidou para trabalhar no Arquivo de Canções Folclóricas da Biblioteca do Congresso, onde catalogava materiais do arquivo, transcrevia canções e aprendia muito sobre música folk.

Sua primeira apresentação em público foi em 03 de março de 1940, quando foi convidado por Lomax a integrar um show com o objetivo de angariar recursos para trabalhadores rurais imigrantes, junto com intérpretes como Burl Ives, Josh White e Leadbelly.

Nesta mesma época, Pete conheceu um intérprete de canções folk com as mesmas aspirações sociais em relação à música, Lee Hays, iniciando uma parceria. Em dezembro de 1940, eles fizeram sua primeira apresentação juntos no restaurante Jade Mountain, em Nova Iorque. Após algumas apresentações, o colega de quarto de Hays, Millard Lampell, juntou-se a dupla, formando um trio que, com a participação de Woody Guthrie e John Peter Hawes, tornou-se o grupo denominado The Almanac Singers.

Lee Hays, membro de uma família conservadora, filho de um pregador metodista, teve contato com muitos hinos religiosos e com a música rural do Sul. Hays estudou na Highlander Folk School[2] com Zilphia Norton e tornou-se professor no Commonwealth College.

Millard Lampell era filho de imigrantes judeus, cresceu em Nova Jersey e estudou na University of West Virginia, com bolsa de estudo. Trabalhou como colaborador para alguns jornais como o New Republic, e tornou-se um famoso roteirista de rádio e televisão.

John Peter Hawes cresceu em Cambridge, Massachusetts, membro de uma família de classe média alta, filho de um autor de histórias de marinheiro para garotos.

Woody Guthrie nasceu em 14 de julho de 1912, na cidade de Okemah, no estado de Oklahoma. Filho de Charles e Nora Belle Guthrie. Charles era um caubói, especulador de terras e político local. A família vivia bem até o final da década de 1920, quando a crise do Petróleo abalou a economia da cidade e faliu Charles. Pouco tempo depois, uma de suas irmãs morreu queimada, debilitando Nora emocionalmente, ao ponto de ela incendiar o marido, que passou meses se recuperando no hospital. Na verdade, tais atitudes já eram sintomas da Doença de Huntington, uma doença hereditária que posteriormente causou sua hospitalização por distúrbios mentais, seguida de sua morte.

Durante a adolescência Woody saiu de casa e passou a viver por conta própria, primeiro no Texas, onde se casou em 1933 com Mary Jennings, com quem teve três filhos. Foi nesta época que começou a se dedicar mais intensamente à suas veias artísticas: a música, o desenho, a pintura e a escrita. Em 1937, mudou-se para Los Angeles e começou a participar de programas de rádio e escrever para jornais, em paralelo ao seu trabalho como compositor e intérprete. Na década de 1930 escrevia uma coluna intitulada "Woody Sez" para o Daily Worker, um jornal intimamente ligado ao Partido Comunista, fundado em 1924 e que atuava em prol dos trabalhadores, lutando contra o desemprego e atuando nas campanhas para estabelecer o Congresso das Organizações Industriais, nos anos 1930 e 40. Woody também aparecia com regularidade no programa da rádio CBS de Alan Lomax chamado Back Where I Come From.

Guthrie viveu uma vida errante viajando pelo país e, em suas apresentações em rádios locais ao longo dos anos de 1930 e 1940, o cantor discorria sobre políticos corruptos, leis e negócios, defendendo os princípios humanos cristãos e de organizações que lutavam pelos direitos dos trabalhadores, mantendo uma estreita ligação com o Partido Comunista a partir da década de 1930. Mudou para Nova Iorque em

---

2 In 1932, Myles, Don West, Jim Dombrowski e outros fundaram a Highlander Folk School em Monteagle, Tennessee, que atuava como o centro educacional do CIO na região, treinando sindicalistas em 11 estados do Sul. Uma das preocupações da escola era em relação à segregação no movimento trabalhista, o que a tornou um polo importante de ação no movimento pelos direitos civis. Os workshops e sessões de treinamento na escola ajudaram líderes de iniciativas como o boicote de ônibus de Montgomery e a fundação da Student Nonviolent Coordinating Committee (SNCC).

1940, já sendo conhecido como intérprete e compositor de música folk. Em 1945 separou-se de Mary e casou com a bailarina Marjorie Mazia, com quem teve mais quatro filhos.

O artista também gravou muitos discos ao longo de sua carreira, sendo o primeiro o *Dust Bowl Ballads,* gravado em 1940 na gravadora Victor. Alan Lomax também realizou gravações com Woody para o Arquivo de Canções Folclóricas Americanas da Biblioteca do Congresso Nacional.

Woody Guthrie faleceu em 03 de outubro de 1967, vítima da Doença de Huntington, todavia, seu legado chegou às gerações seguintes, inspirando importantes intérpretes de música folk, como Bob Dylan e Joan Baez, que o reconheciam como o protótipo de um intérprete/compositor que combinava música folk e letras de protesto.

Em março de 1956, vários intérpretes e compositores organizaram um musical em homenagem a Woody, a fim de angariar fundos para seu tratamento no hospital Brooklyn State. O projeto foi nomeado *Bound for Glory: A Musical Tribute to Woody Guthrie*. Estavam envolvidos Pete Seeger, Earl Robinson, Lee Hays, Ed McCurdy, Robin Roberts, Reverendo Gary Davis, as irmãs gêmeas Ellen e Irene Kossoy, Jim Gavin, Marge Mazia, sua primeira esposa. O dinheiro arrecadado excedeu as expectativas, então, Leventhal, Gordon e Seeger criaram a Woddy Guthrie Children's Trust Fund, para beneficiar a família.

Em 1988, Woody Guthrie foi inserido no Rock and Roll Hall of Fame e seu rosto foi impresso em um selo nacional em 1998. Woody é o autor de uma das canções mais emblemática, interpretada e gravada do repertório folk estadunidense: "This Land is Your Land", composta em 1940, quando Guthrie estava começando suas atividades no Almanac Singers.

No início das atividades do Almanac Singers, Pete Seeger usava o nome Pete Bowers para proteger o pai, que estava trabalhando para o governo. Isto foi necessário devido ao repertório ser explicitamente pautado por uma ideologia comunista anticapitalista, que deflagrava intensas críticas governamentais.

Sobre o nome do grupo, os membros afirmavam que um almanaque serve como um guia, onde é possível procurar por respostas e informações sobre algo, e eles queriam ser um guia de ação política.[3]

Assim, em 1940, os integrantes do Almanac Singers mudaram-se para um grande *loft* em Nova Iorque, onde viviam e trabalhavam juntos e onde começaram a fazer pequenas apresentações aos domingos à tarde, nas quais cobravam 35 centavos de dólar por pessoa.

O objetivo do grupo era divulgar um repertório folk que expressasse as experiências de vida dos trabalhadores do país e que contribuísse em sua luta por uma

---

3   REUSS, Richard. *American folklore and left-wing politics: 1927-1957*. Indiana: Indiana University, 1971, p. 150.

vida melhor, por melhores condições de trabalho e pela igualdade social. Deste modo, os integrantes adotaram uma postura de compor e viver coletivamente, a fim de demonstrar que a força de qualquer luta está na coletividade e não em ações individuais. Todo o montante ganho por cada membro, mesmo a renda individual recebida por algum trabalho não relacionado ao grupo, era direcionado para os custos com moradia, alimentação e manutenção da carreira.

A composição das canções também era pautada pela aspiração de coletividade, sem atribuição de autoria individual, contudo, muitos autores afirmam que tal aspiração nem sempre era realizada, uma vez que muitas canções foram compostas individualmente, mesmo que a autoria não tenha sido indicada.[4] Eles compunham seguindo a técnica de Woody Guthrie de basear-se em canções existentes do repertório folk e transformá-las de acordo com seus fins, tanto as letras quanto os arranjos. A ideia era expressar nas letras suas crenças políticas, fato que foi efetivado por meio de um tom bem humorado, muito original e inteligente.

De acordo com esta ideologia de viver e atuar em coletividade, o apartamento do Almanac recebia um fluxo muito grande de gente a todo o momento, com uma crescente e inconstante inserção de pessoas como membros do grupo e moradores do local. Diversos nomes importantes da música folk do país estiveram em algum momento relacionadas ao grupo: o irmão mais novo de Peter Hawes, Baldwin, a irmã mais nova de Alan Lomax, Bess Lomax, Agnes "Sis" Cunningham e seu marido Gordon Friesen, Arthur Stern, entre outros. Alan Lomax também contribuía, indicando contatos e dando conselhos sobre repertório e relações com o mercado musical. O grupo chegou a contar até com membros que não sabiam cantar ou tocar algum instrumento, o que demonstra que os objetivos foram mais políticos do que estético-musicais; se uma pessoa podia contribuir ideologicamente para a composição de uma letra, ela poderia ajudar nas atividades do grupo e ser nomeada como integrante.

O repertório era composto de gêneros pertencentes ao conceito de música folk dos Estados Unidos, como baladas, blues, hillbilly e canções com referências de hinos metodistas.

As performances eram acústicas, com instrumentos como banjo e violão. Eles não usavam trajes arrojados nas apresentações, mas sim roupas do dia a dia, com algumas variações compostas por camisas de trabalho, macacões e botas de construção. Nenhum dos integrantes era um cantor com estudo de técnicas vocais. Robert Cantwell, autor do livro *When we were good: the folk revival*, publicado em 1996, descreve algumas características vocais dos integrantes do grupo:

> Sotaques, fraseado, timbre vocal e alcance, todos misturados, tanto entre os cantores, quanto dentre cada individualidade, com uma heterogenei-

---

[4] Cf. REUSS, *op. cit.*; WINKLER, Allan M. *To everything there is a season: Pete Seeger and the power of song*. Oxford: Oxford University, 2009; entre outros.

dade não profissional desconcertante, baseou-se em um número de tradições terminantemente incompatíveis. A voz de Seeger sozinha era uma rede de contradições: um sotaque do baixo Hudson Valley, proferido em tons de professor, afetando o idioma dos ranchos com toques dos palcos da Broadway. A enunciação estentória de Lee Hays, estalada dos púlpitos metodistas, atravessada por um tipo de perplexidade asmática, no sotaque do Vale do Mississippi, socialmente na borda inferior da respeitabilidade, mas com vogais arredondadas pela leitura de graves e profundos livros. Millard Lampell, embora projetando bravamente, não podia reservar totalmente as consoantes galvanizadas e as elásticas vogais da classe trabalhadora de Nova Jersey, tampouco podia Cisco Houston deixar de ressoar como um suave crooner de rádio, cantando as frases de uma marca de cigarros ou goma de mascar.[5]

Apesar dos comentários ácidos de Robert Cantwell, ele não tece uma crítica aos integrantes, mas afirma que tais características valorizaram as performances, mostrando que o grupo era pautado por uma espontaneidade e informalidade que legitimava as canções integrantes do repertório, aproximando-os das pessoas comuns, que haviam mantido muitas das canções vivas, de geração em geração. O "não profissionalismo" foi valorizado como uma possibilidade de aproximar mais os artistas de seu público.

Não podemos deixar de atentar para o fato de que o grupo inventou uma origem proletária ao, por exemplo, utilizar macacões, botas de construção e intensificar sotaques específicos, uma vez que nenhum dos integrantes era realmente oriundo das camadas trabalhadoras mais pobres do país, pelo contrário, eram brancos de classe média, com um relativo grau de instrução.

O grupo fazia apresentações acústicas em locais diversos como reuniões de sindicatos, comícios de trabalhadores, reuniões de organizações antifascistas, bares e casas noturnas.

Em 1941, a morada dos integrantes era frequentada por vários músicos e pessoas da esquerda como Jim Garland, Aunt Molly Jackson, Leadbelly, Josh White, Marc Blitzstein e comunistas como Mother Bloor e Elizabeth Gurley Flynn, demonstrando que, apesar de dizerem não estarem interessados em aprender sobre a dialética materialista e não quererem se tornar grandes acadêmicos marxistas, todos apoiavam causas ligadas à esquerda, especialmente ligadas ao movimento operário. Nem todos os integrantes eram filiados ao Partido Comunista, mas eram identificados com sua ideologia. De acordo com o historiador Ronald Cohen, o sonho do grupo era ajudar a estimular uma união radical de movimentos distintos, "abastecidos

---

5   CANTWEEL, Robert. *When we were good: the folk revival*. Cambridge: Harvard University Press, 1996, p. 140-141.

pelas estimulantes unidades organizativas do CIO de finais dos anos 1930, quando os comunistas tiveram mais importância".[6]

Neste mesmo ano, o grupo gravou seu primeiro disco, com a gravadora Keynote, intitulado *Songs for John Doe*, composto de sete canções, mas, devido ao fato das canções serem demasiadas explícitas e polêmicas, a gravadora quis esconder seu envolvimento lançando-o sob o selo Almanac Records. Os integrantes divulgaram o disco por meio de uma carta que circulou entre os esquerdistas. As canções desse disco denunciavam a guerra, defendendo a não intervenção dos Estados Unidos nas relações entre Hitler e Stalin, bem como criticavam a administração de Roosevelt por não dar apoio ao movimento trabalhista.

De acordo com Richard Reuss, a primeira canção do disco, "The Ballad of October 16th",[7] foi a canção mais popular e mais citada no movimento comunista sobre o pacto de paz Nazi-soviético de 1940.[8] Esta canção critica o presidente Roosevelt e sua esposa de forma explícita, como visto na letra abaixo:

> It was on a Saturday night and the moon was shing bright
>
> They passed the conscription Bill
>
> And the people they did say for many miles away
>
> 'Twas the President and his boys on Capitol Hill.
>
> CHORUS
>
> Oh, Franklin Roosevelt told the people how he felt
>
> We damned near believed what he Said
>
> He said, "I hate war, and so does Eleanor
>
> But we won't be safe 'till everybody's dead."
>
> When my poor old mother died I was sitting by her side
>
> A-promising to war I'd never go.
>
> But now I'm wearing khaki jeans and eating army beans
>
> And I'm told that J. P. Morgan loves me so,
>
> I have wandered o'er this land, a roaming working man

---

[6] COHEN, Ronald D. *Rainbow quest: the folk music revival and American society, 1940-1970.* Amherst: University of Massachusetts, 2002, p. 35.

[7] Disponível em: <https://www.youtube.com/watch?v=HhbrYhL3OPk>. Acesso em: 16 abr. 2015.

[8] REUSS, *op. cit.*, p. 152.

No clothes to wear and not much food to eat.

But now the government foots the Bill

Gives me clothes and feeds me swill

Gets me shot and puts me underground six feet.

CHORUS

Why nothing can be wrong if it makes our country strong

We got to get tough to save democracy.

And though it may mean war

We must defend Singapore

This don't hurt you half as much as it hurts me.[9]

    A letra foi interpretada com base na melodia da balada "Jesse James", um folk muito popular nos Estados Unidos, com autoria e origem desconhecida. No registro que integra o disco *Songs for John Doe*, a "The Ballad of October 16th" apresenta o acompanhamento de banjo e violão, sem solos, sem ambientação, sem variações rítmicas, apenas com um ralentar nos versos finais. Pete Seeger canta as estrofes e é acompanhado por um coro no refrão, bem no estilo e andamento das antigas baladas de tradição europeia.

    Após a invasão da União Soviética pelos alemães em 1941, o período de paz foi interrompido e o Partido Comunista mudou o discurso antiguerra para um pró-guerra, contra Hitler. O mesmo foi adotado pelo Almanac Singers, que acabou descartando as canções do disco *Songs for John Doe*.

    Ainda em 1941, o Almanac Singers gravou o disco *Talking Union*, pela mesma gravadora, que neste álbum manteve seu nome, Keynote. O produtor foi o dono

---

[9] Tradução livre da autora: Era um sábado à noite e a lua estava brilhando, Eles aprovaram a Lei de Constrição, E as pessoas que eles dizem representar estavam a milhas de distância, Estava o Presidente e seus garotos no Capitólio/ Refrão: Oh, Franklin Roosevelt disse às pessoas como ele se sente, Nós nem de perto acreditamos no que ele disse, Ele disse, "Eu odeio guerra, assim como a Eleanor, Mas nós não estaremos salvos, até que todos morram"/ Quando minha pobre mãe morreu, eu estava sentado ao seu lado, Prometi à ela que nunca iria para guerra, Mas agora estou vestindo jeans cáqui e comendo feijões do exército, E me disseram que J. P. Morgan também me ama/ Eu vaguei por essa terra, um trabalhador ambulante, Sem roupas pra vestir e sem muita comida para comer. Mas agora o governo paga a conta, Me dá roupas e me alimenta bem, Me dá um tiro e me coloca debaixo da terra/ Porque nada pode ser errado se faz nosso país mais forte, Nós temos que ser resistentes para salvar a democracia, E embora isso signifique uma guerra, Nós temos que defender Singapura, Isso não te machuca a metade do que machuca em mim.

da gravadora, Eric Bernay. O disco é composto por seis canções, das quais duas tiveram destaque: "Talking Union" e "Which Side Are You On?".

A canção "Talking Union" foi um grande sucesso composto enquanto o grupo participava de comícios do CIO em Detroit, em 1941. Sua letra descreve os procedimentos necessários para a criação de um sindicato em um tom bem humorado, apresentando os chefes dos trabalhadores que tentam criar um sindicato como alguém que tentará impedir sua união e sucesso a qualquer custo.

Uma das canções mais conhecidas do grupo foi "Which Side Are You On?",[10] uma regravação do original de Florence Reece, com a letra escrita em 1931, usando a melodia de um hino da igreja Batista, que originalmente era a melodia de uma antiga balada inglesa.

Florence era esposa de um mineiro que trabalhava nas minas de carvão de Kentucky e compôs a letra em meio às greves e lutas dos mineiros nos anos 1930. Esta canção foi publicada em 1947, na edição de comemoração do primeiro aniversário da revista *People's Songs*, no primeiro número do segundo volume, e recebeu um grande destaque, com a impressão da partitura e da letra.[11]

---

10 Disponível em: <https://www.youtube.com/watch?v=b1gX0SxtidI>. Acesso em: 16 abr. 2015.

11 Tradução livre da autora: Venham todos, bons trabalhadores, Tenho boas notícias para vos dar, De como este velho sindicato, Veio aqui para aqui ficar!/ Refrão: De que lado estás tu? De que lado estás tu?/ Meu pai era mineiro, E eu sou filho de mineiro, E ficarei com o sindicato, Até vencermos todas as batalhas/ Dizem em Harlan County, Que lá não há neutros, Ou se é sindicalista, Ou um bandido a mando de J.H.Blair/ Oh, trabalhadores, vocês aguentam isto? Oh, digam-me como conseguem, São vocês uns nojentos fura-greves, Ou são uns homens?/ Não lambam as botas dos patrões, Não ouçam as suas mentiras, Nós, os pobres, não seremos ninguém, Se não nos organizarmos.

Come all of you good workers, good news to you I'll tell of
how the good old un-ion has come in here to dwell.

Which side are you on,   *Which side are you on?*

Don't scab for the bosses
Don't listen to their lies.
Us poor folks haven't got a chance
Unless we organize.
    Which side, etc.

They say in Harlan County
There are no neutrals there.
You'll either be a union man
Or a thug for J. H. Blair.
    Which side, etc.

Oh, workers can you stand it?
Tell me how you can.
Will you be a lousy scab
Or will you be a man?
    Which Side, etc.

My daddy was a miner,
And I'm a miner's son.
And I'll stick with the union
Till every battle's won.
    Which side, etc.

Figura 19 – Partitura de "Which Side Are You On?". *People's Songs*, v. 2, n. 1, 1947, p. 6.

A partitura segue o padrão das demais publicadas em *People's Songs* e *Sing Out!*, com uma notação simplificada apenas da melodia, com a harmonia indicada pelos acordes.

O fonograma registrado no disco *Talking Union* foi interpretado por Pete Seeger cantando as estrofes e tocando banjo, acompanhado dos demais integrantes do The Almanac Singers no refrão, com um coro de vozes que entoam a letra solenemente, com dramaticidade e seriedade, sensação que é intensificada pela tonalidade menor da canção. Não há variação rítmica ou adornos na melodia e harmonia. Trata-se de uma balada, com estilo e andamento tradicionais do gênero.

Ainda em 1941, o Almanac Singers gravou mais dois discos com canções tradicionais do repertório folclórico nacional: *Deep Sea Chanteys and Whaling Ballads*, com cantigas de marujos e *Sod-Buster Ballads*, com baladas dos primeiros desbravadores do país, pela gravadora Hazard Reeve's General Records e produção de Alan Lomax.

De acordo com o biógrafo de Pete Seeger, o historiador Allan Winkler, após o ataque de Pearl Harbor e a entrada dos Estados Unidos na Segunda Grande Guerra, as canções trabalhistas se tornaram menos populares, com o movimento trabalhista apoiando os esforços de guerra. Assim o grupo deixou de cantar canções como "Talking Union".[12]

Durante o período da Segunda Grande Guerra havia um bom campo de trabalho para o grupo devido às suas canções antifascistas; seus membros se apresentaram em rádios e até em filiais do Office of War Information.

O historiador Richard Reuss esclarece que em 1942, o Almanac Singers tinha conseguido uma inserção nos meios de comunicação que causou alguns dilemas entre seus membros, uma vez que a presença na mídia comercial era vista como um retrocesso por apologistas da ideologia da "Velha Esquerda". Os membros nunca chegaram a um acordo sobre o grau de censura e edição que deveria ser aceito em seu material.[13] Neste período, a grande quantidade de membros do grupo (entre dez e doze) também se tornou um problema, uma vez que havia dificuldade em concordar com questões estéticas, como o fato de alguns membros não saberem tocar e cantar.

A amplitude de membros também causava outros problemas, como a desorganização da agenda de shows. Ao agendar mais de um show para um mesmo dia e horário, o grupo se dividia, gerando desagrado dos contratantes, que não sabiam qual intérprete apareceria no show contratado.

Com a intensificação do clima anticomunista, muitas oportunidades comerciais foram perdidas devido aos vínculos do grupo com o Partido Comunista. Allan Winkler afirma que "as conexões comunistas ajudaram a formar um público, mas também despertaram suspeitas e às vezes hostilidades em face ao crescimento do sentimento anticomunista".[14] A partir de 1942, o FBI e a Inteligência do Exército adotaram uma postura contrária ao grupo, incentivando críticas na grande imprensa. Desde então, o Comitê de Atividades Antiamericanas listou os integrantes fundadores do grupo, passando a investigar suas carreiras.

Em 1943, Woody Guthrie entrou para a Marinha e, em 1945, foi mandado para o Exército, onde ficou quatro meses em campo de batalha. Também Pete Seeger foi convocado para servir ao Exército, em julho de 1942, impactando negativamente a existência do grupo, que logo foi dissolvido.

Após ser liberado de servir ao Exército em Saipan, em dezembro de 1945, Pete Seeger voltou aos Estados Unidos e logo organizou a reunião de criação da *People's Songs* Inc. Assim, começou um período de muita atividade para Seeger que, além de dirigir a organização e editar a revista homônima, realizava conferências, compunha, ensinava as canções de seu vasto repertório e fazia shows para financiar a revista. Allan Winkler chama a atenção para o fato de que "ainda que ele estivesse

---

12 WINKLER, *op. cit.*, p. 32.
13 REUSS, *op. cit.*, p. 164-165.
14 *Ibidem*, p. 44-45.

focando seus esforços na *People's Songs*, Seeger estava fazendo um nome para si próprio como intérprete solo".[15]

Após seu apoio à campanha presidencial de Henry Wallace e com o clima de caça às bruxas aflorando após 1945, estava difícil para Seeger conseguir trabalho remunerado. Em setembro de 1949 uma oportunidade surgiu: se apresentar em um show com Paul Robeson, em Peekskill, Nova Iorque; o objetivo era angariar fundos para a ala do Partido Comunista ligada à causa dos direitos civis.

Peekskill era uma região com grande atividade da Ku Klux Klan, por isso, no dia do show, um grupo destruiu o equipamento de som e agrediu os trabalhadores que estavam preparando o palco, causando seu cancelamento e posterior reagendamento. No dia reagendado, cerca de trezentas pessoas tentaram impossibilitar o evento, mas o público de cerca de duas mil e quinhentas pessoas os impediram. Ao final do show os policiais direcionaram o trânsito para uma avenida estreita, na qual um grupo estava apedrejando os carros dos participantes, com a ajuda dos policiais.

Deste modo, com dificuldades de encontrar trabalho remunerado e com diversos ataques direcionados aos músicos ligados às causas da esquerda, no final dos anos 1940, alguns ex-integrantes do Almanac Singers decidiram criar um novo grupo musical denominado The Weavers, composto por Pete Seeger, Lee Hays, Ronnie Gilbert e Fred Hellerman. O nome do grupo foi tirado de uma peça germânica militante do século XIX, do autor Gerhart Hauptmann.

Pete Seeger e Lee Hays já atuavam juntos desde os anos de 1930 e se juntaram à Fred Hellerman, um recém graduado do Brooklyn College, que esteve presente em diversas reuniões da *People's Songs* Inc. ao longo dos anos 1940, e Ronnie Gilbert, uma estudante filha de uma mulher membro da International Ladies Garment Workers Union.

O The Weavers interpretava canções acústicas com arranjos simples, com acompanhamento de banjo e violão. Depois de assinarem um contrato com a gravadora Decca, no início de 1950, as gravações foram acompanhadas por orquestras, com um arranjo mais trabalhado. Todavia, nos shows continuavam com o acústico e interpretavam canções próprias, bem como um repertório de folks tradicionais. O repertório era eclético e internacionalista, trabalhando com canções israelenses, sul africanas, americanas e até canções revolucionárias chinesas. As canções afro-americanas insinuavam um compromisso e cooperação com a luta pelos direitos civis, mesmo não expressando explicitamente uma militância. A historiadora Gillian Mitchell afirma que o grupo era, ao mesmo tempo, politizado e de entretenimento.[16]

Ao longo dos anos 1950, o grupo contribuiu muito para uma profissionalização do intérprete de folk. O primeiro *single* gravado apresentava a canção israelita

---

15 *Ibidem*, p. 48.

16 MITCHELL, Gillian. *The North American folk music revival: nation and identity in the United States and Canada: 1945-1980*. Burlington: Ashgate, 2007.

"Tzena, Tzena" em um lado e "Goodnight, Irene" do outro lado. Esta canção, composta por Leadbelly, popularizou o autor e alcançou o primeiro lugar nas paradas de sucesso durante vinte e cinco semanas, tendo vendido 250.000 cópias da partitura e 500.000 cópias da gravação. E a canção "Tzena, Tzena" alcançou o terceiro lugar no ranking das rádios. Estima-se que em 1952, o The Weavers tenha vendido quatro milhões de cópias de discos, tornando-se, durante a década de 1950, o grupo de maior sucesso comercial relacionado ao repertório folk.

No início da carreira o grupo foi contratado pela casa noturna Village Vanguard para ganhar 200 dólares por semana, mais hambúrgueres grátis, após a grande inserção nos meios de comunicação, chegaram a ser cotratados por 4.000 dólares por semana. Com o aumento da popularidade, o grupo sentiu a necessidade de ter um produtor que os gerenciasse e o escolhido foi Harold Leventhal, que sugeriu trocar os trajes simples, calça jeans e camisetas, usados nos shows desde os tempos do Almanac Singers, para smokings, fato que incomodou Pete Seeger, mas que foi aceito. O grupo tinha dificuldade em explicar o sucesso à luz de suas ideias políticas, mas suas conquistas encorajaram outros músicos folk a ampliar seu público ao longo das próximas décadas.

Durante o período de perseguição e censura aos comunistas, diversos intérpretes de folk foram convocados a prestar depoimento no Comitê de Atividades Antiamericanas, que investigava a "ameaça vermelha" dentro dos Estados Unidos. O famoso intérprete e ator contratado pela 20th Century Fox, Burl Ives, denunciou alguns amigos em seu testemunho, a fim de conseguir manter seus contratos com gravadoras.

Em 06 de fevereiro de 1952, o artista e produtor Harvey Matusow testemunhou frente ao Comitê, afirmando que três dos quatro integrantes do The Weavers mantinham relações com o Partido Comunista, acusando-os de recrutar seu público para o Partido. Deste modo, no período macarthista, seus integrantes entraram para a lista negra do governo e foram perseguidos, com contratos em rádios e televisão e shows sendo cancelados após muitas críticas em jornais e revistas da grande imprensa. Com tais dificuldades em seguir com a carreira, o grupo foi dissolvido em 1952.

Em 1955, The Weavers se reuniu novamente para um show natalino no Carnegie Hall e decidiu continuar com a carreira. Desde seu fim, Ronnie Gilbert tinha mudado para Los Angeles com seu marido para cuidar de seu filho pequeno; Fred Hellerman estava se dedicando a estudar teoria e harmonia, bem como atuava como produtor e arranjador; Lee Hays se dedicava a escrever anúncios publicitários e histórias para Ellery Queen's Mystery Magazine.

Cansado das exaustivas tournées, Pete Seeger deixou o grupo em 1957 e foi substituído por Eric Darling. Um dos motivos que o levou a deixar o grupo foi o desejo de não apenas fazer shows, mas ensinar o repertório folk em escolas, igrejas e acampamentos de verão. Em sua biografia intitulada *To everything there is a season: Pete Seeger and the power of song*, Pete afirmou:

> Eu não queria uma carreira comercial. Eu acreditava que os bares noturnos eram lugares tolos onde as pessoas iam ficar bêbadas. As pessoas saíam para esquecer seus problemas. Eu queria resolver os problemas com a minha música. Eu não queria que as pessoas esquecessem seus problemas.[17]

Em agosto de 1955, quando Pete foi intimado para depor frente ao Comitê de Atividades Antiamericanas, ele consultou um advogado e acabou se negando a responder as perguntas do Comitê. Um ano após esta audiência, em 25 de julho de 1956, o Senado acusou Pete Seeger de desacato. Nove meses depois, em 26 de março de 1957, um júri federal o indiciou por dez acusações de desacato, três dias depois ele alegou ser inocente e foi liberado sob fiança. O júri exigiu que ele obtivesse permissão cada vez que desejasse sair de Nova Iorque, um problema para um músico com uma agenda de shows por todo o país. Posteriormente, seu advogado conseguiu que a corte aceitasse apenas uma notificação da viagem. O julgamento começou em 27 de março de 1961 e Pete Seeger foi julgado culpado, com uma sentença de um ano de prisão, sem direito a pagar fiança. O advogado de defesa apelou para que a corte aceitasse a fiança e então, depois de algumas horas na cadeia, Pete foi solto, tendo seu caso arquivado em 1962.

As trajetórias artísticas destes intérpretes e compositores demonstram que seu engajamento político foi expresso nas canções, na vida particular e nos escritos publicados em diversos suportes, entre eles as revistas *People's Songs* e *Sing Out!*, uma vez que todos contribuíram como colaboradores ou editores ao longo dos anos 1940 e 1950.

Uma característica que também uniu tais personagens, criando uma rede em seu entorno, foi seu envolvimento com Moses Asch e a gravação de suas canções na Folkways Records.

Um dos primeiros intérpretes a gravar na Folkways foi Woody Guthrie, em uma sessão que resultou no registro das canções "Ain't it Hard" e "Pretty Gals". Em 1951, Guthrie participou de algumas sessões de gravação coletiva que resultou em dois álbuns lançados por Asch no mesmo ano: *Lonesome Valley: a collection of American folk music*, junto com Pete Seeger, Lee Hays e Tom Glazer, e *Songs to Grow On, v. 3: American work songs*, também com Pete Seeger, Bill Bonyon, Sam Eskin, McClintock, Cisco Houston e Leadbelly, com canções sobre mineiros, caubóis, lenhadores, pescadores e fazendeiros.

Em 1956, Moses lançou o álbum *Bound for Glory: Songs and Stories of Woody Guthrie*, com canções compostas e interpretadas pelo artista e produzido por Millard Lampell. O disco apresenta onze faixas e no encarte há um texto introdu-

---

17 SEEGER. In: WINKLER, *op. cit.*, p. 71.

tório escrito por Lampell, as letras das canções e textos de Guthrie introduzindo algumas letras. Em seu texto Lampell afirma que as canções de Woddy têm o ritmo do trabalho, com o eco da raiva contra a pobreza e a mesquinhez. "As canções são preenchidas com a determinação de um povo que muito suporta".

A sétima faixa do disco apresenta a canção "This Land Is Your Land", uma das canções mais conhecida, gravada e interpretada do repertório folk estadunidense. O compositor modificou a letra diversas vezes ao longo do tempo, acrescentando ou substituindo alguns versos com conteúdo político mais explícito, que foram retirados das gravações e impressões.

A primeira versão da letra foi escrita como uma resposta à canção "God Bless America", que tocava muito nas rádios no final dos anos 1930, interpretada pela cantora popular Kate Smith. O primeiro título criado por Guthrie foi "God Blessed America for Me", referindo-se sarcasticamente à canção de Kate, mas, posteriormente, a renomeou "This Land Is Your Land".

A letra de Woddy Guthrie é simples e objetiva, expressando sua crença na necessidade de uma ênfase da população pobre e trabalhadora na história do país. No texto publicado no encarte do disco lançado pela Folkways, Woody afirma o seguinte:

> Eu odeio canções que te fazem pensar que você não é bom o suficiente. Eu odeio canções que te fazem pensar que você nasceu apenas para perder. Que está prestes a perder. Que não é bom para ninguém. Que não é bom para nada. Porque você é ou muito velho, ou muito novo, ou muito gordo, ou muito magro, ou muito feio, ou muito isso, ou muito àquilo. Canções que te põem pra baixo ou canções que caçoam de você por conta da sua má sorte ou sua trajetória difícil, eu combaterei esse tipo de canções até meu último suspiro, minha última gota de sangue. Eu cantarei canções que provarão que este é o seu mundo e que se ele foi duro com você e deu muitas voltas, não importa quão forte ele te pôs pra baixo, não importa qual cor ou de que tamanho você é, do que você é feito, eu cantarei canções que te farão orgulhar de si próprio e de seu trabalho. E as canções que eu canto são compostas, na maioria, por todos os tipos de pessoas, assim como você.

Esse texto está intimamente conectado com as ideias desenvolvidas em "This Land Is Your Land",[18] principalmente em seu texto original que continha os versos *Was a high wall there that tried to stop me, A sign was painted said: Private Property, But on the back side it didn't say nothing – This land was made for you and me* (Havia um muro alto que tentava me parar, Uma placa estava pintada: Propriedade Privada, Mas do lado de trás não dizia nada – Esta terra foi feita para você e para mim), que não foram gravados no disco *Bound for Glory*, que apresenta a seguinte letra:

> This land is your land This land is my land

---

18   Disponível em: <https://www.youtube.com/watch?v=1my1jn6QHzE>. Acesso em: 16 abr. 2015.

From California to the New York island;
From the red wood forest to the Gulf Stream waters
This land was made for you and Me.

As I was walking that ribbon of highway,
I saw above me that endless skyway:
I saw below me that golden valley:
This land was made for you and me.

I've roamed and rambled and I followed my footsteps
To the sparkling sands of her diamond deserts;
And all around me a voice was sounding:
This land was made for you and me.

When the sun come shining, then I was strolling
In wheat fields waving and dust clouds rolling;
The voice was chanting as the fog was lifting:
This land was made for you and me.[19]

 Essa letra impressa no encarte do disco *Bound for Glory* foi publicada na revista *Sing Out!*, junto com sua partitura, no exemplar número sete do quarto volume, de 1954.

 A melodia utilizada como base para a canção é similar à melodia de um hino da igreja Batista chamado "Oh, My Loving brother", gravado pela Carter Family com o título "When the World's on Fire", nos anos 1930. Woody interpretou a canção de forma simples, esteticamente também se opondo à gradiloquência vista em "God bless America", cantando a letra com o acompanhamento de um violão, utilizando

---

19 Tradução livre da autora: Esta terra é sua terra, esta terra é minha terra, Da Califórnia à Ilha de Nova Iorque, Da floresta de madeira vermelha para as Correntes do Golfo, Esta terra foi feita para você e para mim/ Enquanto eu andava por aquela faixa da rodovia, Eu vi acima de mim o céu infinito, Eu vi abaixo de mim o vale dourado, Esta terra foi feita para você e para mim/ Eu vagava sem destino e seguia meus passos, Para as areias brilhantes dos seus desertos de diamante, E em volta de mim uma voz estava soando, Esta terra foi feita para você e para mim/ Quando o sol apareceu brilhando, e eu estava passeando, E os campos de trigo ondulando e as nuvens de poeira rolando, Conforme a fumaça se levantava uma voz cantava, Esta terra foi feita para você e para mim.

uma sequência simples de acordes da tonalidade – I- IV- V – com rimas simples e a métrica memorável, característica das antigas baladas folk.

Existem inúmeras regravações e diferentes versões desta canção desde sua primeira gravação, com artistas como Pete Seeger, Bob Dylan, The Kingston Trio, Trini Lopez, Peter, Paul and Mary, The Seekers e Bruce Springsteen.

Outro intérprete que manteve estreitas relações com Moses Asch foi Pete Seeger, que gravou muitas canções com Asch de 1945 até 1960, quando assinou com a gravadora Columbia.

Em muitos discos ele apenas tocou banjo para outros intérpretes como em *Bill McAdoo Sings with Guitar*, gravado em 1960 com interpretações de Bill McAdoo de canções sobre o movimento pelos direitos civis, ou os discos *German Folk Songs*, gravado em 1954 pela intérprete Martha Schlamme e *Jewish Children's Songs and Games*, gravado em 1957 por Ruth Rubin.

Em alguns discos lançados pela Folkways, Pete Seeger apenas fez a produção, direção ou arranjo, como em *Camp Songs: The Song Swappers*, gravado em 1955. O disco apresenta canções cantadas por crianças de seis a onze anos em acampamentos de verão. Outros dois discos que produziu foram *Kim Loy Wong and his Wiltwyck Steel Band*, gravado em 1959, com performances do percussionista de Trinidade que mistura ritmos como samba e rumba, com canções populares americanas como gospel e folk, e *Russian Folk Songs: songs and dances of Central Russia*, de 1954, interpretado por Piatnitsky Chorus and Orchestra.

Pete também participou de vários discos coletivos produzidos por Moses Asch, como *Lonesome Valley: a collection of American folk music*, de 1951, junto com Guthrie, Lee Hays e Tom Glazer, *Songs of the Civil War*, gravado em 1960 com o grupo New Lost City Ramblers, Hermes Nye, Cisco Houston, Sandy Ives entre outros, e *Songs to Grow on, v. 2 e 3: school days*, de 1951, junto com Charity Bailey, Leadbelly, Adelaide Van Way e Cisco Houston.

Outros discos lançados por Asch com Seeger são gravações de alguns de seus shows, como os álbuns *Pete Seeger and Sony Terry at Carnegie Hall*, de 1958 e *Pete Seeger at the Village Gate with Memphis Slim and Willie Dixon*, de 1960.

Também foram lançados discos com Seeger ensinando técnicas de como tocar banjo e violão, como em *Folksinger's Guitar Guide, v. 1: an instruction record*, de 1955 e *How to play the 5-string banjo*, de 1954, disco este originado de seu livro/manual, publicado em 1948.

Contudo, tais discos representam uma pequena parte da produção de Pete Seeger junto com Moses Asch, se levarmos em conta sua extensa discografia composta de discos solo com canções de sua autoria e do repertório folk dos Estados Unidos e diversos outros países. Alguns exemplos são *American Ballads*, de 1957, com baladas de sua autoria, a série de quatro volumes, lançada entre 1957 e 1961, chamada *American Favorite Ballads*, o disco *Champlain Valley Songs*, de 1960, com canções da área de fronteira entre os Estados Unidos e o Canadá, na região das montanhas de Adirondack, em Nova Iorque, selecionadas de uma coleção de baladas e country do Norte, compiladas pela historiadora Marjorie Porter, interpretadas em inglês e francês. Em 1954 também foram lançados *Frontier Ballads*, com canções dos primeiros imigrantes, colonos e trabalhadores do país, e *The Pete Seeger Sampler*, com Pete tocando vários instrumentos e canções.

Em 1955, Moses Asch relançou o disco *Talking Union*, do grupo Almanac Singers, acrescentando outras canções sindicais interpretadas pelo coral Song Swappers. No quarto número do quinto volume de *Sing Out!*, Irwin Silber escreveu um texto sobre este álbum, elogiando o trabalho dos compositores e intérpretes, bem como de Moses Asch, por ter relançado o disco.

Asch trabalhou com muitos artistas que integraram o corpo de diretores da *People's Songs* como Millard Lampell, Tom Glazer, Bess Hawes, Alan Lomax. Peter Goldsmith afirma que há registros nos arquivos da Folkways da assinatura da revista por Moe.[20] Asch promoveu seus discos na revista e sua colaboração foi agradecida no exemplar comemorativo de 3 anos de aniversário, de 1949.

Em 1958, Moses Asch contratou Irwin Silber para trabalhar como uma espécie de *promoter* de sua gravadora. Irwin Silber nasceu em 1925, filho de pais judeus, cresceu no Lower East Side de Manhattan, em uma atmosfera política da "Velha Esquerda" desenvolvida pela relação dos pais com o Partido Comunista. Durante a infância e adolescência participou de muitos acampamentos infantis ligados ao Partido como o Camp Wo-Chi-Ca. Irwin foi um jovem precoce que pulou várias séries escolares, terminou o Ensino Médio com 15 anos e, desde então, integrou diversas organizações de esquerda: foi presidente da Associação dos Estudantes Americanos (ASU), membro da Liga Jovem Comunista (YCL) e da Juventude Americana para a Democracia (AYD). Entre 1941 e 1945 se formou em História Americana e Inglesa no Brooklyn College, em 1943, com 18 anos, se filiou ao Partido Comunista e, em 1949, se tornou organizador da Seção Musical da Divisão Cultural do Partido.

Em 1958, quando foi trabalhar com Asch, Silber já tinha 10 dez anos de experiência como administrador. Em julho de 1947, foi escolhido como o diretor executivo da *People's Songs* e, quando esta foi sucedida pela *Sing Out!*, continuou no comando.

Silber escrevia para o Daily Worker e trabalhava como redator para uma editora, até sua intimação pelo Comitê de Atividades Antiamericanas em 1952. Depois disso, não conseguiu mais trabalho na grande imprensa, dedicando-se apenas à *Sing Out!*.

A condição para trabalhar em período integral com Moses foi continuar com a *Sing Out!*, ao que Asch não só acordou, como também cedeu o espaço e se tornou um parceiro da revista. A Folkways muito se beneficiou com esta parceria no sentido de divulgar seus discos, num momento em que sua concorrência aumentava, com

---

20 GOLDSMITH, Peter D. *Making people's music: Moe Asch and Folkways Records*. Washington: Smithsonian Institution, 1998, p. 175.

a atuação de outras gravadoras dedicadas ao folk como Elektra, Vanguard, Prestige e Riverside.

A CANÇÃO COMO PLATAFORMA DE AÇÃO POLÍTICA, AJUDANDO A CONSOLIDAR OS DIREITOS CIVIS

Já vimos nos capítulos anteriores que os personagens ligados à revistas *People's Songs* e *Sing Out!* e à gravadora Folkways participaram ativamente na luta pelos direitos civis nos Estados Unidos, contribuindo com sua presença em diversos eventos, e com a divulgação de informações e canções. Todavia, ainda se faz necessário demarcar a forte presença do folk nas manifestações ocorridas ao redor do país, nas reuniões de líderes do movimento, bem como sua circulação entre distintos grupos e suportes musicais, a fim de demonstrar que, se houve algo único em meio às distintas manifestações ocorridas, foi a música, que deu suporte ao ideal de união, liberdade, igualdade e fraternidade.

Na obra intitulada *Civil rights chronicle: the African-American struggle for freedom*, de 2003, organizada por Clayborne Carson, ativo participante do movimento pelos direitos civis e fundador e diretor do Martin Luther King Jr. Papers Project, na Universidade de Stanford, afirma-se que não há um consenso entre os historiadores sobre as exatas origens do Movimento:

> Historiadores continuam a debater as exatas origens do moderno movimento pelos direitos civis. Muitos apontam o boicote de ônibus de Montgomery em 1955-56 e a emergência de Martin Luther King Jr. Outros apontam para a decisão de Harry Truman de integrar as forças armadas dos Estados Unidos, em 1948 ou a inclusão de Jackie Robinson[21] no entretenimento americano, em 1947. Poucos notam a mudança demográfica e o início dos avanços econômicos que acompanharam a Segunda Grande Imigração e a Segunda Guerra Mundial. Para muitos historiadores, no entanto, nenhum evento no século XX foi um pivô para a causa dos direitos civis como a decisão Brown.[22]

Como podemos observar, todos os eventos citados ocorreram antes da década de 1960, entretanto, as obras sobre a história do movimento não aprofundam um estudo detalhado dos anos 1940 e 1950.

É importante esclarecer que, desde o século XIX, houve focos de resistência contra o sistema de *apartheid* ao qual a população afro-americana dos Estados Unidos era submetida, com a divisão em bairros separados, escolas separadas, lugares

---

21 Jackie Robinson foi o primeiro jogador de beisebol afro-americano da Major League Baseball, inserido na Liga em 15 de abril de 1947.

22 CARSON, Clayborne (Consult.). *Civil rights chronicle: the African-American struggle for freedom*. Illinois: Legacy, 2003, p. 108.

marcados no transporte público, nos cinemas, em teatros, bebedouros e restaurantes separados, e mesmo a proibição de dirigir a palavra aos brancos, fato que poderia causar a intervenção da Ku Klux Klan.

O sociólogo Andrea Semprini esclarece que o fundamento do racismo antinegro nos Estados Unidos nunca foi apenas econômico ou de classe, mas cultural.

> Isso é confirmado pela violência com que os partidários da supremacia branca e da segregação se batiam para privar os negros de dois direitos fundamentais que teriam contribuído para superar sua marginalidade socioeconômica e sua sujeição política: o direito à educação e ao voto. Quando o movimento pelos direitos civis implodiu as bases legais do *apartheid*, a resistência e os atos de intimidação se dirigiram contra a inscrição dos negros para o exercício do direito de voto e contra a admissão de estudantes negros nas universidades reservadas aos brancos. O objetivo era claramente impedir o acesso dos negros à cidadania e à igualdade de direitos que, no entanto, é parte integrante do sonho americano.[23]

Desde a criação da primeira Ku Klux Klan, em 1865, uma das preocupações de seus integrantes era não permitir que afro-americanos recém libertos tivessem direito de voto, embora, desde 1787, a Constituição garantisse direitos fundamentais a todos os cidadãos, que eram negados com base em legislações estaduais.

Uma das primeiras organizações que direcionou as ações de resistência ao sistema de *apartheid* foi a National Association for the Advancement of Colored People – NAACP (ou Associação Nacional para o Avanço das Pessoas de Cor – ANAPC, em português), uma das mais importantes e maiores organizações dedicadas à luta pelos direitos civis afro-americanos, até os dias atuais, fundada em 12 de fevereiro 1909. A organização foi criada por um grupo de liberais brancos, que incluía Mary White Ovington e Oswald Garrison Villard, em resposta à violência praticada contra afro-americanos. De acordo com a própria NAACP, na primeira reunião agendada para discutir uma justiça racial, havia cerca de sessenta pessoas, das quais apenas sete eram afro-americanas, incluindo W.E.B. Du Bois, Ida B. Wells-Barnett e Mary Church Terrell.[24]

O principal objetivo da organização era assegurar a todas as pessoas os direitos afirmados na décima terceira, décima quarta e décima quinta emendas da Constituição dos Estados Unidos, que garantia acabar com a escravidão, proporcionar proteção igual e sufrágio universal masculino.

Desde 1939, a NAACP conduzia o Fundo de Defesa Legal, uma ala ativa na luta contra o preceito de "Separados, mas Iguais". A organização ganhou diversos casos na Suprema Corte, como *Lane v. Wilson* de 1939 (contra uma lei de Oklahoma

---

23 SEMPRINI, Andrea. *Multiculturalismo*. Bauru: EDUSC, 1999, p. 19.
24 Site oficial da NAACP: < http://www.naacp.org/pages/naacp-history>.

que restringia o voto negro), *Mitchell v. United States* de 1941 (contra uma lei de Arkansas que proibia negros de dirigir trens), *Morgan v. Virginia* de 1946 (contra uma lei da Virginia que negava às mulheres negras o direito de sentar-se no assento de sua escolha em ônibus interestaduais). No que toca à segregação na educação, a NAACP esteve envolvida nos casos *Sweatt v. Painter, McLaurin v. Oklahoma State Regents for Higher Education* e *Brown v. Board of Education of Topeka*, entre outros.

Ao longo dos anos de existência, o número de membros da organização aumentou, bem como ocorreu a criação de outras organizações orientadas à luta pelos direitos civis, levando as lutas, que antes eram travadas nas Cortes de Justiça, para espaços mais abrangentes, como as ruas do país.

Assim, na década de 1950, ocorreram manifestações que se tornaram grandes eventos da história nacional, com a participação de muitas pessoas e a cobertura da mídia, que levava as informações de Norte a Sul. Foram formados diversos grupos oriundos das igrejas e instituições educacionais, que se dedicavam a lutar organizando passeatas, pressionando o Congresso Nacional para obterem direito de voto, bem como uma efetiva integração, que começasse em escolas, igrejas e locais públicos em níveis municipais, estaduais e regionais. Algumas dessas organizações foram a Montgomery Improvement Association (MIA), a Alabama Christian Movement for Human Rights (ACMHR), a United Christian Movement Inc. (UCMI) de Louisiana e a Southern Christian Leadership Conference (SCLC).

Alguns dos eventos da década de 1950 foram o processo judicial de 1954, conhecido como *Brown X Board of Education* (Conselho de Educação) *de Topeka*, no estado do Kansas, um segundo caso chamado *Brown X Board of Education II*, de 1955, no qual a Suprema Corte declarou que todas as escolas deveriam deixar de separar brancos e afro-americanos o mais rápido possível. Todavia, as mudanças esperadas não aconteceram rapidamente, com muitas escolas negando a integração.

Outro evento foi a aprovação pelo Congresso Nacional da Lei dos Direitos Civis de 1957, que dava ao Departamento de Justiça o poder de arquivar processos, tanto contra leis estaduais ou municipais, que fossem prejudiciais aos direitos civis de afro-americanos. Os boicotes de ônibus de Montgomery e Baton Rouge também foram atos importantes para a luta pelos direitos civis.

Cabe lembrar que o boicote de Baton Rouge foi iniciado em 1953, com a formulação de uma petição à Câmara Municipal que visava acabar com a segregação nos ônibus. Com o parecer favorável e a decisão dos morotistas de ignorá-lo, os afro-americanos iniciaram um boicote aos ônibus da cidade.

Já o boicote de Montogomery foi inciado em dezembro de 1955, quando a costureira afro-americana Rosa Parks sentou-se nos bancos da frente de um ônibus municipal, recusando-se a desistir do lugar em prol de uma mulher branca, fato que causou sua prisão, julgamento e condenação. As manifestações de apoio e revolta e o boicote da população aos transportes urbanos duraram 386 dias, até a revogação da legislação segregacionista nos ônibus da cidade. Neste evento a Comunidade Judaica de Montgomery e muitos simpatizantes brancos de classe média aderiram às manifestações.

As diversas manifestações pelos direitos civis de Norte a Sul do país tiveram particularidades locais, de acordo com as estratégias escolhidas pelas lideranças locais, mas, algo que esteve presente em todos os eventos foi a música, que informava, inspirava, incentivava, acalmava ou agitava os ânimos dos participantes.

Em 1989, Pete Seeger e Bob Reiser lançaram o livro intitulado *Everybody says freedom: a history of the Civil Rights Movement in songs and pictures*, no qual ambicionam apresentar uma história do movimento pelos direitos civis por meio de suas músicas. O livro traz 39 partituras de canções com suas letras, bem como diversas fotografias, breves biografias e testemunhos de pessoas que participaram de eventos do movimento, tanto alguns de seus líderes, como pessoas comuns, que integraram a massa de manifestantes. O interessante destes testemunhos é que todos afirmam que as canções foram um importante "motor" das manifestações, gerando um sentimento de unidade e fortalecendo a crença na vitória das lutas travadas. O livro aborda desde os boicotes de ônibus de 1955, até a morte de Martin Luther King Jr., em 1968.

Tendo estudado em colégios segregados da classe média alta, Pete Seeger conheceu poucos afro-americanos em seus anos escolares. Apenas quando abandonou Harvard e foi morar em Nova Iorque, ele tomou conhecimento dos horrores da segregação e dos linchamentos. Até então, suas preocupações sociais estiveram ligadas ao movimento trabalhista e ao Partido Comunista, mas, quando tomou contato com a causa dos direitos civis, aderiu a mais esta bandeira de luta.

Allan Winkler afirma que quando Seeger leu sobre o boicote de ônibus em Montgomery no jornal *New York Times*, ele ficou intrigado com o movimento musical que estava ocorrendo e questionou o repórter sobre um possível contato com os organizadores do movimento. Então, Pete teria escrito à Montgomery Improvement Association solicitando cópias das canções, no que foi logo atendido por E. D. Nixon, responsável pelo escritório da NAACP que organizava os boicotes. Um ano depois ele conheceu Martin Luther King Jr. na Highlander Folk School e começou a participar ativamente de diversas manifestações pelos direitos civis.[25]

A Highlander Folk School[26] foi criada em 1932, em New Market, Tennessee, por Miles Horton e Don West, com o objetivo de amparar iniciativas dedicadas à educação de homens e mulheres ligados ao movimento trabalhista do país, mantendo estreitas conexões com o CIO. Nos anos 1950, com o clima anticomunista aflorado, muitos sindicatos afastaram-se da escola, pois temiam serem identificados com sua ideologia de esquerda. Assim, os diretores da escola decidiram que seus esforços seriam direcionados à luta contra o racismo no país, tornando o local disponível

---

25 WINKLER, *op. cit.*, p. 96-97.
26 Em 1963 seu nome foi mudado para Highlander Folk Center.

para reuniões, palestras, cursos, com material de apoio, como a biblioteca, para as organizações que lutavam pela causa dos direitos civis.

Pete Seeger esteve presente em muitos eventos em prol dos direitos civis de Norte a Sul do país. Em sua biografia, *To everything there is a season: Pete Seeger and the power of song*, sua esposa, Toshi Seeger, afirma que, dos 365 dias de um ano, Pete passava apenas cerca de 90 deles em sua própria casa, com a esposa e os filhos. Ele esteve presente em marchas em Nova Iorque, Newark, Nova Jersey, Chicago, Washington D. C., Albany, Alabama, Montgomery e até em Winnipeg, no Canadá. Também participou do Mississippi Summer Freedom Project, organizado pela Student Nonviolent Coordinating Committee (SNCC), que enviava voluntários para os estados mais intensamente segregados, a fim de ajudarem nas lutas locais. Seeger também se somou aos Freedom Riders (Cavaleiros da Liberdade), grupos de jovens, intelectuais, artistas, religiosos e músicos que saiam do Norte do país em caravanas em direção ao Sul, com o objetivo de pressionar as autoridades locais.

Em 1958, Pete gravou o álbum *Gazette, vol.1*, pela gravadora Folkways, com produção de Irwin Silber. O disco apresenta onze canções do lado A e nove canções do lado B, todas interpretadas por Pete.

A capa do disco apresenta uma ilustração com Pete Seeger tocando seu banjo ao lado de uma edição de uma gazeta de notícias que afirma conter uma "coleção de *topical songs*, antigos e novos, sem uma direção ou pressão quanto ao seu conteúdo". Esta "gazeta" apresenta diversas frases e trechos de distintos autores, como a frase de um ditado ateniense: "... o preço da felicidade é a liberdade, e o preço da liberdade é um coração valente", ou frase supostamente atribuída a Benjamin Franklin: "Sem liberdade de pensamento, não pode haver coisas como a sabedoria: e nem coisas como a liberdade pública, sem liberdade de expressão. Este é um direito de todo homem, que não deve ter limites, a menos que lesione a outros".

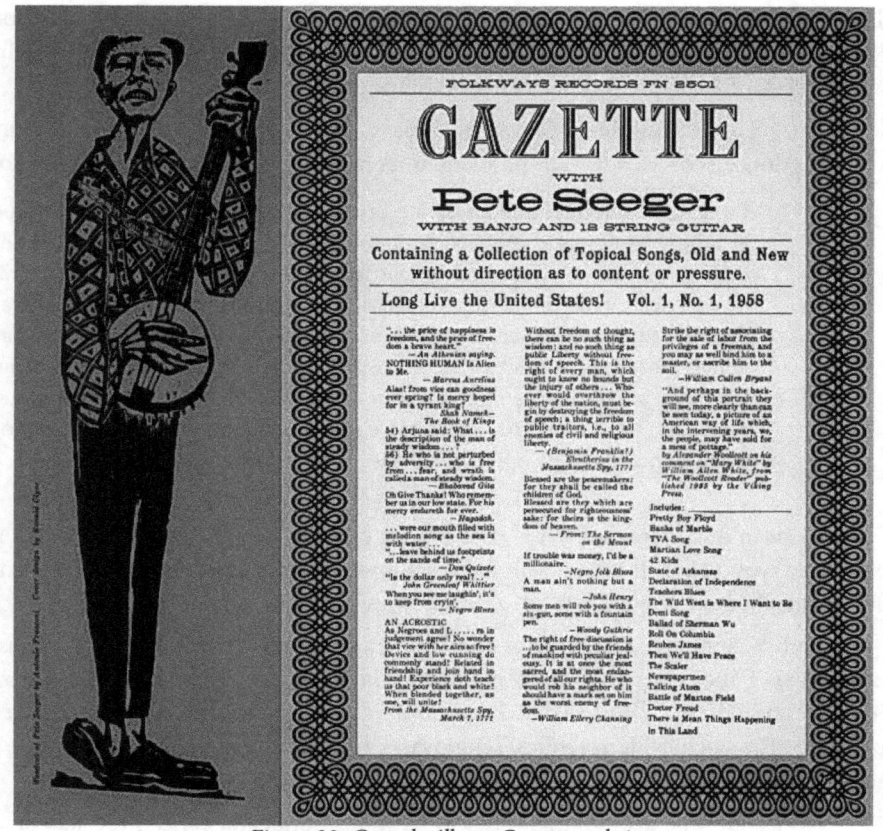

Figura 20- Capa do álbum *Gazette, vol. 1*.

Essa capa representa bem as armas utilizadas por artistas ligados ao folk que se engajaram nas lutas por igualdade e direitos civis das minorias nacionais: a música e a escrita. Tais artistas apreenderam que cada uma dessas linguagens poderia atingir públicos específicos, e sua junção contribuía para uma amplitude do alcance das ideias difundidas.

No texto introdutório às canções, presente no encarte do disco, Irwin Silber afirma que enquanto os livros proporcionam as datas e os lugares dos acontecimentos que moldaram o mundo, as canções folk ajudaram a entender a vivência dos homens que fizeram a história, uma vez que tais canções comentam os eventos ou falam das personalidades envolvidas.

As canções apresentadas no disco tratam de assuntos como o assassinato de Pretty Boy Floyd, ou os episódios em Little Rock, em 1957, quando os nove estudantes afro-americanos que conseguiram nas cortes o direito de estudar na Escola Central da cidade, foram impedidos de assistir às aulas, até a intervenção do presidente com o envio de tropas federais. Trata-se, ainda, da violência praticada pela Ku

Klux Klan, e do alto custo de vida no período. As canções são acompanhadas por cópias de notícias publicadas nos jornais da época sobre os assuntos tratados. Irwin também esclarece que muitas das canções foram publicadas pela revista *Sing Out!*.

Um segundo volume do *Gazette* foi lançado em 1961, pela Folkways. Nos encartes dos dois discos Moses Asch publicou uma nota de esclarecimento, afirmando:

> Eu sempre acreditei que é tarefa e privilégio de editores de materiais que alcançam um grande público disponibilizar ao público a mais ampla variedade de pontos de vista e opiniões possível – sem a mão pesada da censura, ou a imposição do ponto de vista editorial. Em meu ponto de vista, a gravadora Folkways e Pete Seeger, colaboraram neste álbum de canções políticas contemporâneas, a crença na completa documentação da vida americana, faz o lançamento deste material nossa responsabilidade. Para àqueles que acreditam na liberdade de expressão e não censura, não apenas de suas próprias crenças, mas da opinião e ideias de outros, eu dedico este álbum.

Deste modo, Moses Asch e Pete Seeger estavam se posicionando contra a censura e favoráveis à liberdade, em todas as suas formas possíveis, de acordo com suas participações e apoio à luta pelos direitos civis.

Outro exemplo de disco com conteúdo engajado na causa dos direitos civis, lançado pela Folkways, em 1960, foi o *Songs of the American Negro Slaves*, com performances de Michel LaRue. O disco contém 14 gravações no lado A e 16 gravações no lado B. Há canções de trabalho, religiosas, canções de lamentação, esperança e canções para brincadeiras.

No livreto que acompanha o disco, há notas para cada canção escritas pelo próprio intérprete, bem como as letras das canções. Há também, dois ensaios, um escrito por John Hope Franklin, que trata das complexas características das canções afro-americanas, e outro escrito por Ralph Knight, intitulado *American Negro Slavery*, que trata da economia escravista e da exploração de afro-americanos nos Estados Unidos. Tanto os ensaios quanto as notas das canções enriquecem as gravações ao aprofundar questões musicais, históricas e inserir opiniões pessoais dos autores ao tema do disco. A principal proposta da obra é mostrar que, através da música, os escravos expressavam seu posicionamento frente à opressão, seja por meio de lamentações e protestos, ou utilizando as canções para o reconforto.

Em seu ensaio, John Hope Franklin afirma:

> Canções como estas permanecerão uma parte importante da herança cultural da América porque elas cresceram na real, terrível e significativa experiência das pessoas que primeiro as cantaram. Elas vieram do coração, e sua sinceridade as dá, não apenas fidelidade, mas integridade. Elas sofreram, é claro, muitas modificações nas mãos dos arranjadores modernos, e embora estas mudanças tenham as violentado, é difícil destruir sua originalidade e

sabor. São estas qualidades que ganharam pra elas um lugar entre as melhores canções ou pessoas do mundo.

Estas palavras ganham ainda mais relevância se levarmos em consideração o fato de que seu autor é um historiador estadunidense afro-americano, dedicado à história da escravidão e da luta contra ela no país. John Hope Franklin foi professor emérito de várias universidades, entre elas a Duke University, bem como presidente da American Studies Association (1967), da Southern Historical Association (1970), da United Chapters of Phi Beta Kappa (1973-76), da Organization of American Historians (1975), e da American Historical Association (1979). O autor também recebeu diversos prêmios, como a Presidential Medal of Freedom, a maior honraria civil dos Estados Unidos. Atualmente existe um centro que leva seu nome dedicado a programas de estudo que apoiam a ideia de que o conhecimento deve ser partilhado.

No segundo ensaio, de Ralph Knight, o autor traça um breve histórico da escravidão afro-americana no país:

> A escravidão vem primeiro à mente como um sistema de degradação humana. É uma história, primeiro de tudo, de um povo retirado de seus lares, algemado, e trazidos por milhares de milhas para um novo continente, para trabalhar como bestas, para ser privado de qualquer direito, para ser açoitado e torturado, e para lutar, se organizar e lutar pela liberdade. Seu trabalho foi a base da criação de grandes iniciativas agrárias, mas eles foram roubados e enganados a respeito de qualquer recompensa sobre a riqueza acumulada nas mãos de seus superiores.

Deste modo, por meio de discos como esses, compreendemos o quanto a gravadora se posicionou frente à questão dos direitos civis, publicando canções e textos contrários à história da escravidão no país e à privação de direitos a afro-americanos.

Outro disco significativo lançado pela Folkways, em 1960, foi *South African Freedom Songs*, com canções interpretadas no dialeto zulu por Pete Seeger, Robert Harter, Guy Carawan, Ned Wright e Garret Morris. No encarte do disco, Pete afirma que as canções foram ensinadas ao grupo por Mary Louise Hooper, por meio de uma fita gravada por membros do Congresso Nacional Africano quando de seu retorno da África, em 1959, após ter sido expulsa pelo governo da África do Sul. As quatro faixas gravadas são canções contra o *apartheid*.

Este não foi o primeiro trabalho de Guy Carawan com Moses Asch. Em 1958 ele já havia gravado o disco *Songs with Guy Carawan*, com canções tradicionais do repertório folk coletado nos Estados Unidos, China, Rússia e Europa. Asch gostou tanto desse trabalho que fechou um contrato para mais, no mínimo, seis discos a serem lançados entre 1959 e 1961. Assim, em 1959 foram lançados os discos *Guy Carawan Sings Something Old, New, Borrowed and Blue*, e *This Little*

Light of Mine, com canções ecléticas, como composições de Woody Guthrie, blues e baladas.

Guy Carawan nasceu na Califórnia, em 1927, passou a infância em Los Angeles, onde a mãe o enviou para estudar em uma escola pública fora de seu bairro, para que ele não tivesse que estudar com crianças negras da sua vizinhança. Suas primeiras experiências com a música se resumiram ao clarinete e as canções da banda marcial da Legião Americana. Enquanto estudava Matemática no Occidental College, aprendeu a tocar ukulele e conheceu o professor Bill Oliver, membro da *People's Songs* de Los Angeles, que o apresentou a outros membros da organização.

Carawan conheceu Pete Seeger quando estava terminando seu mestrado em Sociologia na Universidade da Califórnia, em Los Angeles, com quem acabou aprendendo a maior parte de seu repertório engajado. Após a morte da diretora musical da Highlander Folk School, Zilphia Horton, Carawan foi convidado para assumir seu cargo, em 1956. Depois que se tornou diretor da Highlander intensificou seu engajamento e passou a atuar intensamente no movimento pelos direitos civis, junto a líderes de diversas organizações.

Foi nos eventos de Nashville que Carawan conheceu sua esposa, Candie Anderson (depois Candie Carawan), estudante da Fisk University e militante das manifestações, com quem viajou ao longo do Sul do país, acompanhando as manifestações e documentando-as, por meio de gravações e transcrições das canções interpretadas durante tais eventos. Tal repertório foi publicado nos livros *We Shall Overcome! Songs of the Southern Freedom Movement*, publicado em 1963, e *Freedom is a Constant struggle: Songs of The Freedom Movement*, publicado em 1968. Também foram lançados os discos *Freedom in the air: Albany Georgia*, em 1961, pela gravadora Vanguard, produzido por Guy Carawan e Alan Lomax, com canções utilizadas pelo Student Non-violent Coordinating Committee nos protestos em Albany, e Birmingham, Alabama, 1963: *Mass Meeting*, em 1980, com falas de Martin Luther King Jr., Ralph Abernathy e o coral Birmingham Movement.

A função de Guy Carawan como diretor musical da Highlander Folk School era exatamente participar das reuniões, palestras, cursos e eventos das organizações ligadas ao movimento pelos direitos civis, ensinando canções e interpretando-as durante as manifestações e, sempre que possível, compor novas canções que contribuíssem com a causa.

Assim, como todos os envolvidos nos eventos, Guy e sua esposa foram presos diversas vezes, uma delas foi durante um workshop com líderes dos direitos civis na Highlander, quando a policia local apareceu, procurando por provas de venda ilegal de bebidas alcoólicas, e encontrou uma pequena quantidade de whisky na casa de Miles Horton, diretor da escola. Os envolvidos afirmam que tais provas foram plantadas pela polícia no local, como motivo para a prisão de Septima Clark, Guy

Carawan e outros. Nesta ocasião, Guy escreveu para Moses Asch, Pete Seeger e Irwin Silber, pedindo 250 dólares para o pagamento da fiança.

Tais personagens ligados ao repertório folk não apenas compuseram, gravaram e interpretaram canções que explicitamente eram contra a desigualdade social e racial, mas também escreveram sobre as canções e estenderam seu engajamento à participação ativa em manifestações, reuniões das lideranças do movimento e demais atos organizados. Inclusive sofrendo as mesmas punições dos demais manifestantes, como agressões, ameaças e prisões.

É necessário destacar que a grande maioria das organizações e grupos militantes nas lutas pelos direitos civis no Sul dos Estados Unidos mantinham estreitas conexões com as igrejas protestantes como a Batista, Metodista e Presbiteriana, que tinham uma forte tradição de interpretar canções spirituals. A música era parte das igrejas e comunidades afro-americanas e, normalmente, era conduzida pelos ministros e grupos de canto coral, que interpretavam os spirituals com as letras e estilo tradicionais, com muitos improvisos e elementos característicos do gênero como o canto em coro, o acompanhamento com palmas e muitos melismas nas melodias.

Os estudantes de colégios afro-americanos tradicionais, muitos dos quais iniciaram as primeiras grandes manifestações pelos direitos civis, no final dos anos 1950, aceitavam apenas uma forma de música afro-americana: os spirituals tradicionais de grupos de canto coral, como o Fisk Jubilee Singers, de Nashville.

Peter Goldsmith esclarece que, desde os boicotes de ônibus de Montgomery, os participantes das manifestações em prol dos direitos civis se aproximaram da música sacra afro-americana com a convicção de tratar-se de um repertório de resistência. Sua estrutura improvisatória tornava-a altamente adaptável.[27] Assim, foram interpretados hinos com o acompanhamento do bater de palmas, danças, clamores e adoração por grupos como o Montgomery Gospel Trio ou o Nashville Quartet, que eram estudantes do American Baptist Theological Seminary.

O autor Burton Peretti também afirma que desde seu início o movimento pelos direitos civis utilizou a música para estimular a comunidade, solidariedade e coragem frente à possibilidade da prisão, maus tratos nas cortes e cadeias e ataques de grupos racistas.[28]

Bernard Lafayette, integrante do Nashville Quartet, afirmou o seguinte em seu depoimento no livro organizado por Pete Seeger e Bob Bob Reiser, *Everybody says freedom: a history of the Civil Rights Movement in songs and pictures,* sobre a presença da música nos ataques sofridos, como os ataques de 20 de maio de 1961 aos *freedom riders*, em Birmingham:

---

27   GOLDSMITH, *op. cit.*
28   PERETTI, Burton W. *Lift every voice: the history of African American music.* Lanhm: Rowman e Littlefield Publishers, 2009, p. 143.

A canção tem diferentes significados em tempos distintos. Ás vezes você está cantando sobre os problemas do mundo – "We shall overcome"; às vezes você está cantando sobre os problemas locais da sua comunidade – "We shall overcome". Mas naquela estação de ônibus era uma prece – uma canção de esperança de que sobreviveríamos e mesmo se nós daquele grupo não sobrevivêssemos, então nós, enquanto povo, poderíamos vencer.[29]

Com a investida dos artistas envolvidos nas lutas políticas da esquerda, atuando, sobretudo, nas cidades do Norte, como os grupos relacionados à *People's Songs, Sing Out!* e Folkways, nas lutas pelos direitos civis no Sul do país, suas referências sobre o repertório folk, estabelecidas desde os anos 1930 pela "Velha Esquerda" (como visto nos capítulos anteriores), começaram a ser aceitas e incorporadas pelos tradicionais grupos afro-americanos que interpretavam um repertório religioso. Intérpretes e compositores como Pete Seeger, Woody Guthrie e Guy Carawan, contribuíram muito na prática de modificar a letra das canções atendendo a critérios políticos, criando canções contingentes, com mais apelo social e midiático, consequentemente, com maior alcance de grandes massas.

Muitos grupos de música criados no seio das lutas pelos direitos civis foram intensamente influenciados por esses artistas, como o Freedom Singers, incentivado por Pete Seeger e pelo líder da SNCC (Student Nonviolent Coordinating Committee), James Forman. Burton Peretti esclarece que o grupo difundiu informações sobre a campanha dos Freedom Riders, ajudou outras comunidades a organizar manifestações e angariou dinheiro para a causa.[30] Outro importante grupo surgiu em Birmingham, Alabama, em 1963, o Birmingham Movement Singers, que contribuiu na mobilização das congregações e escolas.

Assim, uma parte da história da música folk dos Estados Unidos, entre 1945 e 1960, se confunde com a história das tentativas de consolidação da democracia e com a história das lutas pela igualdade de direitos. Nesse processo, nos qual foram reivindicados e apropriados elementos representativos de uma identidade nacional, com lutas de representações entre os distintos grupos sociais, a história da música folk também perpassa as lutas simbólicas pela reconfiguração da identidade da nação.

---

29 LAFAYETTE. In: SEEGER, Pete; REISER, Bob. *Everybody says freedom: a history of the Civil Rights Movement in songs and pictures*. Nova Iorque: W.W. Norton & Company, 1989, p. 55.
30 PERETTI, *op. cit.*, p. 143.

CONSIDERAÇÕES FINAIS

A partir da análise de um extenso *corpus documental*, composto por documentos impressos e sonoros, bem como de uma ampla bibliografia, apreendemos que a dificuldade em se definir o que é música folk extrapola o problema do que seja um gênero ou um estilo musical, e alcança aspectos ideológicos, apontando para disputas culturais em determinados contextos históricos.

No processo de difusão do folk estadunidense de áreas rurais para as grandes cidades do país, gêneros interpretados de distintas maneiras sofreram formatações e classificações, a fim de adequarem-se às demandas do mercado musical.

Junto a isso, uma parte desse repertório foi apropriado pela esquerda nos anos 1930, com a eleição de determinados gêneros e instrumentos como representativos da identidade musical nacional; havia um interesse em se apropriar de uma tradição musical o mais próxima possível das tradições mais remotas da nação, como as canções religiosas e baladas do Sul do país, uma vez que "a definição de uma identidade nacional é feita de ideias sobre o passado da nação, de tradições profundaente enraizadas".[1] Contudo, tal apropriação não foi expressa em discursos veiculados por meio da escrita, mas sim se revelou na prática dos músicos e compositores, que interpretaram e registraram suas performances, pautados nessa estética.

Intérpretes destacados do repertório folk que assumiram como missão preservar, difundir e contribuir para a valorização dessa música, como Pete Seeger, Woody Guthrie e Lee Hays, elegeram alguns gêneros, estilos interpretativos e instrumentos, mas, ao discorrerem sobre a representatividade popular do folclore, em livros, artigos e encartes dos discos, não fizeram uma apologia a nenhuma estética específica.

---

[1] BECKER, Jane S. *Appalachia and the construction of an American folk, 1930-1940*. Chapel Hill: University of North Carolina, 1998, p. 1-2.

De fato, nos Estados Unidos, a partir dos anos 1930, o folclore não foi mantido estático no passado como a "essência" de um povo, como idealizaram os primeiros folcloristas, mas serviu como um suporte para as demandas políticas e sociais do presente. Neste sentido, a inovação do folk intensamente defendida pelos próprios compositores e intérpretes, não passou por uma estética sofisticada, mas sim pela primazia das letras das canções e de uma estética condizente com o objetivo de intervir na sociedade, como melodias e harmonias simples e conhecidas pela grande maioria da população, como as baladas, os blues e as melodias espirituais, que já haviam sido gravadas e difundidas desde o início do século. Muito contribuiu para esse estudo a análise das revistas culturais que são "o registro mais próximo do presente da escrita de um momento da cultura".²

A análise de *People's Songs* e *Sing Out!* permitiu apreender que o grupo envolvido na criação e desenvolvimento das revistas alinhava-se às concepções ideológicas da "Velha Esquerda", demonstrando que mais importante do que a discussão sobre gêneros musicais e seu pertencimento ou não ao repertório folk, ou ainda, às diferenças entre folclore e música popular, era a difusão de canções que atendessem aos seus objetivos ideológicos. O engajamento pela música passava pela ideia de que as canções promoviam união e cooperação entre as pessoas. E mais importante, ambas as revistas veicularam a ideia de que a música tinha o potencial de educar o povo sobre as lutas políticas e culturais, sobre seus direitos e deveres, sobre a igualdade. Ou seja, a música era vista como um instrumento de intervenção social.

O ponto chave no entendimento do projeto defendido pelos editores e colaboradores de *People's Songs* e *Sing Out!* era realizar uma batalha cultural por meio da estética musical do folk, em prol dos direitos civis do "povo", considerado os trabalhadores, a camada economicamente inferior da população, as minorias discriminadas, seja por classe social, gênero ou etnia.

A análise do catálogo de discos da gravadora Folkways demonstrou que Moses Asch se aproximava muito das concepções defendidas pelos editores das revistas, uma vez que em muitos discos e séries lançados, também foram eleitos gêneros que remontam às tradições afro-americanas e europeias, praticadas por grupos de imigrantes incorporados à nação, como os ingleses e irlandeses. Por exemplo, as gravações lançadas na série *Negro Folk Music of Alabama* e no disco *Get on Board*, diferem esteticamente das faixas dos discos *Lonesome Valley - A Collection of American Folk Music* e *American Folk Songs Sung by the Seegers*, sobretudo pela escolha dos gêneros e elementos estéticos da tradição musical europeia, mas em ambos os casos, as escolhas dos produtores e intérpretes apontam para uma concepção de música folk conservadora, contra a inserção de novas referências musicais no folk. Por mais que os produtores desses discos não sejam diretamente ligados a partidos políticos,

---

2 PATIÑO, Roxana. "América Latina: Literatura e crítica em revista (s)". In: SOUZA, Eneida M.; MARQUES, Reinaldo. *Modernidades alternativas na América Latina*. Belo Horizonte: Editora UFMG, 2009, p. 459.

foram eleitos os mesmos personagens apropriados por parte da "Velha Esquerda" como representantes da identidade nacional: afro-americanos e grupos de origem europeia já totalmente incorporados à nação, como os montanheses, caubóis, lenhadores, marinheiros, mineiros e demais trabalhadores brancos do Sul do país.

Em relação à postura de Moses Asch, é importante destacar que, a despeito da "missão" de documentar e difundir as tradições musicais folks, Moses era um homem de negócios que provia o sustento de sua família com a renda advinda de seus negócios com a gravação de discos, assim, gravando materiais ecléticos, com distintos públicos consumidores, garantia um mercado para suas produções. Deste modo, Moses gravou tanto discos que apresentam uma visão mais conservadora do folk, quanto discos com referências mais modernas e urbanas. Do mesmo modo ele agiu em relação a questões políticas, lançando materiais de pessoas que explicitamente se engajavam em uma causa, mas não assumindo seu próprio engajamento ou militância, a fim de proteger seus negócios.

Seguindo tais direcionamentos ideológicos, tanto as revistas *People's Songs* e *Sing Out!*, quanto a gravadora Folkways, adotaram uma postura favorável à luta pelos direitos civis nos Estados Unidos, contribuindo com a divulgação de informações e canções.

Ao longo dos anos 1950, ocorreu uma forte presença do folk nas manifestações em prol dos direitos civis, como reuniões de líderes do movimento. As diversas manifestações pelos direitos civis de Norte a Sul do país tiveram particularidades locais, de acordo com as estratégias escolhidas pelas lideranças, mas algo que esteve presente em todos os eventos foi a música, que informava, inspirava, incentivava, acalmava ou agitava os ânimos dos participantes.

Os personagens ligados ao folk, como os intérpretes, compositores, editores das revistas ou produtores dos discos da Folkways, não apenas compuseram, gravaram e interpretaram canções que explicitamente eram contra a desigualdade social e racial, mas também escreveram sobre as canções e estenderam seu engajamento à participação ativa em manifestações, reuniões das lideranças do movimento e demais atos organizados. Inclusive sofrendo as mesmas punições dos demais manifestantes, como agressões, ameaças e prisões. Assim, a história de uma parte da música folk dos Estados Unidos, entre 1945 e 1960, se confunde com a história das tentativas de consolidação da democracia e com a história das lutas pela igualdade de direitos.

Ao longo dos anos 1960, com a consolidação do movimento pelos direitos civis, a participação de grandes massas nas marchas e demais atos preparados por distintas organizações, bem como seu amplo alcance nacional, uma parcela da população afro-americana começou a questionar as táticas pacíficas de resistência, que incluíam o uso da música como arma de luta política, criando novos grupos favoráveis a ações mais radicais, com o uso da força, sempre que necessário. Assim, a partir de meados dos anos 1960, começou a ser gestado o que se denominou de Black Power.

    Nesse novo clima constestatório mais radical, personagens como Pete Seeger passaram a questionar sua militância nos eventos organizados, se afastando gradualmente dessa intensa participação, mantendo seu engajamento em sua produção escrita e sonora, em discos e performances ao vivo.

DOCUMENTAÇÃO

Documentação escrita

CATÁLOGO FOLKWAYS. Nova Iorque: Folkways Records, 1948-1960.

MOSES ASCH. *Moe interview with Tony Schwartz*. [mar. 1971]. Entrevistador: Tony Schwartz, Nova Iorque: Folkways Archives and Collections, Smithsonian Institute, 11 março 1971. 1 Fita cassete.

PEOPLE'S SONGS. Nova Iorque, 1946-1949.

SING OUT!. Nova Iorque, 1950-1960.

Documentação Sonora

BROONZY, Big Bill. *Black, Brown and White Blues*. Mercury Records, 1951. Fonograma. Disponível em: <http://www.youtube.com/watch?v=55w0DwZROjY>. Acesso em: 30 abr. 2014.

BROWN, Donna; THE GOLDEN GOSPEL PEARLS. *Go tel it on the mountains*. Fonograma. Disponível em: <www.youtube.com/watch?v=Yd02dhWBV3w>. Acesso em: 30 abr. 2014.

CARAWAN, Guy. *The Nashville sit-in story*. Nova Iorque: Folkways Records, FH-5590, 1960. LP.

COURLANDER, Harold. *Negro Folk Music of Alabama, v. 1*. Nova Iorque: Folkways Records, FE- 4417, 1951. LP.

_____. *Negro Folk Music of Alabama, v. 2*. Nova Iorque: Folkways Records, FE- 4418, 1956. LP.

_____. *Negro Folk Music of Alabama, v. 3*. Nova Iorque: Folkways Records, FE- 4419, 1960. LP.

_____. *Negro Folk Music of Alabama, v. 4*. Nova Iorque: Folkways Records, FE- 4420, 1955. LP.

_____. *Negro Folk Music of Alabama, v. 5*. Nova Iorque: Folkways Records, FE- 4421, 1950. LP.

_____. *Negro Folk Music of Alabama*, v. 6. Nova Iorque: Folkways Records, FE- 4422, 1955. LP.

FAMILY, Seeger. *American Folk Songs Sung by the Seegers*. Nova Iorque: Folkways Records, 02005, 1957. LP.

GUTHRIE, Woody. *Bound for glory: songs and stories of Woody Guthrie*. Nova Iorque: Folkways Records, FW02481, 1956. LP. JEFFERSON, Blind Lemon. *Lonesome House Blues*. Chicago: Paramount Records, 1927. Fonograma.

JARA, Victor. *Pongo en tus manos abiertas*. Santiago: Jota-Jota, JJL-03, 1969.

KELLY PACE AND PRISONERS. *Rock Island Line*. Arkansas: John Lomax, 1934. Fonograma.

LOPEZ, Trini. *The Hammer Song*. Nova Iorque: Reprise Records, R-20, 198, 1952. Fonograma.

McGHEE, Brownie; McMAHAN, Coyal; TERRY, Sonny. *Get on board: Negro folksongs by the folkmasters*. Nova Iorque: Folkways Records, FA- 2028, 1952. LP.

ROBINSON, Earl. *A Walk in the Sun and Other Songs and Ballads*. Nova Iorque: Folkways Records, FA-2324, 1957. Fonograma.

SEEGER, Pete. *Gazette, vol.1*. Nova Iorque: Folkways Records, FW02501, 1958. LP.

THE ALMANAC SINGERS. *The Original Talking Union & Other Union Songs*. Nova Iorque: Folkways Records, FH-5285, 1955. LP.

_____. *Songs for John Doe*. Nova Iorque: Almanac Records, 1941. LP.

THE WEAVERS. *The Hammer Song*. Nova Iorque: Hootenanny Records, H-101 A, 1950. Fonograma.

VÁRIOS. *Lonesome Valley - A Collection of American Folk Music*. Nova Iorque: Folkways Records, FW02010, 1951. LP.

BIBLIOGRAFIA

ADORNO, Theodor. "Indústria cultural". In: COHN, Gabriel (org.). *Comunicação e indústria cultural: leituras de análise dos meios de comunicação na sociedade contemporânea e das manifestações da opinião pública propaganda e "cultura de massa" nessa sociedade*. São Paulo: Cia. Ed. Nacional, 1971.

_____."O fetichismo na música e a regressão na audição". In: *Os Pensadores*. vol. XLVIII. São Paulo: Abril Cultural, 1975.

_____. *Teoria estética*. Lisboa: Edições 70, 1970.

ALTAMIRANO, Carlos. "Intelectuales". In: _____. *Términos críticos de Sociología de la cultura*. Buenos Aires: Paidós, 2002.

ANDERSON, Benedict. *Nação e consciência nacional*. São Paulo: Ática, 1989.

ANDRÉ, João Maria. "Identidade(s), multiculturalismo e globalização". In: XX ENCONTRO DE FILOSOFIA: A FILOSOFIA NA ERA DA GLOBALIZAÇÃO, 2006. *Anais...* Coimbra: Universidade de Coimbra, 2006.

AQUINO, Maria Aparecida de. *Censura, imprensa, Estado autoritário (1968-1978): o exercício cotidiano da dominação e da resistência: O Estado de São Paulo e Movimento*. Bauru: Edusc, 1999.

ARANTES, Mariana Oliveira. *Representações sonoras da cultura jovem no Chile (1964-1970)*. Dissertação (Mestrado em História) - Departamento de História, Faculdade de História, Direito e Serviço Social, Universidade Estadual Paulista "Júlio de Mesquita Filho", Franca, 2009.

AZEVEDO, Cecília; RAMINELLI, Ronald (org.). *História das Américas: novas perspectivas*. Rio de Janeiro: FGV, 2011.

AZRIA, Régine. *O Judaísmo*. Bauru: Edusc, 2000.

BARBOSA, Carlos; GARCIA, Tânia (org.). *Cadernos de seminários de pesquisa: cultura e política nas Américas*. vol. 1. Assis: Editora Unesp, 2009.

BARZOTTO, Valdir Heitor. *Leitura de revistas periódicas*: forma, texto e discurso: um estudo sobre a revista Realidade (1966-1976). Tese (Doutorado) - Instituto de Estudos da Linguagem, Universidade Estadual de Campinas, Campinas, 1998.

BATES, Beth Tompkins. *The unfinished task of emancipation: protest politics come of age in black Chicago, 1925-1943*. Nova Iorque: Columbia University, 1997.

BECKER, Jane S. *Appalachia and the construction of an American folk, 1930-1940*. Chapel Hill: University of North Carolina, 1998.

BEIGEL, Fernanda. "Las revistas culturales como documentos de la História Latinoamericana". *Utopía y Praxis Latinoamericana*, n. 20, p. 105-115, mar. 2003. Disponível em: <redalyc.uaemex.mx/pdf/279/27902007.pdf>. Acesso em: 20 mar. 2012.

BEIRED, José Luis Bendicho; CAPELATO, Maria Helena; PRADO, Maria Lígia Coelho. (org.). *Intercâmbios políticos e mediações culturais nas Américas*. Assis: Editora Unesp, 2010.

BENJAMIN, Walter. "A obra de arte na era de sua reprodutibilidade técnica: primeira versão". In: _____. *Magia e técnica, arte e política*: ensaios sobre Literatura e História da cultura. São Paulo: Brasiliense, 1994 (Obras Escolhidas; v. 1).

BERENDT, Joachim E. *O jazz: do rag ao rock*. São Paulo: Perspectiva, 1987.

BILLARD, François. *No mundo do jazz: das origens à década de 50*. São Paulo: Círculo do Livro, 1990.

BLUESTEIN, Gene. *Poplore: folk and pop in American culture*. Boston: University of Massachussetts Press, 1994.

BOBBIO, Norberto. *Os intelectuais e o poder*. São Paulo: Editora Unesp, 1997.

BOURDIEU, Pierre. *Intelectuales, política y poder*. Buenos Aires: Eudebra, 2000.

_____. *O poder simbólico*. Rio de Janeiro: Bertrand Brasil, 2011.

BOYD, Herb. *We shall overcome*. Naperville: Sourcebooks Media Fusion, 2004.

BRANCH, Taylor. *Parting the waters*: America in the king years 1954-1963. Nova Iorque: Simon and Schuster Audio, 1998.

BRANDÃO, Antonio Carlos. *Movimentos culturais de juventude*. São Paulo: Moderna, 1990. (Coleção polêmica).

BRENNER, Michael. *Breve história dos judeus*. São Paulo: WMF Martins Fontes, 2013.

BROOKS, Tim. *Lost sounds: blacks and the birth of the recording industry, 1890-1919*. Urbana: University of Illinois, 2004.

BURKE, Peter. *Cultura popular na Idade Moderna*. São Paulo: Companhia das Letras, 1989.

_____. *Hibridismo cultural*. São Leopoldo: Editora UNISINOS, 2003.

CALDAS, Waldenyr. *A cultura da juventude de 1950 a 1970*. São Paulo: Musa Editora, 2008.

CANTWEEL, Robert. *When we were good: the folk revival*. Cambridge: Harvard University Press, 1996.

CAPELATO, Maria Helena; PRADO, Maria Lígia Coelho. *O bravo matutino: imprensa e ideologia no jornal O Estado de São Paulo*. São Paulo: Alfa-Ômega, 1980.

CARAWAN, Guy; CARAWAN, Candie (ed.). *Sing for freedom: the story of the Civil Rights Movement through its songs*. Bethlehem: Sing Out Publications, 1990.

CARLIN, Richard. *Worlds of sound: the story of Smithsonian Folkways*. Nova Iorque: Smithsonian Books, 2008.

CARMO, Paulo Sérgio do. *Culturas da rebeldia: a juventude em questão*. São Paulo: Senac, 2003.

CARSON, Clayborne (consult.). *Civil rights chronicle: the African-American struggle for freedom*. Illinois: Legacy, 2003.

CHANAN, Michael. *Repeated takes: a short history of recording and its effects on music*. Londres: Verso, 1995.

COBEN, Stanley; RATNER, Norman. *O desenvolvimento da cultura norte-americana*. Rio de Janeiro: Anima, 1985.

COHEN, Ronald D. *A history of folk music festivals in the United States: feasts of musical celebration*. Lanham: Scarecrow, 2008.

_____. *Rainbow quest: the folk music revival and American society, 1940-1970*. Amherst: University of Massachusetts, 2002.

_____. *The basics: folk music*. Nova Iorque: Routledge, 2006.

COHEN, Ronald D.; RIESMAN, Bob. *Chicago folk: images of the sixties music scene*. Toronto: ECW, 2009.

CHARTIER, Roger. *À beira da falésia: a história entre certezas e inquietudes*. Porto Alegre: Editora UFRGS, 2002.

_____. *A História cultural: entre práticas e representações*. Rio de Janeiro: Bertrand Brasil, 1990.

_____. "Cultura popular: revisitando um conceito historiográfico". *Estudos Históricos*, Rio de Janeiro, v. 8, n. 16, 1995, p. 179-192.

_____. "O Mundo como representação". *Estudos Avançados*, São Paulo, v. 5, n. 11, abr. 1991.

CHIMÉNES, Myriam. "Musicologia e História: fronteira ou "Terra de Ninguém" entre duas disciplinas?". *Revista de História,* São Paulo, n. 157, 2007.

CRESPO, Regina. "Las revistas y suplementos culturales como objetos de investigación". In: COLOQUIO INTERNACIONAL DE HISTORIA Y CIENCIAS SOCIALES, 2010. *Anais...* Colima: Coloquio Internacional De Historia y Ciencias Sociales, 2010. CD-ROM.

DARDEN, Robert. *People get ready!: a new history of black gospel music.* Nova Iorque: Continuum, 2004.

DAVIS, Francis. *The history of the blues: the roots, the music, the people.* Cambridge: Da Capo Press, 1995.

DE CERTEAU, Michel. *A escrita da História.* Rio de Janeiro: Forense, 1982.

_____. *A invenção do cotidiano: artes de fazer.* Rio de Janeiro: Petrópolis: 1994.

DIAS, Marcia Tosta. *Os donos da voz: indústria fonográfica brasileira e mundialização da cultura.* São Paulo: Boitempo Editorial, 2000.

DUDZIAK, Mary L. *Cold war civil rights: race and the image of American democracy.* Princeton: Princeton University, 2000.

DUNAWAY, David King; BEER, Molly. *Singing out: an oral history of America's folk music revivals.* Oxford: Oxford University, 2010.

EAGLETON, Terry. *A ideia de cultura.* São Paulo: Editora Unesp, 2000.

EGERTON, Frank. *Speak now against the day: the generation before the Civil Rights Movement in the South.* Nova Iorque: Knopf, 1994.

ELIAS, Norbert. *Mozart: sociologia de um gênio.* São Paulo: Zahar, 1994.

ESTES, Steve. *I am a man!: race, manhood, and the Civil Rights Movement.* Chapel Hill: University of North Carolina Press, 2005.

EPSTEIN, Daniel Mark. *A balada de Bob Dylan: um retrato musical.* Rio de Janeiro: Zahar, 2012.

EYERMAN, Ron; JAMISON, Andrew. *Music and social movements: mobilizing traditions in the twentieth century.* Cambridge: Cambridge University Press, 1998.

FABBRI, Franco. "A theory of musical genres: two applications". *Popular Music Perspectives,* 1982. International Association for the Study of Popular Music.

_____. "Browsing music spaces: categories and the musical mind". In: III TRIENNIAL BRITISH MUSICOLOGICAL SOCIETIE'S CONFERENCE, 1999. *Anais...* Grã-Bretanha: University of Surrey, 1999.

_____. "La música como forma de interrelación social". In: II JORNADAS D'ESTUDIANTES DE MUSICOLOGIA I JOVES MUSICÒLEGS, 2009. Barcelona. *Anais...* Barcelona: Escola Superior de Música de Catalunya, 2009.

_____. "Música, cultura y mercado: escuchar hacia delante". In: JORNADAS VOCACIONES MUSICALES, PROFESIONES CULTURALES: NUEVOS ENTORNOS PROFESIONALES PARA LOS ESTUDIOS DE MÚSICA, 2007. *Anais...* Logroño: Jornadas Vocaciones Musicales, Profesiones Culturales, 2007.

_____. "Tipos, categorías, géneros musicales: hace falta una teoría?". In: VII CONGRESO IASPM-

AL, MÚSICA POPULAR: CUERPO Y ESCENA EN LA AMÉRICA LATINA, 2006. *Anais...* La Habana: IASPM-AL, 2006.

FARMER, James. *Lay bare the heart: an autobiography of the Civil Rights Movement.* Nova Iorque: Texas Christian University, 1985.

FERNANDES, Florestan. *O folclore em questão.* São Paulo: Martins Fontes, 1977.

FERREIRA, Argemiro. *Caça às bruxas: macartismo: uma tragédia americana.* Porto Alegre: L&PM, 1989.

FREIRE, Vanda Lima Bellard. "A história da música em questão: uma reflexão metodológica". *Revista Música,* São Paulo, v. 5, 1994, p. 152-170.

FRIEDLAND, Michael B. *Lift up your voice like a trumpet: white clergy and the Civil Rights and antiwar movements, 1954-1973.* Chapel Hill: University of North Carolina, 1998.

FRIEDLANDER, Paul. *Rock and roll: uma história social.* Rio de Janeiro: Record, 2008.

FRIEDMAN, Michael Jay. *Free at last: the U.S. Civil Rights Movement.* Washington: U.S. Department of State, 2008.

GARCIA, Tânia da Costa. *O "it verde e amarelo" de Carmen Miranda (1930-1946).* São Paulo: Annablume, 2004.

_____. "Vozes da nação: a *folclorização* da música popular no Brasil e no Chile nos anos 1940 e 1950". In: BEIRED, José Luis Bendicho; CAPELATO, Maria Helena; PRADO, Maria Lígia Coelho. (org.). *Intercâmbios políticos e mediações culturais nas Américas.* Assis: Editora Unesp, 2010.

GARMAN, Bryan R. *A race of singers: whitman's working-class hero from Guthrie to Springsteen.* Chapel Hill: University of North Carolina, 2000.

GARY, Huey. *Rebel with a cause: P. D. East, Southern liberalism, and the Civil Rights Movement, 1955-1971.* Wilmington: Scholarly Resources Inc, 1985.

GEERTZ, Clifford. *A interpretação das culturas.* Rio de Janeiro: LTC, 1989.

GERSTLE, Gary. *American crucible: race and nation in the twentieth century.* Princeton: Princeton University Press, 2001.

GOLDSMITH, Peter D. *Making people's music: Moe Asch and Folkways Records.* Washington: Smithsonian Institution, 1998.

GONZÁLEZ, Juan Pablo. "Musicologia popular en América Latina: síntesis de sus logros, problemas y desafíos". *Revista Musical Chilena,* Santiago, n. 195, jan./jun. 2001, p. 38-64.

_____; ROLLE, Claudio. *Historia social de la musica popular en Chile, 1890-1950.* Santiago: Universidad Católica de Chile/Casa de las Américas, 2005.

GREENWAY, John. *American folk songs of protest.* Philadelphia: University of Pennsylvania, 1953.

GRILLO, María del Carmen. "El estudio de revistas como objeto historiográfico para la historia de las redes intelectuales". In: COLOQUIO INTERNACIONAL DE HISTORIA Y CIENCIAS SOCIALES, 2010. *Anais...* Colima: Universidad de Colima, 2010. CD-ROM.

GRUSZYNSKI, Ana Cláudia; CHASSOT, Sophia Seibel. "O projeto gráfico de revistas: uma análise dos dez anos da revista Capricho". *Conexão – Comunicação e Cultura*, Caxias do Sul, v. 5, n. 10, jul./dez. 2006.

GUTHRIE, Woody. *Bound for glory*. Nova Iorque: E. P. Dutton, 1943.

HAROLD, Ellen; STONE, Peter. *Big Bill Broonzy*. Disponível em: <http://www.culturalequity.org/alanlomax/ce_alanlomax_profile_broonzy.php>. Acesso em: 21 fev. 2014.

HALL, Stuart. *A identidade cultural na pós-modernidade*. Rio de Janeiro: DP&A, 2006.

HAMPTON, Wayne. *Guerrilla minstrels: John Lennon, Joe Hill, Woody Guthrie, and Bob Dylan*. Knoxville: University of Tennessee Press, 1987.

HENRIKSEN, Margot. A. *Dr. strangelove's America: society and culture in the atomic age*. Los Angeles: University of California, 1997.

HERSCHMANN, Micael. *Indústria da música em transição*. São Paulo: Estação das Letras e Cores, 2010.

HILL, Lance. *The deacons for defense: armed resistance and the Civil Rights Movement*. Chapel Hill: University of North Carolina, 2004.

HOBSBAWM, Eric. *Era dos extremos: o breve século XX: 1914-1991*. São Paulo: Companhia das Letras, 1995.

_____. *História social do jazz*. São Paulo: Paz e Terra, 1989.

_____. *Tempos fraturados: cultura e sociedade no século XX*. São Paulo: Companhia das Letras, 2013.

HOBSBAWM, Eric; RANGER, Terence. *A invenção das tradições*. Rio de Janeiro: Paz e Terra, 1997.

HOLZMAN, Jac; DAWS, Gavan. *Follow the music: the life and high times of Elektra Records in the great years of American pop culture*. Santa Monica: FirstMedia Books, 1998.

HUNT, Lynn. *A nova História cultural*. São Paulo: Martins, 2001.

JACKSON, Mark Allan. *Prophet singer: the voice and vision of Woody Guthrie*. Mississippi: University Press of Mississippi: 2007.

JENKINS, Keith. *A História repensada*. São Paulo: Contexto, 2001.

JUNQUEIRA, Mary Anne. *Ao Sul do Rio Grande: imaginando a América Latina em Seleções: Oeste, wilderness e fronteira (1942-1970)*. Bragança Paulista: Universidade São Francisco, 2000.

JUNQUEIRA, Mary Anne; FRANCO, Stella Maris Scatena (org.). *Cadernos de seminários de pesquisa: cultura e política nas Américas*, São Paulo, Universidade de São Paulo/Humanitas, 2011, v. 2.

KAISER, Charles. *1968 in America: music, politics, chaos, counterculture, and the shaping of a generation*. Nova Iorque: Grove Press, 1988.

KERMAN, Joseph. *Musicologia*. São Paulo: Martins Fontes, 1987.

KEYSSAR, Alexander. *The right to vote: the contested history of democracy in the United States*. Nova Iorque: Basic Books, 2000.

KILLMEIER, Matthew A. Race music. *St. James Encyclopedia of Pop Culture*. FindArticles.com. 7 jun. 2012. Disponível em: <http://findarticles.com/p/articles/mi_g1epc/is_tov/ai_2419101005/pg_2/?tag=content;col1>. Acesso em: 30 mai. 2012.

KUCINSKI, Bernardo. *Jornalistas e revolucionários: nos tempos da imprensa alternativa*. São Paulo: SCRITTA, 1991.

LAWSON, Steven F.; PAYNE, Charles. *Debating the Civil Rights Movement: 1945-1968*. Lanham: Rowman & Littlefield Publishers, 2006.

LENTZ-SMITH, Adrane. *Freedom struggles: African Americans and World War I*. Cambridge: Harvard University, 2009.

LEUCHTENBURG, William E. *A troubled feast: American society since 1945*. Boston: Little Brown, 1973.

LIEBERMAN, Robbie. *"My song is my weapon": People's Songs, American communism, and the politics of culture, 1930-1950*. Urbana: University of Illinois Press, 1989.

LOMAX, Alan. *The Penguin Book of American folk songs*. Londres: Penguin Books, 1964.

LUCA, Tânia Regina de. *A Revista do Brasil: um diagnóstico para a (n) ação*. São Paulo: Editora Unesp, 1999.

MALONE, Bill C. *Country music, USA: revised*. Austin: University of Texas Press, 1993.

_____. *Singing cowboys and musical mountaineers: Southern culture and the roots of country music*. Athens: University of Georgia Press, 1993.

MARTÍN-BARBERO, Jesús. *Dos meios às mediações: comunicação, cultura e hegemonia*. Rio de Janeiro: Editora UFRJ, 1987.

MATOS, Cláudia Neiva de. "Gêneros na canção popular: os casos do samba e do samba-canção". *Revista ArtCultura*, Uberlândia, n. 9, jul./dez. 2004.

MILLARD, Andre. *America on record: a history of recorded sound*. Cambridge: Cambridge University, 1995.

McELVAINE, Robert. *The Depression and New Deal: a history in documents*. Nova Iorque: Oxford University, 2003.

McNEESE, Tim. *The Civil Rights Movement: striving for justice.* Nova Iorque: Chelsea House, 2008.

MITCHELL, Gillian. *The North American folk music revival: nation and identity in the United States and Canada, 1945-1980.* Burlington: Ashgate, 2007.

MONTEITH, Sharon. *American culture in the 1960s.* Edinburgh: Edinburgh University Press, 2008.

MORTON JÚNIOR, David L. *A history of electronic entertainment since 1945.* Piscataway: IEEE, Inc., 1999.

_____. *Sound recording: the life story of a technology.* Baltimore: The Johns Hopkins University Press, 2006.

MOTTA, Rodrigo Patto Sá. "Desafios e possibilidades na apropriação de cultura política pela historiografia". In: _____. *Culturas políticas na História: novos estudos.* Belo Horizonte: Argumentum, 2009.

MUNIZAGA, Giselle. *Revistas y espacio comunicativo.* Santiago: CENECA, 1984.

NAPOLITANO, Marcos. "A arte engajada e seus públicos (1955/1968)". *Revista Estudos Históricos,* Rio de Janeiro, n. 28, 2001.

_____. "História e Arte, história das artes, ou simplesmente História?". In: SIMPÓSIO DA ASSOCIAÇÃO NACIONAL DE HISTÓRIA, 1999. São Paulo, *Anais...* São Paulo: Humanitas, 1999.

_____. *História e música: história cultural da música popular.* Belo Horizonte: Autêntica, 2005.

NOVAES, Adauto. *O silêncio dos intelectuais.* São Paulo: Companhia das Letras, 2006.

OLIVEIRA, Daniele Rodrigues; SCHINCARIOL, Zuleica. "A tipografia na revista Gráfica: mutabilidade, diálogo e identidade". In: III FÓRUM DE PESQUISA FAU. MACKENZIE I, 2007. *Anais...* São Paulo: MACKENZIE, 2007.

OLMSTED, Tony. *Folkways Records: Moses Asch and his encyclopedia of sound.* Nova Iorque: Routledge, 2003.

ORTIZ, Renato. "Cultura, Modernidade e identidades". *Revista Cultura Vozes,* v. 87, n. 2, abr. 1993.

_____. "Identidades, industrias culturales, integración". In: GARRETÓN, Manuel Antonio (org.). *América Latina: un espacio cultural en el mundo globalizado: debates y perspectivas.* Santafé de Bogotá: Convenio Andrés Bello, 1999.

_____. *Mundialização e cultura.* São Paulo: Brasiliense, 1994.

_____. *Românticos e folcloristas: cultura popular.* São Paulo: Olho d'Água, 1993.

PATIÑO, Roxana. "América Latina: Literatura e crítica em revista(s)". In: SOUZA, Eneida M.; MARQUES, Reinaldo. *Modernidades alternativas na América Latina.* Belo Horizonte: Editora Ufmg, 2009.

PATTERSON, James T. *Grand expectations: the United States, 1945-1974.* Nova Iorque: Oxford University Press, 1996.

PERETTI, Burton W. *Lift every voice: the history of African American music*. Lanhm: Rowman e Littlefield Publishers, 2009.

PERLIS, Vivian; CLEVE, Libby Van. *Composer's voices from Ives to Ellington: an oral history of American music*. New Haven: Yale University Press, 2005.

PINSKY, Carla Bassanezi (org.). *Fontes históricas*. São Paulo: Contexto, 2006.

PICCINI, Mabel. "El cerco de las revistas de ídolos". *Cuadernos de La Realidad Nacional,* Santiago, n. 3, mar. 1970, p. 179-217.

PHULL, Hardeep. *Story behind the protest song: a reference guide to the 50 songs that changed the 20th century*. Westport: Greenwood, 2008.

RANDALL, Annie, J. *Music, power and politics*. Nova Iorque: Routledge, 2005.

REED, Thomas Vernon. *The art of protest: culture and activism from the Civil Rights Movement to the streets of Seatle*. Minneapolis: University of Minnesota Press, 2005.

REGIS, Frankye. *A voice from the civil rights era*. Westport: Greenwood Press, 2004.

REMOND, René. (org.). *Por uma História política*. Rio de Janeiro: Editora FGV/UFRG, 1996.

REUSS, Richard. *American folklore and left-wing politics, 1927-1957*. Indiana: Indiana University, 1971.

RICHES, William T. Martin. *The Civil Rights Movement: struggle and resistance*. Nova Iorque: Palgrave Macmillan, 2004.

RIOUX, Jean-Pierre; SIRINELLI, Jean-François. *Para uma História cultural*. Lisboa: Estampa, 1998.

ROSANVALLON, Pierre. "Por uma história conceitual do político (nota de trabalho)". *Revista Brasileira de História,* São Paulo, v. 15, n. 30, 1995.

ROSEN, Charles. *A geração romântica*. São Paulo: Editora Edusp, 2000.

ROSENBERG, Neil. *Transforming tradition: folk music revivals examined*. Urbana: University of Illinois, 1993.

ROSZAK, Theodore. *A contracultura: reflexões sobre a sociedade tecnocrática e a oposição juvenil*. São Paulo: Vozes, 1972.

ROY, William G. *Reds, whites, and blues: social movements, folk music, and race in the United States*. Princeton: Princeton University, 2010.

RUSSELL, Tony. *Country music originals: the legends and the lost*. Nova Iorque: Oxford University, 2007.

SAID, Edward W. *Cultura e imperialismo*. São Paulo: Companhia das Letras, 1995.

SALEM PRESS (ed.). *The Civil Rights Movement: Magill's Choice*. Pasadena: Salem Press, 2000.

SANTORO, Gene. *Highway 61 revisited: the tangled roots of American jazz, blues, rock and country music.* Nova Iorque: Oxford University, 2004.

SARLO, Beatriz. "Intelectuales y revistas: razones de una práctica". *America, Cahiers du CRICCAL*, París, Sorbonne la Nouvelle, n. 9-10, 1992, p. 9-16.

SBERNI, Cleber. *O álbum na indústria fonográfica: contracultura e o Clube da Esquina em 1972.* Dissertação (Mestrado em História) – Departamento de História, Faculdade de História, Direito e Serviço Social, Universidade Estadual Paulista "Júlio de Mesquita Filho", Franca, 2007.

SCHMIEDECKE, Natália Ayo. *"Tomemos la historia en nuestras manos": utopia revolucionária e música popular no Chile (1966- 1973).* Dissertação (Mestrado em História) – Departamento de História, Faculdade de Ciências Humanas e Sociais, Universidade Estadual Paulista "Júlio de Mesquita Filho", Franca, 2013.

SCULY, Michael F. *The never-ending revival: Rounder Records and the Folk Aliance.* Chicago: University of Illinois, 2008.

SEEGER, Pete; REISER, Bob. *Everybody says freedom: a history of the Civil Rights Movement in songs and pictures.* Nova Iorque: W.W. Norton & Company, 1989.

SEMPRINI, Andrea. *Multiculturalismo.* Bauru: Editora Edusc, 1999.

SHUKER, Roy. *Key concepts in popular music.* Londres: Routledge, 1998.

SING OUT!. The collected reprints from Sing Out!: the folk song magazine (1959-1964). Bethlehem: Sing Out!, 2007, v. 1-6.

SILVA, Gilvan Ventura; NADER, Maria Beatriz; FRANCO, Sebastião Pimentel. (org.). *As identidades no tempo: ensaios de gênero, etnia e religião.* Vitória: Editora EDUFES, 2006.

SILVA, Tomaz Tadeu da (org.). *Identidade e diferença: a perspectiva dos estudos culturais.* Petrópolis: Vozes, 2008.

SMITH, Anthony D. "Comemorando a los muertos, inspirando a los vivos: mapas, recuerdos y moralejas en la recreación de las identidades nacionales". *Revista Mexicana de Sociología*, v. 60, n. 1, jan./mar. 1998, p. 61-80.

SPOTTSWOOD, Richard K. *Ethnic music on records.* Urbana: University of Illinois, 1990.

SOKOL, Jason. *There goes my everything: white Southerners in the age of civil rights, 1945-1975.* Nova Iorque: Alfred A. Knopf, 2006.

SOUSA, Rodrigo Farias. *De Port Huron aos Weathermen: Students for a Democratic Society e a Nova Esquerda Americana, 1960-1969.* Dissertação (Mestrado em História) – Departamento de História, Universidade Federal Fluminense, Niterói, 2007.

THOMPSON, Edward Palmer. *Costumes em comum: estudos sobre a cultura popular tradicional.* São Paulo: Companhia das Letras, 1998.

VILLAÇA, Mariana. Martins. "Propostas metodológicas para a abordagem da canção popular brasileira como documento histórico". In: II SIMPÓSIO LATINO-AMERICANO DE MUSICOLOGIA, 1999. *Anais do II Simpósio Latino-Americano de Musicologia.* Curitiba: Fundação Cultural de Curitiba, 1999.

VILHENA, Luis Rodolfo. *Projeto e missão: o movimento folclórico brasileiro (1947-1964).* Rio de Janeiro: Funarte, 1997.

WALL, Wendy L. *Inventing the "American Way": the politics of consensus from the New Deal to the Civil Rights Movement.* Oxford: Oxford University, 2008.

WARD, Brian. *Just my soul responding: rhythm and blues, black conscioussness and race relations.* Londres: UCL Press, 1998.

WEISBROT, Robert. *Freedom bound: a history of America's Civil Rights Movement.* Nova Iorque: W.W. Norton & Company, 1990.

WILKINSON, Alec. *The protest singer: an intimate portrait of Pete Seeger.* Nova Iorque: Alfred A. Knopf, 2009.

WILLIAMS, Raymond. *Cultura.* Rio de Janeiro: Paz e Terra, 1992.

_____. *Marxismo y Literatura.* Barcelona: Península, 1997.

WINKLER, Allan M. *To everything there is a season: Pete Seeger and the power of song.* Oxford: Oxford University, 2009.

WINOCK, Michel. *O século dos intelectuais.* Rio de Janeiro: Bertrand Brasil, 2000.

ZICMAN, Renée B. "[História e imprensa]. História através da imprensa- algumas considerações metodológicas". *Projeto História,* São Paulo, n. 4, 1981, p. 89-102.

AGRADECIMENTOS

Agradeço o financiamento da Coordenação de Aperfeiçoamento de Pessoal de Nível Superior (CAPES) durante os primeiros dez meses dessa pesquisa, e agradeço imensamente o financiamento da Fundação de Amparo à Pesquisa do Estado de São Paulo – Fapesp, instituição que financia minhas pesquisas desde o Mestrado e que auxiliou na publicação desse livro, fruto de minha tese.

Minha gratidão e carinho à minha orientadora, Tânia da Costa Garcia, não cabem nestas palavras, mas deixo aqui o registro do meu reconhecimento à sua dedicação, paciência e sabedoria, neste longo caminho que temos seguido juntas. Suas palavras me ensinaram mais do que sou capaz de agradecer e retribuir. Sigo feliz pela nossa amizade.

Aos professores que aceitaram o convite para integrar minha Banca de Qualificação e que muito contribuíram com suas críticas e sugestões: Prof° Dr. José Adriano Fenerick, docente da Unesp/Franca, e Profª Dra. Mary Anne Junqueira, docente da USP/ São Paulo, sempre generosa, disponibilizando informações importantes para essa pesquisa.

Agradeço, também, aos professores que aceitaram o convite para comporem minha Banca de Defesa da Tese: Prof° Dr. José Adriano Fenerick, Profª Dra. Mary Anne Junqueira, Profª Dra. Cecília da Silva Azevedo e Prof° Dr. Silvano Fernandes Baia.

Agradeço o apoio e recepção do editor executivo da revista *Sing Out!*, Mark Moss, bem como do editor geral, Matt Hengeveld, quando da minha estada em Bethlehem, Pensilvânia. Agradeço também ao arquivista do Smithsonian Folkways, Jeff Place, pelas várias indicações bibliográficas, documentos digitalizados e informações privilegiadas sobre a gravadora Folkways. Imprescindíveis, ainda, foram os documentos disponibilizados por Cecilia Peterson, funcionária do Smithsonian Institute, e o apoio dos funcionários da Biblioteca Pública de Nova Iorque, durante a pesquisa de campo nos Estados Unidos.

À grata surpresa da amiga Adriana Angotti, uma brasileira/nova iorquina que contribuiu com dicas sobre a cidade e me levando para ouvir boa música em Nova Iorque.

Minha eterna gratidão aos amigos Fabricio Trevisam e Helena Amália Papa, o casal mais solícito e gentil que tenho o prazer de conhecer; obrigada pelas discussões acadêmicas, pela companhia e estadia em muitos momentos preciosos.

Agradeço aos colegas do grupo de pesquisa História e Música, alocado na Unesp/Franca, que muito contribuíram com discussões teóricas indispensáveis, bem como aos colegas do Laboratório de Estudos de História das Américas (LEHA), alocado na USP/São Paulo, que me brindaram com críticas relevantes à pesquisa, quando de minhas apresentações em nossas reuniões de estudo.

Os debates sobre as conexões entre História e Música realizados nos Simpósios de "História e Música Popular" da ANPUH também contribuíram ao amadurecimento desse trabalho; agradeço aos coordenadores e demais participantes pelas profícuas discussões. Agradeço aos colegas historiadores do Norte desse país, pelas ricas conversas sobre cultura popular, em especial a Tony Leão da Costa, por sempre me lembrar que a música brasileira vai muito além do eixo Rio-São Paulo e que nós, historiadores, devemos estender ao máximo nossos conhecimentos teóricos à nossa prática social.

À Cáttia Adrianna Nascimento Brito Lourenço, professora de inglês que muito me ajudou a compreender melhor a documentação utilizada nesse livro.

Agradeço à pianista Mara Rúbia Canoletto Rodrigues, minha eterna professora, que me ensinou que, antes de qualquer pedaço de papel, música é som, e deve ser ouvida, antes de ser objeto de reflexão.

Aos amigos Bruna Campos Gonçalves, Carolina Damasceno Ramos, Juliana de Melo e Silva, Samyr Abraão Moisés e Cristina Kian pelo apoio, constante incentivo e valorização do meu trabalho.

Ao casal Lucinda e Welington, amigos extraordinários, pessoas inteligentes e bonitas, do tipo que sempre soma. Obrigada pelo apoio nas correrias da vida.

Um agradecimento especial à Natália Ayo Schmiedecke, exímia pesquisadora e amiga com quem compartilhei longas horas de conversas e excelentes trocas de experiência, historiadora que admiro e que, muitas vezes sem saber, muito contribuiu nos aspectos bons desse trabalho.

Ao meu amado companheiro, sempre paciente e amoroso, que me apoia e valoriza meu trabalho, ouve meus devaneios e me incentiva a continuar na vida acadêmica, entendendo suas particularidades: Jefferson Tavares de Araújo.

Minha eterna gratidão e amor à Solange Dias de Almeida e Onofra Maria de Oliveira Arantes, minhas mãezinhas que muito me apoiam e se orgulham da minha vida acadêmica, me inspirando a ser melhor a cada dia.

E agradeço, ternamente, à minha família, meu esteio: meu pai, Ladislau Arantes, meus irmãos Gisele, Odirley, Tatiana, Gabriela e Lígia, meu cunhado Everton e meus amados sobrinhos: Beatriz, Maria Eduarda, Carlos Eduardo, Taiany, Julio Cesar, Rafaela, Pedro e Miguel, motivo de querer uma educação melhor para este país.

Esta obra foi impressa pela Renovagraf em São Paulo no inverno de 2016. No texto foi utilizada a fonte Minion Pro em corpo 10,25 e entrelinha de 15, 375 pontos.